CANTIQUES
DE
L'AME DÉVOTE,

Où l'on représente d'une manière facile les principaux Mystères de la Foi, et les principales Vertus de la Religion Chrétienne.

Accommodés à des Airs vulgaires, augmentés des Cantiques des Missions et de la Prière durant la sainte Messe.

Par M. LAURENT DURANT, Prêtre du Diocèse de Toulon.

Implemini Spiritu Sancto, loquentes vobismetipsis in Psalmis, et Hymnis, et Canticis spiritualibus, cantantes et psallentes in cordibus vestris Domino. Ephes. cap. 5, V. 18 et 19.

À FORCALQUIER,
Chez Henri GAUDIBERT, Imprimeur.

1822.

Vierge Sainte, exaucez-nous,
Notre espoir est tout en vous ;
Bonne Mère de la Garde,
Très-digne Mère de Dieu,
Soyez notre Sauve-Garde
Pour nous défendre en tous lieux.

AU LECTEUR CHRÉTIEN.

La nécessité où nous sommes de savoir nos Mystères et de pratiquer les Actes des Vertus Chrétiennes, a donné la pensée à plusieurs de les mettre dans la bouche de tout le monde, par le moyen des Cantiques, afin d'apprendre tous les devoirs, et de s'élever à Dieu en chantant ces sortes de Poésies. Beaucoup de gens y ont travaillé avec succès et avec bénédiction, et comme la diversité excite le goût, et que chacun a la liberté de choisir ce qui lui revient le plus, je vous présente mes Cantiques, poussé du même esprit que ceux qui en ont fait jusqu'ici, c'est-à-dire, pour vous profiter en vous récréant, et pour vous familiariser avec les sentimens de la Religion.

J'ai choisi le genre de Vers le plus commode que j'aie pu, pour y ajouter des airs aisés à chanter, ou pour en pouvoir mettre d'autres, si vous ne savez pas les premiers : et il y a cela de propre dans ces Cantiques, que si l'air est bien ajusté au premier couplet, il le sera aux autres couplet sans aucune peine ; car j'ai gardé exactement les mesures.

Je ne me pique pas du raffinement de la Poésie : j'ai cherché seulement la netteté et la facilité ; et s'il y a quelques défauts contre la langue, vous les réparerez par la dispo-

Au Lecteur Chrétien.

sition du cœur, ayant beaucoup plus visé à vous toucher et à vous élever à Dieu, qu'à vous plaire et à vous éblouir.

Au reste, il n'y a ici ni singularité, ni nouveauté, mais naïvement et sincèrement ce que l'Eglise croit, et ce qu'elle veut que nous pratiquions. Je vous conseille de vous rendre ces Cantiques familiers, ou en les récitant, ou en les chantant; j'espère qu'ils vous tiendront en la présence de Dieu, et qu'ils échaufferont votre cœur pour le bien. Hélas! tant de chansons, ou impures ou oisives, sont un trésor de colère devant Dieu, qui feront gémir un jour ceux qui auront pris plaisir de les chanter; et au contraire, si vous usez chrétiennement de ces Cantiques, et des autres que l'on peut faire, vous verrez un jour qu'en vous réjouissant, vous aurez gagné des trésors dans le ciel. C'est ce que je demande à Dieu pour vous; demandez-lui miséricorde pour moi, et souvenez-vous que toutes les joies de la terre ne valent pas un moment du Paradis.

Nous espérons que nos Lecteurs nous sauront gré de nous voir terminer ce Volume, pour l'utilité des Fidelles, par les Cantiques qu'on chante ordinairement dans un temps de Mission, lesquels ne se trouvaient, jusqu'à présent, dans aucune des Editions précédentes de cette pieuse collection.

CANTIQUES
DE
L'AME DEVOTE.

DES ATTRIBUTS DIVINS.

Air : *Si vous voulez savoir le secret de mon ame.*

DIEU EST.

Pour concevoir d'un Dieu la majesté suprême,
Conçois un pur Esprit, ou conçois l'amour même,
Un être indépendant, qui fait tout ce qu'il veut ;
Ou plutôt, sans sonder quelle est sa vraie essence,
Crois ce Dieu tel qu'il est ; fais tout ce qui se peut
Pour lui marquer en tout ton humble dépendance.

SIMPLE.

Il est seul tout esprit, sans corps et sans partie,
Dans ses perfections richement assorties,
Très-Un sans accident, par sa simplicité :
Consacre-lui ton corps aussi bien que ton ame,
Donne-toi tout entier à sa simple Unité,
Si tu veux tout brûler de sa divine flamme.

BON.

Tout prêche hautement la bonté de son Etre,
Il ne peut s'empêcher de la faire paraître ;
Il te fait mille biens et mille dons divers :
Et toi, pour tout retour, tu lui fais mille outrages,
Tu méprises ses dons, tu te rends plus pervers,
Sans prévoir les malheurs dans lesquels tu t'engages.

MISÉRICORDIEUX.

En Dieu tout est égal, pécheur, je te l'accorde;
Mais n'es-tu pas d'accord que sa miséricorde

A

Eclate par-dessus toute perfection ?
Hélas ! où serais-tu, sans sa grande clémence ?
Tu serais abymé dans la damnation ;
C'est elle qui t'attend à faire pénitence.

JUSTE.

Si tu crois sa bonté, crois aussi sa justice,
Qui sait punir tout mal d'un éternel supplice,
Et qui rend à tout bien un honneur infini :
Sois juste envers ton Dieu, lui rendant tout hommage,
Qu'au cœur de ton prochain ton cœur demeure uni,
Et qu'un humble mépris soit toujours ton partage.

TOUT-PUISSANT.

Fais ce que tu pourras ; tu ne saurais connaître
Le pouvoir souverain de cet absolu Maître ;
De rien il a tout fait, au Ciel comme ici-bas :
Il n'est que toi, pécheur, qui bornes sa puissance :
Il commande souvent, et tu n'obéis pas ;
Tu violes ses lois sans craindre sa vengeance.

IMMUABLE.

Tout passe, tout périt, rien ne demeure stable ;
Dieu seul, en changeant tout, vit et règne immuable ;
Impassible, immortel, toujours semblable à soi ;
Mais, ainsi que le vent, tu changes à toute heure ;
Protestant aujourd'hui de mieux garder sa Loi,
Demain tous tes desseins ne sont plus qu'en peinture.

IMMENSE.

Bien que présent partout, il l'est plus dans ton ame ;
Il la guide, il la meut, la conserve et l'enflamme,
Par son immensité qui surpasse les cieux :
C'est elle qui rempli, qui sonde les abymes.
Crois-tu donc en péchant te cacher à ses yeux ?
Détrompe-toi, pécheur, ton Dieu voit tous tes crimes.

SAINT.

Il est très-saint, très-pur ; il a seul l'avantage
De contempler en soi des vertus l'assemblage,
Et d'ouïr qu'on le chante à jamais trois fois Saint ;
Tu le dois imiter, non pas par ses miracles,
Mais en sa sainteté que sa grace t'empreint,
Et que son Saint-Esprit t'apprend par ses oracles.

PROVIDENT.

Puisqu'il sait mieux que toi ce qui t'est nécessaire,
Laisse-le gouverner, laisse-lui toujours faire ;
Accepte de sa main et le bien et le mal :
Tiens ton cœur prêt à tout avec indifférence ;
Ne murmure jamais, et d'un visage égal,
Dans le mal, dans le bien, bénis sa providence.

GRAND, SAGE, etc.

Il n'est rien de si grand, il n'est rien de si sage ;
Les plus hauts Chérubins lui rendent leur hommage,
Ils trouvent dans son sein d'éternelles splendeurs :
Adore les trésors de sa haute sagesse,
Abyme ton esprit aux pieds de ses grandeurs,
Et pèse devant lui quelle est ta petitesse.

INFINI, BEAU, etc.

Tout en est infini, l'amour, l'indépendance,
La beauté, le repos, la paix et la science ;
Il est tout accompli dans tous ses attributs.
Crois-le donc plus parfait qu'on ne le saurait dire ;
Rends-lui ce que tu dois d'honneurs et de tributs,
Et tiens ton cœur soumis aux lois de son empire.

Tous ces noms merveilleux, tous ces noms ineffables
Seront toujours obscurs, toujours impénétrables ;
Gardons-nous de porter nos lumières trop haut :
Purgeons nos passions, déracinons nos vices,
Fuyons, pour plaire à Dieu, jusqu'au moindre défaut,
Pour le bénir un jour au milieu des délices.

MYSTÈRE DE LA SAINTE TRINITÉ.

Sur le même Air.

Quel est cet océan et sans fond et sans rive,
Qu'on adore ici-bas d'une foi simple et vive,
D'un esprit abymé, d'un cœur brûlant d'amour ?
Quel est ce beau soleil que tout le ciel révère,
A qui, sans se lasser, tous les Saints font la cour ?
Quel est ce grand objet, source de tout mystère ?

Cantiques de l'Ame dévote.

C'est un Etre infini, c'est la divine essence,
Qui fait voir sa grandeur et sa magnificence,
Sur un trône éclatant fait dans l'éternité ;
C'est le Dieu trois fois Saint, le monarque suprême
Dont on adore en trois l'ineffable Unité,
Qui ne vit que de soi, qu'en soi, que par soi-même.

C'est une Trinité qu'on ne saurait comprendre,
Qu'on doit croire et louer, qu'on ne saurait entendre
Que par bégayement et par comparaison :
C'est une trinité dont les secrets abymes
Surpassent nos esprits et nos faibles raisons,
Et ne veulent de nous que de respects intimes.

O mystère profond ! l'objet qui te compose,
Encore qu'il soit tout, il n'est aucune chose,
Il est trin, il est un, il est seul tout son bien,
Il est ce Souverain qui, pour former le monde,
Ne dit qu'une parole, et tout fut fait de rien,
Tant sa divine voix est puissante et féconde.

Adorable Unité, trois distinctes Personnes,
Je ne te puis sonder : car soudain tu m'étonnes
Par le nombre infini de tes perfections.
Quand je contemple en toi trois Personnes divines,
Et deux fécondités et deux processions,
Je suis tout ébloui, si tu ne m'illumines.

Trois choses du soleil qui ne font qu'une essence,
Peuvent nous faire entrer dans quelque connaissance
De cette Trinité par un faible crayon :
Son corps tout lumineux peut exprimer le Père ;
On découvre le Fils par un brillant rayon.
Et sa chaleur fait voir l'Esprit Saint et sincère.

Le Père n'est qu'amour, que beauté, que sagesse,
Il n'est que sainteté, que grandeur, que hautesse ;
Le Fils et l'Esprit Saint le sont semblablement ;
Tous trois sont infinis, tous trois sont immuables,
Non compris, incréés, libres également,
Heureux, bons, éternels, puissans et véritables.

Chacun est le vrai Dieu très-simple et tout immense,
Bien que nous ne croyons qu'un seul Dieu par essence,
En qui chaque attribut tout seul les comprend tous ;

En terme spécial la puissance est au Père,
La sagesse est au Fils qui s'est livré pour nous,
Et la bonté convient à l'Esprit salutaire.
    Je le crois fermément avec tous les fidèlles,
Trois personnalités sont distinctes entr'elles,
Par ordre d'origine et de révélation:
Je le crois fermément avec toute l'Eglise,
Elles n'ont qu'un vouloir sans contestation,
Leur même sentiment jamais ne se divise.
    Père, premier objet, tout seul, sans dépendance,
Votre intellection fait votre subsistance,
Vous êtes produisant et toujours improduit;
Votre paternité n'est point communicable,
En elle on trouve tout, par elle tout reluit,
Elle est de tous les biens la source inépuisable.
    Fils consubstantiel à votre aimable Père,
Tout ce qu'on voit en vous, tout ce qu'on y révère,
Ne peut être exprimé que fort grossièrement:
Vous en êtes en tout l'image subsistante,
Sa vive expression par son entendement,
Son verbe, son miroir, sa splendeur éclatante.
    Je vous crois, Esprit Saint, autant qu'il m'est pos-
Et du Père et du Fils le nœud indivisible, [sible,
Le terme et le repos de leur dilection,
L'amour individu qui ne se peut dissoudre;
Et le don personnel dont la procession
Est un point si profond qu'on ne peut le résoudre.
    Chrétien, pense souvent que ce Père adorable
Produit son verbe en toi d'un regard ineffable,
Et que de leur amour procède l'Esprit Saint;
Contemple dans ton cœur cette essence divine,
Et ne te rends plus sourd à sa voix, qui se plaint
De ce qu'en l'offensant tu cours à ta ruine.
    Sitôt que tu commets quelque offense mortelle,
Et qu'à la Trinité ton cœur devient rebelle,
Tu fais mourir ton ame, elle est dans un enfer;
Crains donc plus que la mort de ce monstre l'attente,
Dompte tes passions, fais tête à Lucifer,
Si tu veux voir un jour cette Trinité sainte.

MYSTÈRE DE L'INCARNATION.

Sur le même Air.

Dieu voyant à regret la blessure profonde
Dont Adam, par un fruit funeste à tout le monde,
S'était percé le cœur, veut enfin le guérir.
C'est donc le Verbe Dieu, né dans le sein du Père,
Qui sans quitter ce sein, voulant un jour mourir,
Vint se couvrir d'un corps dans le sein d'une Mère.

A bas, esprit humain, à bas, esprit superbe,
Tu ne comprendras point comme le divin Verbe
S'est uni dans le temps à notre humanité.
Les savans Chérubins manquent de connaissance,
Ils sont toujours nouveaux à cette nouveauté
Qui de l'homme et d'un Dieu fait l'étroite alliance.

Ce prodige d'amour, ce chef-d'œuvre adorable,
Est, aux esprits créés, toujours impénétrable,
Il n'est qu'un Dieu tout seul qui les pénètre à fond.
Empruntons humblement de la foi la lumière,
Et sans vouloir sonder ce mystère profond,
Consacrons-lui nos cœurs, en baissant la paupière.

Voici ce que Dieu fait par sa toute-puissance ;
Notre nature humaine est dans sa subsistance,
Le Verbe par la sienne en est le vrai suppôt,
Elle n'a point en soi de soutien, d'hypotase :
Qui pourrait contempler un mystère si haut,
Sans se pâmer d'amour, sans tomber dans l'extase ?

Un Dieu s'anéantit, non quand à la nature,
Ce n'est point en ce sens qu'on entend l'écriture :
Ceux qui l'ont osé dire l'ont erré follement ;
Et quand le divin Paul tout abymé s'étonne,
C'est de voir que le Verbe en cet abaissement
Daigne faire avec l'homme une même personne.

Cette étroite union, qu'on nomme hypostatique,
L'emporte infiniment sur la béatifique,
Et sur celle qui joint le corps avec l'esprit :
La nature divine et la nature humaine

Entières toutes deux, ne fond qu'un Jésus-Christ,
Qui tient tout l'univers soumis à son domaine.

 Ne blâmons pas Adam, n'abhorrons plus la pomme,
Ce qui se dit de Dieu, se dit aussi de l'homme ;
Le tout devient néant, le néant devient tout :
On ne voit point briller celui qui partout brille ;
L'infini qui comprend de l'un à l'autre bout,
Est compris dans le sein d'une petite fille.

 Pour affranchir notre ame à Satan asservie,
L'Eternel dans le temps reçoit et perd la vie,
Sous notre petitesse il cache sa grandeur,
Et ce Verbe éternel, égal à Dieu son Père,
Pour ne pas éblouir nos yeux de sa splendeur,
Prend, pour se revêtir, notre propre misère.

 Tout en est surprenant, tout en est adorable ;
Le plus riche de tous est le plus misérable ;
L'immense est raccourci, l'immortel est mortel,
On voit faible le fort, la sagesse en l'enfance,
L'impassible souffrant, dans le temps l'Eternel,
Le Monarque aux liens, la parole en silence.

 Le Fils du Tout-Puissant qui pour nous daigne naître,
Tout ce qu'il n'était point, il veut commencer d'être,
Sans cesser toutefois d'être ce qu'il était ;
Il est et serviteur et Monarque suprême ;
Quoique faible, il détruit ce qui nous surmontait,
Et tout mortel qu'il est, il tue la mort même.

 En ce traité de paix du ciel avec la terre,
Chrétien, pour ton amour, Dieu déclare la guerre
Au tyran furieux qui te tenait aux fers :
Combats de ton côté tout ce qui perd ton ame ;
Et, pour ne pas brûler aux flammes des enfers,
Brûle ici jour et nuit d'une céleste flamme.

 Grave en ton souvenir que ton Dieu s'humanise,
Afin que, par sa chair, l'homme se divinise,
Et que tu cesses d'être impur et matériel :
Pour toi, ton Souverain se cache et s'humilie :
Sois humble et bien petit, si tu veux voir au ciel
Ce Dieu qui par amour avec l'homme se lie.

LA NAISSANCE DE JÉSUS-CHRIST.

Sur l'Air : *Soupir d'amour, esprits de flamme.*

Voici cette heureuse journée,
Qui met fin à tous nos soupirs,
Voici la sagesse incarnée,
Qui vient remplir tous nos désirs.
Joignons nos chœurs aux chœurs des Anges,
Chantons en ce jour plein d'éclat,
Du Verbe incarné les louanges,
D'un accent doux et délicat.

O divine métamorphose !
Le plus grand est le plus petit :
Un enfant devient toute chose :
L'Etre premier s'anéantit.
Le Créateur est créature,
Le Tout-Puissant cherche un soutien,
Ce Monarque impassible endure,
Et le Maître de tout n'a rien.

Nos yeux découvrent l'invisible,
L'immense est dans un petit coin :
On comprend l'incompréhensible,
Le Dieu de gloire est sur du foin :
On voit la sagesse en l'enfance,
L'Eternel est sujet au temps ;
La parole est dans le silence,
Et la joie au gémissement.

Une fille produit son père ;
La source naît de son ruisseau :
Marie est une Vierge mère,
Par un prodige tout nouveau ;
Mais cette mère sans seconde,
Augmente sa virginité,
En enfantant l'Auteur du monde,
Sans blesser son intégrité.

Sitôt que cette belle Aurore
Voit son Dieu, son Fils, son Soleil,

Baisant ses pieds, elle l'adore
Avec un transport sans pareil :
Comme son Fils elle l'embrasse,
Baise sa bouche et s'y repait ;
Et tenant ses yeux sur sa face,
Elle le nourrit de son lait.

Tout le ciel descend sur la terre,
La terre monte jusqu'aux cieux ;
Le giron d'une fille enserre
Celui qui remplit tous les lieux :
Une étable est un sacré temple,
Une crèche un auguste autel,
Un chacun adore et contemple
L'immortel devenu mortel.

Pécheur, ton Dieu n'est méprisable
Que pour te rendre bienheureux :
Il est couché dans une étable
Pour t'empêcher d'être orgueilleux.
C'est pour te donner ses richesses,
Qu'il épouse ta pauvreté ;
Et c'est pour guérir tes faiblesses
Qu'il a pris ton infirmité.

Quoiqu'il soit la sainteté même,
Il prend la forme du pécheur,
Et t'aimant d'un amour extrême,
Il ne demande que ton cœur :
L'excès de son amour te somme
D'être à lui sans temporiser,
Puisqu'il n'a voulu se faire homme
Qu'afin de te diviniser.

Ce Samaritain charitable,
Touché des maux du genre humain,
Guérit tes plaies dans une étable,
Ses pleurs servent d'huile et de vin :
Ce vrai Noë, vrai Patriarche,
Qui cache sa divinité,
Nous sauve tous entrant dans l'arche
De notre faible humanité.

Quel bien pour la nature humaine,

D'être unie au Verbe divin,
Et de ne craindre plus la gêne,
Qui devait l'accabler sans fin !
Quel honneur pour notre nature,
D'être au-dessus des purs Esprits !
Chrétien, exalte sans mesure
Ce bonheur sans fin et sans prix.

 Le Roi des hommes et des Anges,
Le Souverain de l'univers,
Qu'on voit enveloppé de langes,
Nous lie à Dieu brisant nos fers ;
Ce vrai Samson, seul invincible ;
Lié des chaînes de l'amour,
N'est plus à l'homme inaccessible ;
Grands et petits lui font la cour.

 Approchons de ce Fils unique,
De l'image du Tout-Puissant,
Et tâchons de mettre en pratique
Ce qu'il nous enseigne en naissant ;
Un peu de foin lui sert de chaire,
Pour nous prêcher l'humilité,
La charité, la vie austère,
Et l'amour de la pauvreté.

 Que chacun tâche de renaître ;
Que le superbe soit petit ;
Que l'avare cesse de l'être ;
Que l'impur dompte l'appétit ;
Que tout pécheur se convertisse ;
Que tout parfait soit plus parfait ;
Que chacun combatte le vice,
Et du Sauveur sente l'effet.

LA CIRCONCISION DE JÉSUS-CHRIST.

 Air : *Vous êtes charmante et blonde.*

Ce fut en cette journée
Qu'on circoncit le Sauveur.
Prenant part à sa douleur,

Retranchons en cette année
Ce qui souille notre cœur,
Et tient notre ame enchaînée.

 L'an nouveau, pécheur, peut-être
Sera la fin de tes ans ;
Immole à Dieu tous tes sens
Sois la victime et le Prêtre,
Et n'abuse plus d'un temps
Qui doit bientôt cesser d'être.

 Le Sauveur paraît coupable,
Quoiqu'il soit le Saint des Saints,
Quand par d'orgueilleux desseins,
Tu veux paraître impeccable ;
Mais tous tes efforts sont vains,
Et te rendent plus damnable.

 Nonobstant son innocence,
Il se soumet à la Loi :
Rentre, pécheur, rentre en toi ;
Pèse bien ta noire offense,
Et rougis devant ton Roi,
Quand tu veux qu'on te dispense.

 Jésus donne pour étrennes,
Son pur sang en ce beau jour :
C'est l'excès de son amour
Qui le tire de ses veines.
Usons de quelque retour,
En souffrant pour lui nos peines.

 Il verse, sans plus attendre,
Un peu de sang et des pleurs ;
Mais cet Enfant de douleurs
Prétend de le tout répandre,
Au milieu de deux voleurs,
Pour l'homme qui n'est que cendre.

 Le Père éternel lui donne
Le très-saint Nom de Jésus.
Ne nous épouvantons plus,
Quand le démon nous talonne ;
Ce Nom le rend si perclus,
Qu'il ne peut nuire à personne.

A ce Nom saint et terrible,
Tout genou tremble et fléchit ;
Ce seul Nom nous affranchit
De la mort la plus horrible :
Ce seul Nom nous enrichit
D'un bien incompréhensible.
  Beau Nom, que tout mon cœur aime,
Tu fais mes plus doux appas ;
Quand on ne te maudit pas,
Je sens une joie extrême :
Mais ma vie est au trépas,
Quand j'entends qu'on te blasphème.
  O doux Nom, source de vie,
Ma défense et mon secours,
Je veux t'invoquer toujours,
Mais sur-tout à l'agonie,
Pour aller, par ton secours,
De l'exil à la patrie.

L'ADORATION DES TROIS ROIS.

Air : *Ah ! ne me flattez point, vous voyez que j'expire.*

Réjouis-toi, Chrétien, voici la grande Fête,
Enfin voici le jour qui t'apporte la foi ;
Cet astre que tu vois, du ciel est l'interprète,
Qui te vient annoncer que Jésus est ton Roi,
Que Jésus, que Jésus, est ton Roi.
  Beau jour plein de bonheur, beau jour plein de
      merveille,
On n'a point encor vu jusqu'ici ton appareil ;
L'étoile qui paraît en clarté sans pareille,
Vient montrer aux Gentils Jésus-Christ leur soleil,
Jésus-Christ, Jésus-Christ leur soleil.
  Trois Mages appelés du climat de l'aurore,
Suivent d'un prompt vouloir l'étoile qui leur luit,
Pour trouver la clarté que tout le ciel adore,
S'éloignant de l'erreur, la clarté les conduit.
La clarté, la clarté les conduit.

Nul

Nul embarras humain ne retient ces grands Princes,
Ce qui nous ferait peur, sert à les exciter :
Ils quittent leurs parens, leurs palais, leurs provinces,
Et nous, pour trouver Dieu, ne voulons rien quitter,
Ne voulons, ne voulons rien quitter.

Dès qu'ils sont arrivés près de la Cité sainte,
L'astre qui les conduit se dérobe à leurs yeux ;
Ils en sont affligés, ils sont saisis de crainte,
Et n'attendent tous trois du secours que des cieux,
Du secours, du secours que des cieux.

Hérode est tout chagrin, il se trouble, il s'étonne,
Trois grands Rois s'informant du Roi né de nouveau,
Et pour ne perdre pas sa mortelle couronne,
Ce barbare prétend l'étouffer au berceau,
L'étouffer, l'étouffer au berceau.

Allez, cherchez-le bien, dit-il à chaque Mage :
Quand vous l'aurez trouvé, faites-le-moi savoir ;
J'ai dessein, à mon tour, d'aller lui rendre hommage;
Allez donc sans délai, j'ai désir de le voir,
J'ai désir, j'ai désir de le voir.

Monstre de cruauté, la clameur lamentable
D'un troupeau d'innocens fera voir ton dessein ;
Tu ne feins de chercher mon Sauveur adorable,
Que pour faire mourir cet agneau de ta main,
Cet agneau, cet agneau de ta main.

Mais malgré tes efforts et malgré ta finesse,
Joseph prendra de nuit et la Mère et l'Enfant ;
Les Rois s'écarteront, Dieu leur donnant l'adresse,
Et Jésus, Roi des Rois, restera triomphant,
Restera, restera triomphant.

Les Rois ayant quitté ce tyran détestable,
L'étoile leur paraît, ils en sont tout joyeux ;
Dès qu'ils sont parvenus à l'endroit de l'étable,
Ce bel astre aussitôt disparaît à leurs yeux,
Disparaît, disparaît à leurs yeux.

Ces Princes pleins de foi sont ravis dès qu'ils entrent,
Voyant sous un maillot la divine splendeur,
L'or, la myrrhe et l'encens, tous trois ils lui présentent,
Se jetant à ses pieds pour marquer sa grandeur,

B

Pour marquer, pour marquer sa grandeur.

 Chacun avec respect lui fait la révérence,
Lui consacrant son cœur, son esprit et son corps,
Et pour marque d'amour et de reconnaissance,
L'adorant à genoux lui remet ses trésors,
Lui remet, lui remet ses trésors.

 L'or montre que des Rois il est l'auguste Maître;
L'encens qu'il est vrai Dieu, digne de nos autels;
Et la myrrhe fait voir qu'il a bien voulu naître
Pour mourir, et mourant racheter les mortels,
Racheter, racheter les mortels.

 Les grandeurs de Jésus, les vertus de Marie,
Et celles de Joseph captivent leur amour;
Mais le désir qu'ils ont d'éclairer leur patrie,
Les oblige à regret à partir pour leur cour,
A partir, à partir pour leur cour.

 S'étant recommandés à cet Enfant céleste,
Ils changent de chemin, quittant ce lieu sacré:
Tous trois prêchent par-tout que Dieu se manifeste,
Qu'ils l'ont vu sur le foin et qu'ils l'ont adoré,
Et qu'ils l'ont, et qu'ils l'ont adoré.

Réflexion.

 Pécheur, apprends ici, quand la grace t'appelle,
A suivre sur-le-champ ses lumineux attraits;
Adhère à l'Esprit Saint, ne lui sois plus rebelle,
Cesse de te noircir, chasse loin tes forfaits,
Chasse loin, chasse loin tes forfaits.

 Hélas! combien de fois as-tu vu son étoile?
Combien de fois Jésus t'est-il venu chercher?
Il se présente à toi; mais tes yeux ont un voile,
Et ne sont clair-voyans qu'à t'aider à pécher,
Qu'à t'aider, qu'à t'aider à pécher.

 Si le monde et l'enfer cherchent à t'interrompre,
Imite les trois Rois, et poursuis ton chemin:
Si tes sens débauchés cherchent à te corrompre,
Souviens-toi des tourmens qui n'auront point de fin,
Qui n'auront, qui n'auront point de fin.

 Offre l'or de l'amour, l'encens de la prière,
Offre la myrrhe enfin de la mort de tes sens;

Ne cherche pas ailleurs de tes dons la matière;
Le Sauveur nouveau-né veut de toi ces présens,
Veut de toi, veut de toi ces présens.

  Si Dieu par sa bonté t'a fait changer de vie,
Ne retourne jamais à ton sale bourbier;
Les Rois sont revenus à leur chère patrie,
Par un autre chemin en quittant le premier,
En quittant, en quittant le premier.

  Ton cœur s'est éloigné du Très-Haut par les vices,
Il faut pour l'approcher pratiquer la vertu;
Jésus ne donnera de célestes délices,
Qu'à ceux qui sous ses lois auront bien combattu,
Auront bien, auront bien combattu.

  Souverain Roi des cieux, de la terre et de l'onde,
Ne permettez jamais que le mal règne en nous;
Attirez à vous nos cœurs, ô beauté sans seconde!
Et faites-nous régner à jamais avec vous,
A jamais, à jamais avec vous.

LE SACREMENT DE BAPTÊME.

    Air : *Rocher, vous êtes sourd, etc.*

De tous nos sacremens, pécheur, voici la porte,
Qui nous ouvrit le ciel, qui nous ferma l'enfer;
Quand l'Esprit Saint chassa de ton cœur Lucifer,
En remplissant de Dieu ton ame déjà morte.   *bis.*

  Mais tu repousses Dieu par ta vie animable,
Tu te fais de nouveau l'esclave du démon;
Le Saint Esprit n'est plus ta force et ton timon,
Prodiguant tant de fois ta grace baptismale.

  En vain le sel bénit t'exprima la prudence :
Qui méprise son Dieu n'est qu'un homme imprudent;
L'on chassa de ton cœur, et tu cherches Satan;
L'on te mit l'habit blanc, et tu perds l'innocence.

  On te fit renoncer devant ton Dieu suprême,
Aux œuvres de Satan, aux plaisirs de la chair;
A tout ce qu'ici-bas le monde a de plus cher;
Mais ton renoncement n'a paru qu'au baptême.

Tu n'es plus cet enfant dont Dieu devint le père ;
C'est à faux qu'on te croit frère de Jésus-Christ ;
Tu n'es plus animé de son divin Esprit,
On te nomme Chrétien ; mais ta vie est contraire.

Ce caractère saint, ce signe ineffaçable,
Qui fait des bienheureux la joie et les plaisirs,
Te fera dans l'enfer pousser mille soupirs ;
Ce qui fait leur bonheur te rendra misérable.

Quand pour te consacrer l'on te versa le chrême,
Tu devins de ton cœur et le prêtre et le roi,
Pour l'immoler à Dieu par amour et par foi,
Et tu t'immoles tout à l'amour de toi-même.

On fit voir trois vertus infuses dans ton ame,
Par le cierge allumé qu'on te mit à la main ;
Tu devais en tout temps éclairer ton prochain,
Et tu t'es obscurci par une vie infame.

Ta main n'opère rien ; tu n'as qu'une foi vaine ;
Chacun te croit vivant, et Dieu te trouve mort.
Crois-tu d'être Chrétien ? Ah ! tu te trompes fort ;
Un Chrétien ne vit pas sans œuvres et sans peine.

Tu nourris, orgueilleux, une folle espérance,
Quand tu ne remplis pas le devoir d'un Chrétien :
Ajoute à ton esprit la pratique du bien,
Autrement ton salut n'est pas en assurance.

Quelle est ta charité ? tu ne l'as qu'en peinture ;
Tu fais la guerre à Dieu, bien loin de l'adorer ;
Tu choques ton prochain, au lieu de l'honorer,
Et par un fond d'orgueil tu tombes à toute heure.

Pèse d'un cœur contrit ta première innocence ;
Mêle l'eau de tes pleurs à l'eau du sacrement ;
Cherche de Jésus-Christ le seul contentement ;
Et cesse d'opposer tes mœurs à ta créance.

Va voir de temps en temps les saints fonts du baptême,
Pour y ratifier ce qu'on promit de toi ;
Rends-y graces à Dieu qui t'y donna la foi,
Et puis, par son secours, fais-toi Chrétien toi-même.

LE SACREMENT DE CONFIRMATION.

Air : *Sombre désert, retraite de la nuit.*

Dieu prévoyant nos dangereux combats,
Et du démon l'horrible rage,
Pour empêcher qu'il ne nous mette à bas,
Veut, en nous confirmant, nous remplir de courage,
Et par une onction qui pénètre nos cœurs,
De tous nos ennemis nous rendre les vainqueurs. *bis.*

   Par le premier de tous les sacremens,
Son grand amour nous fit renaître ;
Par le second, contre nos mouvemens,
Sa grace nous rend forts et nous fait toujours croître :
Là, ce fut son esprit qui nous fit ses enfans ;
Ici, c'est sa vertu qui nous rend triomphans.

   Par le premier nous fûmes faits Chrétiens,
Et nettoyés de toute offense ;
Par celui-ci, nous perdrions tous nos biens,
Plutôt que de souiller la robe d'innocence ;
Notre ame, en tous les deux, reçoit du Dieu de paix,
Un divin caractère, et qui dure à jamais.

   Quand le Prélat nous imposa ses mains,
Et nous oignit du très-saint chrême,
L'Esprit divin, contre les sens humains
Confirma notre cœur en la foi du baptême.
Professons notre foi hardiment devant tous,
Et par ces onctions, soyons humbles et doux.

   Il appliqua le bandeau sur nos fronts,
Pour nous graver dans la mémoire
Que le Chrétien doit souffrir les affronts,
En faisant de la croix et sa joie et sa gloire :
Cependant nous mettrons en oubli le bandeau,
La croix nous fait rougir, nous fuyons le fardeau.

   Lorsqu'il nous dit : je vous donne la paix,
Frappant des doigts sur notre joue,
Il nous fit voir que, pour être parfaits,
Il faut bénir le ciel lorsque l'on nous bafoue ;

Mais nous, bien loin de-là, pour le moindre mépris,
Nous nous troublons d'abord, nous en sommes aigris.
 Hélas ! d'où vient que tant de confirmés
Sont abattus comme des lâches ?
Armés le soir, le matin désarmés,
Aujourd'hui purs et nets, demain tout pleins de taches!
C'est parce que plusieurs vont à ce sacrement
Dans un état de mort digne de châtiment.
 Faisons valoir la confirmation,
En recueillant toutes nos forces,
Pour triomper de la tentation,
Du monde, du démon et des sales amorces.
Affermissons nos cœurs dans cette vérité,
Qu'on gagne, en combattant, l'heureuse éternité.

LE SACREMENT DE L'EUCHARISTIE.

Sur l'Air : *Hélas ! mes yeux, quel changement.*

 Ame fidelle, lève-toi,
 Contemple des yeux de la foi,
Un Dieu qui se réduit dans le fond d'une hostie ;
 Il s'abaisse pour ton amour ;
 Rends-toi bien petite à ton tour,
Et que l'amour t'immole à cette Eucharistie.
 Que ce sacré mystère est grand !
 L'adoré devient l'adorant,
Jésus même est l'autel, la victime et le Prêtre ;
 Ce bon Pasteur, ce doux Agneau !
 Voulant s'immoler de nouveau,
Entre entier dans nos corps, et bientôt cesse d'être.
 Dans ce sacrement précieux,
 On rend hommage comme aux cieux,
Au Fils du Tout-Puissant, au vrai Fils de Marie.
 Nous l'avons présent en effet,
 Dieu véritable, homme parfait,
Qui comme sur la croix ici se sacrifie.
 Cet homme Dieu ! ce Souverain
 Nourrit tout l'homme en ce festin,

Sous un double aliment il voile sa substance ;
　　Et déployant tous ses trésors,
　　Il donne, par son sacré corps,
Au corps l'être immortel, à l'ame l'innocence.
　　Au lieu de pain, au lieu de vin,
　　On a le Corps, le Sang divin ;
Le pain devient la chair, le vin en sang se change :
　　Leur voile, en cette obscurité,
　　Nous cache la Divinité,
L'Ame, le Corps, le Sang ; foi, gloire, amour, louange.
　　Par la puissance du Très-Haut,
　　Les accidens sont sans suppôt,
Tous nos sens sont trompés, sur-tout l'œil et la bouche.
　　Le Sauveur se laisse approcher ;
　　Mais on ne peut pas le toucher,
Encore qu'il soit vrai qu'en l'hostie on le touche.
　　Ce corps, qui n'occupe aucun lieu,
　　Est tout au bord, tout au milieu,
Il est tout dans le tout, tout en chaque partie ;
　　Un seul point contient Jésus-Christ :
　　Je le crois, c'est lui qui l'a dit,
Un fragment n'a pas moins que la plus grande hostie.
　　Jésus vient tout entier en nous,
　　Un homme seul a ce qu'ont tous :
Tout divisé qu'il semble, il est indivisible ;
　　Il est présent en mille lieux,
　　Tout ici-bas, tout dans les cieux ;
Mais il se voile ici, là-haut il est visible.
　　L'esclave est nourri de son Roi ;
　　Je le crois d'une ferme foi,
Encor que tous les sens combattent ce mystèr'
　　Ne consultons pas la raison,
　　Laissons toute comparaison :
Le Tout-Puissant l'a dit, l'a voulu, l'a pu faire.
　　Qui fut jamais si libéral ?
　　Et qui vous fut jamais égal ?
O Pasteur sans pareil, vrai Dieu, vrai pain de vie !
　　Vous, vous consumez chaque jour
　　Dans le brasier de votre amour ;

Et puis, à vous manger, votre cœur nous convie.
  L'Ange est frappé d'étonnement,
  De voir traiter si privément
L'esclave avec son Roi dans cette auguste table ;
  Il semble devenir jaloux
  De ce qu'il ne peut, comme nous,
Recevoir dans un corps ce Corps tout adorable.
  Ce sacrifice enferme en soi
  Les sacrifices de la Loi ;
On rend à Dieu l'honneur, on se le rend propice ;
  On célèbre tous ses bienfaits,
  Les hommes deviennent parfaits,
On obtient tout de lui par ce seul sacrifice.
  Son amour le met sur l'autel,
  Pour rendre à son Père immortel,
Ce que l'homme lui doit, et qu'il ne peut lui rendre ;
  Servons-nous bien de ce milieu,
  Et présentons Dieu même à Dieu ;
Entrons dans ces devoirs avec un cœur tout tendre.
  Ce bienfaisant Samaritain,
  Sous les apparences du pain,
Guérit en nous deux maux qui seraient incurables ;
  C'est lui seul qui fait que nos cœurs
  Peuvent devenir les vainqueurs
Des honneurs, des plaisirs, et des biens périssables.
  Approchez, fidelles amans,
  Du plus saint de nos sacremens,
Où Jésus, Roi nouveau, donne une loi nouvelle ;
  Mangez ce pain qui vous fait Dieux ;
  Vivez de ce corps glorieux,
Pour en vivre à jamais à la Pâque éternelle.

LE SACREMENT DE PÉNITENCE.

Sur l'Air : *Sombre désert, retraite de la nuit.*

Voici, lépreux, un bain pour te laver.
Console-toi, reprends courage :
Tu t'es perdu, Jésus vient de te sauver ;

Il te présente un ais pour sortir du naufrage ;
N'endurcis pas ton cœur, seconde son dessein ;
En te tendant le bras, il demande ta main. *bis.*

   Voulant venir à ce sacré lavoir,
Epluche bien ta conscience,
Prévois les points qui touchent ton devoir,
Ayant l'Esprit Saint imploré l'assistance ;
Considère avec soin l'objet, le temps, le lieu,
Pour voir en quoi ton cœur s'est bandé contre Dieu.

   Sois bien contrit avant que d'être absous,
Tu seras plus blanc que la neige ;
Car autrement Dieu se met en courroux ;
Un cœur sans repentir fait un grand sacrilége.
Prends Dieu seul pour motif du regret de ton cœur,
Pour exciter en toi la parfaite douleur.

   Si tu n'as pas bien dit la vérité
Dans ta confession dernière,
Pour réparer son invalidité,
Confesse, en premier lieu, cette vieille matière ;
Dis si tu n'as pas fait ce qu'on t'avait prescrit,
Ou si ton cœur d'acier ne fut pas même attrit.

   Après cela déclare au confesseur
Le nombre entier de tous tes crimes,
Afin que Dieu te traite avec douceur,
Lorsqu'il viendra sonder de ton cœur les abymes :
Un crime récélé fait un crime nouveau ;
Bien loin d'être allégé, on grossit le fardeau.

   N'imite point ceux qui pour se couvrir,
Usent de mille et mille adresses,
Et qui seraient plutôt prêts de mourir
Que d'oser déclarer du péché les espèces :
Dis en termes bien clairs, j'ai fait un tels larcin,
J'ai juré, j'ai menti, j'ai fait un assassin.

   Si, par malheur, avec un seul péché,
Tu t'en es pris à deux préceptes,
Explique-t-en, ne le tiens pas caché,
Car ce sont devant Dieu deux différentes dettes ;
Mais ne t'amuse point à ce récit en l'air,
Qui nourrit le scrupule, et qui n'a rien de clair.

Ne déduis pas, comme un conte à plaisir,
De tes forfaits l'horrible histoire,
Sois-en confus, et conçois le désir
D'être à Dieu tout de bon, et d'agir pour sa gloire
Tâche de faire voir, après le sacrement,
Que tu ne penses plus qu'à ton amendement.

Quand tu seras sur le point d'être absous,
Monte en esprit sur le Calvaire,
Et du Sauveur embrassant les genoux,
Unis ton repentir à sa douleur amère ;
Il est ton supplément, il est seul ton appui,
Ton salut éternel ne se trouve qu'en lui.

Quelle faveur! tu tombes tous les jours,
Et sur-le-champ Dieu te redresse ;
Mais s'il est prompt à te donner secours,
Dois-tu pas l'en bénir, quand tu sors de confesse ?
Rends-lui graces sans fin, en n'oubliant jamais
Ce que ton cœur lui doit, après tant de bienfaits.

Fais sans délai tout ce qu'on t'a prescrit ;
Fuis le danger de la rechute ;
N'abuse point du sang de Jésus-Christ,
Pense à changer tes mœurs, cesse de vivre en brute :
Si pour te convertir tu fais tous tes efforts,
Tu trouveras la vie au sacrement des morts.

SACREMENT DE L'EXTRÊME-ONCTION.

Air: *Rocher, vous êtes sourd, vous n'avez rien de tendre.*

Chrétien, jusqu'à la fin nous avons à combattre
Contre des ennemis qui trament notre mort ;
Mais quand il faut mourir, le combat est plus fort,
Et nos cœurs affaiblis plus sujets à s'abattre.   *bis.*

Hélas! qu'un moribond, dans ce conflit extrême,
A besoin d'être aidé du bras du Tout-Puissant!
Car, outre divers maux que tout son corps ressent,
Sa pauvre ame en tremblant craint de perdre Dieu
  même.

La mort se montre à lui sous cent formes horribles;

Le jugement prochain le fait transir d'effroi ;
Il ne sait ce qu'il dit, presque tout hors de soi,
Il fait voir qu'il a peur de mille objets terribles.

 Etant ainsi réduit aux mortelles alarmes,
Le trouble dans l'esprit, le cœur tout agité,
Il se voit au moment d'où pend l'éternité,
Et n'a que des sanglots et des soupirs pour armes.

 Mais Dieu, dont les bontés sont toujours excessives,
Se rend à ses soupirs, il a pitié de lui ;
Et pour ne le laisser si faible et sans appui,
Lui donne un sacrement pour armes défensives.

 C'est l'Extrême-Onction qui délivre son ame
Des restes du péché dont elle sent le poids,
Qui chasse les démons, et qui l'aide en ses croix,
Jusqu'à ce que la mort vienne couper sa trame.

 C'est par ce sacrement, que l'Esprit Saint efface
Les péchés véniels, et même les mortels,
Pourvu qu'on soit attrit, l'ame en ayant de tels,
Il donne le pardon, et confère la grace.

 L'esprit ressent alors une grande alégresse,
Et le cœur enflammé reçoit de la vigueur,
Le corps est soulagé de l'extrême rigueur
Du mal qui, jour et nuit, l'affaiblit et le presse.

 Souvent l'homme en reçoit une santé nouvelle,
Que Dieu par sa bonté daigne lui départir,
Pour lui donner moyen de se bien convertir ;
Mais souvent cet ingrat en devient plus rebelle.

 Bien que ce sacrement relève son courage,
Tu ne dois pas laisser d'apprehender beaucoup,
Car combien en voit-on qui meurent tout-d'un-coup,
Sans avoir cet appui dans le dernier passage ?

 Ne diffère pas trop cette Onction extrême ;
Car bien que, jusqu'au bout, elle soit de saison,
Dès que l'on a perdu l'usage de raison,
On ne sait ce qu'on fait, on s'oublie soit-même.

 Fais des actes de foi, d'amour et d'espérance,
Désire en tout que Dieu fasse sa volonté,
Et sans vouloir la mort, le mal ni la santé,
Accepte l'un des trois avec indifférence.

Déteste au fond du cœur jusqu'à la moindre offense,
Pendant que sur ton corps on fera l'onction,
Car plus ton cœur sera dans la componction,
Et plus il recevra la grace en abondance.

Implore le secours de la Reine des Anges ;
Invoque ton Patron et ton Ange Gardien,
Les priant de t'aider à mourir en Chrétien,
Pour chanter avec eux d'éternelles louanges.

Enfin, ressouviens-toi d'unir ton agonie
A celle du Sauveur attaché sur la croix ;
Consacre ton trépas à ses derniers abois,
Pour passer de la mort à l'immortelle vie.

LE SACREMENT DE L'ORDRE.

Sur l'Air : *Sombre désert, retraite de la nuit.*

O Clef des cieux ! sacerdoce divin !
Trône éclatant de notre Eglise !
O dignité qui n'aura point de fin !
C'est par toi que par-tout l'on prêche et l'on baptise;
Par toi Dieu vient à nous, et nous allons à Dieu ;
Les autres sacremens passent par ce milieu. *bis.*

Controverser l'ordre sacerdotal,
Ou lui manquer d'obéissance,
Attire en nous quelqu'accident fatal,
Et d'un Dieu dans l'enfer l'éternelle vengeance ;
Cesse donc, Huguenot, cesse, mauvais Chrétien,
De combattre un état d'où découle tout bien.

Si nous devons l'honneur et le respect
A la puissance politique,
Si notre corps se courbe à son aspect,
Bien qu'elle soit par fois injuste et tyrannique,
Quel respect, quel honneur ne faut-il pas avoir
Pour un Prêtre, où de Dieu réside le pouvoir !

Mais, ô malheur ! on ose détracter,
Et se jouer d'un pauvre Prêtre :
Le libertin, loin de le respecter,
Lui parle avec mépris, il semble être son maître ;

Il ne se souvient point qu'il peut le secourir,
A sortir de son crime et même à bien mourir.
 Ordre sacré, source de tout bonheur,
Digne sujet de nos louanges,
L'homme par toi mérite tout honneur,
Tu le mets au-dessus et des Rois et des Anges;
Tu lui donnes pouvoir d'absoudre des mortels,
Et d'immoler un Dieu sur nos sacrés autels.
 Pensons à nous, ministres du Très-Haut,
Tremblons d'une peur salutaire :
Dieu pesera jusqu'au moindre défaut
Que nous aurons commis dans notre ministère;
Rendons-nous bien exacts, et dans nos oraisons,
Faisons, sans nous flatter, tout ce que nous faisons.
 Si tout Chrétien doit vivre saintement,
Selon l'avis du grand Apôtre,
Nous le devons bien plus étroitement,
D'autant que notre état est plus saint que tout autre:
Nous avons avec Dieu plus de proximité ;
Exprimons, par nos mœurs, quelle est sa sainteté.
 Bien qu'il soit vrai qu'en la religion,
On mène une vie assez pure,
Il faut pourtant plus de perfection,
Pour vivre comme il faut dans la cléricature.
Saint François comparant un bon Prêtre au cristal,
S'abstient de recevoir l'ordre sacerdotal.
 Suivons en tout du Seigneur les desseins,
Marchons sur les pas des Apôtres ;
Si nous vivons ainsi qu'ont fait les Saints,
Nous pourrons hardiment porter au bien les autres;
Mais si nous vivons mal, pourrons-nous, sans rougir,
Dire à qui que ce soit, tu devrais mieux agir ?
 Aimons, sur-tout, aimons la pureté,
Ayons en horreur l'avarice,
Gardons nos sens, fuyons l'oisiveté,
Pratiquons la vertu, faisons la guerre au vice;
Judas dans les enfers crie, enrage et se plaint
De ce qu'il s'est perdu dans un état si saint.
 Laissons crier cet infame apostat,

C

Bouchons nos oreilles à ses plaintes,
Et ne pensons, dans un si saint état,
Qu'à remplir nos devoirs par des conduites saintes ;
Tous nos emplois sont saints, faisons-les saintement,
Au prix des séculiers nous péchons doublement.

LE SACREMENT DE MARIAGE.

Air : Rocher, vous êtes sourd, etc.

Voici le nœud sacré, le nœud indivisible
Par où nous découvrons l'ineffable Unité
Qui se fit, dans le temps, entre l'humanité
Et le Verbe Eternel qui se rendit visible. *bis.*

Ce nœud exprime aussi l'alliance adorable
De l'Eglise et d'un Dieu qui meurt sur une croix,
Et celle de nos cœurs avec le Roi des Rois,
Qui se donne à manger en la divine table.

Le point essentiel qui fait le mariage,
Veut de chaque partie un plein consentement,
Que le propre curé reçoit par leur serment,
En présence de deux qui rendent témoignage.

D'un transport mutuel, que la seule mort casse,
L'on donne et l'on reçoit le domaine du corps ;
Pendant que les deux mains s'unissent au-dehors,
Les deux cœurs au-dedans sont unis par la grace.

C'est par ce sacrement que le Seigneur commande
Aux nouveaux épousés l'amour et le respect,
Et de n'avoir tous deux que le même intérêt,
Que l'époux soit le chef et l'épouse en dépende.

A L'ÉPOUX.

Époux, petit soleil de tous tes domestiques,
Donne-leur pour le bien et lumière et chaleur,
Fais-leur voir que le mal attire tout malheur,
Et soutiens tes avis par tes propres pratiques.

Il est de ton devoir d'user de vigilance,
Et d'unir le travail avec l'autorité,
Afin que fournissant à la nécessité,
Tu ne fournisses point à la vaine dépense.

Pour bien garder la foi que tu dois à ta femme,
Et pour ne te souiller par les sales plaisirs,
Rejette promptement tous les mauvais désirs,
En triomphant du corps tu feras régner l'ame.

A L'ÉPOUSE.

Et toi, sexe dévot, veille bien sur ta fille ;
Fais que ta modestie augmente sa pudeur,
Pour abolir son fard néglige ta laideur,
Et conduis bien en paix ta petite famille.

Sois avec ton époux de bonne intelligence,
Fais en sorte qu'il t'aime au lieu de te haïr :
Ne pense selon Dieu, qu'à lui bien obéir,
Et n'abuse jamais de son trop d'indulgence.

Porte-lui grand respect, et tâche d'être égale,
Soit qu'il soit en courroux, ou doux comme un agneau,
Réponds à son amour, et voyant ton anneau,
Garde-toi de manquer à la foi conjugale.

A TOUS LES DEUX.

Si vous voulez que Dieu par sa miséricorde,
Répande sur vous deux mille faveurs du ciel,
Ne contestez jamais avec un cœur de fiel,
Bannissez de chez vous la pomme de discorde.

Ce divin sacrement a pour fin principale
De glorifier Dieu par de nouveaux enfans ;
Si des plaisirs brutaux vous n'êtes triomphans,
Vous souillez devant Dieu la grace conjugale.

Aimez-vous selon Dieu, soyez-vous bien fidelles ;
Elevez vos enfans, ne les maudissez pas ;
Portez tous deux le joug jusqu'à votre trépas,
Pour avoir part tous deux aux noces éternelles.

~~~~~~~~~~~~~~~~~~~~

SUR LES HUIT BÉATITUDES.

Sur l'Air : *Pourquoi soupirer, Tircis, etc.*

LES PAUVRES D'ESPRIT.

Heureux mille fois celui qui ne s'attache à rien,
Et qui trouve en Dieu seul la source de tout bien !
Foulons les richesses,

Cantiques de l'Ame dévote.
  Et par nos largesses
  Gagnons Jésus-Christ,
  Qui fait le partage
  Et tout l'héritage
  Des pauvres d'esprit.
   Les Débonnaires.
Le cœur humble et doux aura dans l'état glorieux
La terre des vivans pour son sort bienheureux.
  Loin d'être sévères,
  Soyons débonnaires ;
  Chassons toute aigreur,
  Jésus nous convie
  A suivre sa vie,
  Pleine de douceur.
   Ceux qui pleurent.
Jésus a pleuré, pleurons et soyons désolés,
Afin qu'après la mort nous soyons consolés.
  La folle alégresse
  Produit la tristesse
  Et les maux affreux ;
  Mais les larmes saintes,
  Les ennuis, les craintes
  Nous laissent joyeux.
   Les affamés de la Justice.
La soif du Sauveur en croix, pour tout le genre humain,
Veut que de la vertu nous ayons soif et faim,
  Chassons la paresse,
  Travaillons sans cesse,
  Ne négligeons rien ;
  Bienheureuse est l'ame
  Qui toujours s'enflâmme
  Pour faire le bien.
   Les Miséricordieux.
Jésus fait du bien à tous, imitons sa bonté ;
Ayons pour le prochain beaucoup de charité ;
  Ce grand Juge accorde
  Sa miséricorde
  A ceux qui la font,
  Et rend misérables

Les impitoyables :
Malheur au cœur prompt.
Ceux qui ont le cœur pur.
C'est la pureté du cœur qui, dans l'éternité,
Nous fera voir d'un Dieu la haute majesté ;
C'est aussi par elle,
Qu'une ame fidelle
Contemple en tout lieu ;
Ou plus l'ame est pure
De la créature,
Mieux elle voit Dieu.
Les Pacifiques.
Pour être appelés un jour enfans de Dieu de paix,
Calmons nos différens, ne contestons jamais,
Soyons pacifiques,
Et par nos pratiques,
Apprenons à tous,
Qu'il faut sur la terre
Ne faire la guerre
Qu'à notre courroux.
Les Persécutés.
C'est ici bas qu'on peut, étant persécuté,
Commencer d'être heureux par la tranquillité ;
Qu'on nous persécute
Et qu'on nous rebute,
N'ayons point de fiel,
Souffrons en silence,
C'est par violence
Qu'on ravit le ciel.

~~~~~~~~~~~~~~~~~~~~~~

DÉSIRS POUR LE JOUR DE LA COMMUNION.

Sur l'Air : *Rendez-vous, Beauté cruelle.*

Accourons, Dieu nous convie,
Quittons tout * pour ce repas ;   *bis.*
Allons au vrai pain de vie,
Ne nous en excusons pas ;
Approchons-nous de cette source,
De cet arsénal de tout bien,

Nous ne saurions bien faire notre course,
Si ce festin ne nous sert de soutien.
Nous ne saurions, etc.

 Cette table où tout abonde,
Nous fournit * tous nos besoins ;   *bis.*
Celui qui régit le monde,
S'y charge de tous nos soins ;
Il est pasteur, il est victime,
Il est créancier et payeur ;
C'est un renfort au cœur pusillanime,
A l'indigent, un sage pourvoyeur.
C'est un renfort, etc.

 Quel présent ! quelle largesse !
L'homme Dieu * se donne à nous ;   *bis.*
La charité qui le presse,
Le fait donner tout à tous.
O faveur extraordinaire !
Tous les attributs infinis,
Le Saint Esprit aussi bien que le Père,
Sont à ce don étroitement unis.
Le Saint Esprit, etc.

 Pain vivant que je désire,
Mettez fin * à mes désirs,   *bis.*
Grand Tout pour qui je soupire,
Faites cesser mes soupirs :
Soyez tout mien, moi tout vôtre,
Ne vous faites plus désirer,
C'est pour vous seul, et non pour aucun autre,
Que mon cœur doit sans cesse soupirer.
C'est pour vous seul, etc.

 Que je sois à votre table,
Dans l'état * du Centenier,
Que votre amour ineffable
M'y souffre au moins le dernier ;
Que votre humanité, cachée
Sous les frêles voiles du pain,
Trouve la foi du saint homme Zachée,
Et son esprit dans le fond de mon sein.
Trouve la foi, etc.

Je voudrais pour ce mystère,
Le respect * et la ferveur   bis.
Qu'avait votre digne Mère,
En vous logeant dans son cœur;
Faites-moi part, source de grace,
De ses sentimens les plus saints;
Et préparez dans mon cœur une place
Digne de vous et de tous vos desseins.
Et préparez, etc.

Amateur des ames pures,
Qui vivez * parmi les lis,   bis.
Nettoyez-moi des ordures
Dont tous mes sens sont remplis:
Purgez jusqu'au fond de mon ame,
Lavez-moi dedans et dehors,
Et m'embrasez d'une céleste flamme,
Pour recevoir comme il faut votre corps.
Et m'embrasez, etc.

Qu'en tout temps mon ame veille,
Pour garder * soigneusement   bis.
Les yeux, l'odorat, l'oreille,
Le goût et l'attouchement;
Et que ma langue souvent prête
A toucher un corps virginal,
Ne dise rien que de saint et d'honnête,
En abhorrant l'ombre même du mal.
Ne dise rien, etc.

D'où me vient cet avantage,
D'où me vient * ce grand bonheur   bis.
Qu'à ce beau jour, pour partage,
Je loge en moi mon Seigneur?
Jour fortuné, jour désirable,
Soyez-vous le bien arrivé,
Vous m'amenez mon Sauveur adorable,
Par qui j'attends d'être à jamais sauvé.
Vous m'amenez, etc.

Il est vrai, je suis indigne
D'approcher * du saint autel;   bis.
Je suis un pécheur insigne,

Je me reconnais pour tel ;
Mais en disant une parole,
Doux Sauveur à qui j'ai recours,
Par cet amour qui dans moi vous immole,
Vous guérirez mon ame pour toujours.
Par cet amour, etc.

   Permettez que je vous touche,
Par l'amour * et par la foi,   bis.
Quand vous entrerez dans ma bouche,
Pour vous reposer en moi ;
Si vous n'entrez dans l'ame même,
Lorsque vous entrez dans le corps,
Ma pauvreté sera toujours extrême,
Malgré mes soins et mes plus grands efforts.
Ma pauvreté, etc.

   Roi des Cieux, Majesté sainte,
Tirez-moi * de tout péril ;   bis.
Imprimez-moi votre crainte,
Jusqu'au bout de mon exil ;
Soutien de l'ame famélique,
Faites que mon ame au trépas,
Ayant reçu le sacré viatique,
Arrive enfin aux célestes repas.
Ayant reçu, etc.

VERTUS POUR BIEN COMMUNIER.

Sur l'Air : *Ah mes soupirs ! Ah mes inquiétudes !*

Avant la Communion.

Humilité.

LES plus grands soins, l'amour le plus insigne,
Ne te sauraient préparer dignement,
Si du Seigneur la main douce et bénigne
Ne met en toi la grace et l'ornement :
Sois bien petit, ne te crois jamais digne
De recevoir le très-saint Sacrement,
   Et Dieu sera ton supplément.

Foi.

Voulant aller à cette sainte table,
Fais d'avance quelques actes de foi,
N'épluche point ce mystère ineffable,
Pour voir comment Jésus te change en soi :
La foi suffit, c'est chose véritable,
Qu'un sacrement cache à tes yeux ce Roi,
    Qui vient se donner tout à toi.

Espérance.

Après la foi fais suivre l'espérance,
Sans néanmoins t'estimer innocent ;
Il faut l'espoir, il faut la défiance,
Et t'avouer toujours très-impuissant :
Jésus petit ne veut point d'arrogance,
Car tôt ou tard un juste châtiment
    Abat l'orgueil en un moment.

Charité.

Puisque ton Dieu, par sa bonté suprême,
Daigne venir faire en toi son séjour,
Ne faut-il pas que son amour extrême
Porte ton cœur à l'aimer à son tour ?
Dresse-lui donc un autel dans toi-même,
Pour t'immoler au feu de son amour,
    L'aimant, le louant nuit et jour.

APRÈS LA COMMUNION.

Prudence.

Ayant reçu la sagesse éternelle,
Fais qu'elle soit ta règle et ton compas ;
Gouverne-toi d'une façon nouvelle,
Sois bien prudent, mesure tous tes pas ;
N'écoute plus la prudence charnelle,
Sèvre ton cœur des plaisirs d'ici-bas,
    Après cet auguste repas.

Justice.

Portant en toi le soleil de justice,
Rends à chacun tout ce que tu lui dois ;
Au Tout-Puissant, humble hommage et service;

A toi, l'horreur le mépris et la croix,
A ton prochain, l'honneur, le bon office,
La charité jusqu'aux derniers abois :
    Et tout pour plaire au Rois des Rois.
Force.
Ce pain des forts t'ayant donné des forces,
Fais-les valoir contre tes ennemis,
Foule à tes pieds leurs funestes amorces ;
Et ne fais plus ce qui n'est plus permis :
Sois généreux, il faut que tu t'efforces,
Pour mériter, d'un cœur humble et soumis,
    Les biens que Jésus t'a promis.
Tempérance.
T'étant repu de la manne céleste,
Vis sobrement, abhorre tout excès ;
Plus tu seras tempérant et modeste,
Plus auras-tu vers Jésus libre accès ;
Marche avec soin tout le temps qui te reste,
Par les sentiers que lui-même a tracés ;
    Souffre sans dire c'est assez.

LA PASSION DE JÉSUS-CHRIST.

Sur l'Air : *Mons de Gange, l'arrière-garde.*

Pleure, pécheur, pleure sans cesse,
Ne donne point trève à tes pleurs ;
Jésus, des Anges la liesse,
N'est plus qu'un homme de douleurs ;
Le nombre excessif des offenses,
Que tu commets à tous momens,
Cause l'excès de ses souffrances,
Et la rigueur de ses tourmens.
    En se livrant il te délivre,
Sa misère fait ton bonheur,
Sa mort sanglante te fait vivre,
Et son mépris fait ton honneur ;
Médite sa passion dure,
Et pour répondre à son amour,

Ayant pesé ce qu'il endure,
Use avec lui d'un prompt retour.

 Dès que le Sauveur de nos ames
Prévoit des soldats, l'escadron,
Tout brûlant d'amoureuses flammes,
Passe le torrent de Cédron :
C'est par ce torrent qu'il t'exprime
Le déluge de ses travaux,
Et combien, pour laver ton crime,
Il lui faudra souffrir des maux.

 Il prie au jardin des Olives,
Couvert de sang et de sueur,
Par des angoisses excessives,
Qui le font transir de frayeur :
Son ame, pour ta perte est triste,
Et commence à te reprocher
Que toujours ton cœur lui résiste,
Plus dur qu'un Juif et qu'un rocher.

 Il se prosterne contre terre,
Et ne peut presque plus parler :
Lorsque cette douleur le serre,
Un Ange le vient consoler ;
Il lui présente le calice,
Jésus l'accepte, à deux genoux,
Pour te délivrer du supplice,
Offrant déjà sa mort pour tous.

 Sitôt que sa prière est faite,
Voilà l'escadron de soldats ;
Judas, qui s'est mis à la tête,
Redouble effrontément le pas ;
Ce tigre ose baiser son Maître,
Le saluant par fiction :
Tu fais, pécheur, comme ce traître,
Par l'indigne communion.

 Jésus se colle sur sa bouche,
L'embrasse et le traite d'ami ;
Mais ce brutal, que rien ne touche,
N'entend plus sa voix qu'à demi ;
Et pour lui déclarer la guerre,

Il se sert d'un baiser de paix :
Ainsi toi, chétif ver de terre,
Tu le vends sous de faux attraits.

Dans le temps que Judas l'embrasse,
Les Juifs l'attachent pieds et mains,
Sans que les attraits de la grace
Puissent toucher ces inhumains ;
Il se laisse charger de chaînes
Pour t'affranchir de tes liens ;
Mais tu te moques de ses peines,
En refusant d'être des siens.

Tous ses amis prennent la fuite ;
Hormis un, couvert d'un linceul,
Lequel saisi de crainte, ensuite
Le laisse, aussi bien qu'eux, tout seul.
Tu serais prêt, pécheur, mon frère,
De suivre au Tabor le Sauveur ;
Mais s'il faut le suivre au Calvaire,
Sur-le-champ tu manques de cœur.

On lui fait chez Anne un outrage,
Qui mérite à bon droit l'enfer ;
Un cruel frappe son visage
Avec un gantelet de fer :
Ingratitude sans pareille !
Malchus, cet infame valet,
A qui Jésus remit l'oreille,
Lui donne avec toi ce soufflet.

C'est dans une grande assemblée,
Qu'il reçoit cet indigne affront,
Sans que son ame en soit troublée,
Le calme paraît sur son front :
Il ne dit à ce sanguinaire
Qu'un petit mot avec douceur,
Lorsque tu fumes de colère
En poursuivant ton agresseur.

De la maison de ce pontife,
Les Juifs l'amènent garrotté,
A celle du cruel Caïphe,
En le raillant de tout côté ;

Cantiques de l'Ame dévote.

Ils voilent sa face divine,
Et chacun pensant le tromper,
Le frappe en lui disant : Devine
Qui de nous vient de te frapper.
Jésus se tait quand on l'accuse,
Il laisse dire aux faux témoins,
Lorsqu'en tout ta langue t'excuse,
De peur qu'on ne t'estime moins ;
On ajoute, aux faux témoignages,
Des coups de poings et des crachats,
Lorsque, par tes libertinages,
Tu suis les Juifs en tous leurs pas.

C'est ici que le lâche Pierre,
Qui voulait mourir pour Jésus,
Au simple abord d'une chambrière,
Jure qu'il ne le connaît plus ;
Il joint d'horribles anathèmes
A son triple renoncement,
Et tu joins à mille blasphèmes
Un horrible débordement.

Jésus regarde son Apôtre,
Après que le coq a chanté ;
D'abord Pierre devient tout autre,
Pleurant son infidélité.
Depuis long-temps Dieu te regarde,
Te pressant de te convertir ;
Mais toi, bien loin d'y prendre garde,
Tu tâches de t'en divertir.

Judas ayant trahi la vie,
S'étrangle enfin pour désespoir,
Et sa mort tragique est suivie
De maux qu'on ne peut concevoir.
Garde-toi de perdre espérance,
Pensant à son iniquité,
Tu ferais tort à la clémence
Du Sauveur qui t'a racheté.

On amène devant un Juge
Le Juge de tout l'univers,
A qui l'on prépare un déluge

De mille supplices divers.
Pilate est d'abord bien en peine
De condamner un innocent,
Il fait en sorte qu'on le mène
Devant Hérode en l'excusant.
 Hérode, et sa cour infernale,
Par mépris le font habiller
D'un habit blanc qui le ravale;
Voulant à plaisir le railler.
Cet habit condamne sans cesse
Ton luxe et ta mondanité,
Lorsqu'en dépit de ta bassesse,
Tu te fais grand par vanité.
 Pilate, aux Juifs voulant complaire,
Puisque tous ses efforts son vains,
Condamne un Dieu si débonnaire,
Et l'abandonne entre leurs mains.
C'est ainsi que par complaisance,
Tu condamnes cet innocent,
Quand par ta noire médisance,
Tu t'en prends à ton frère absent.
 Ce juge met en parallèle
Barrabas avec le Sauveur;
Et soudain ce peuple infidelle
A Jésus préfère un voleur :
Pécheur, chaque jour tu postposes
Au moindre appas de tes plaisirs,
L'aimable Auteur de toutes choses,
Unique objet de tes désirs.
 Approchons-nous de la colonne
Où Jésus est mis en lambeaux,
Par les coups sanglans que lui donne
L'horrible bande de bourreaux.
La loi des Juifs a des limites,
En fouettant les plus scélérats;
Mais ces barbares satellites
Envers lui ne l'observent pas.
 Son chef reçoit mille blessures,
Dans le temps qu'il est couronné,

Pour te délivrer des tortures,
Son amour l'ayant condamné :
Pécheur, bien que ta chair frissonne,
Prends part à son couronnement,
Si tu prétends à la couronne
Que Dieu donne éternellement.

 Plein de crachats, chacun le hue,
Feignant de fléchir les genoux,
A chaque fois qu'on le salue,
On ajoute aux brocards les coups ;
Vêtu d'un manteau d'écarlate,
Tenant une canne à la main :
Voilà l'homme, leur dit Pilate,
Le connais-tu, peuple inhumain ?

 Jésus porte la croix pesante,
Sur laquelle il doit expirer,
Tandis que sa mère tremblante,
Ne fait par-tout que soupirer.
Détrompe-toi, pécheur rebelle,
Tu t'abuses fort, si tu crois
Acquérir la gloire éternelle,
Sans porter, chaque jour, ta croix.

 La Vierge, notre auguste Dame,
Voit son fils du poids accablé ;
Elle gémit, elle se pâme ;
Jésus, de son mal est troublé :
Peux-tu voir cette triste Mère,
Et son Fils courbé sous son faix,
Sans sentir leur douleur amère,
Et t'affliger pour tes forfaits ?

 On le cloue à l'arbre de vie,
Au milieu de deux scélérats ;
Et par malice et par envie,
Les Juifs désirent son trépas.
Ingrat, par l'offense mortelle,
Tu fais l'office de bourreau,
Quand ton cœur et ta main cruelle
Le crucifient de nouveau.

 Ce Roi du ciel et de la terre

Pourrait mettre dans le cercueil,
Avec un seul coup de tonnerre,
Tous ses juges bouffis d'orgueil :
Il pourrait les réduire en cendre,
Pour les forfaits qu'ils ont commis ;
Mais sa bonté te veut apprendre
Le pardon de tes ennemis.

 Les cieux, les airs, la terre et l'onde,
Se revêtent d'un habit noir,
Tandis que le Sauveur du monde
Pleure et se meurt sous le pressoir :
Expire ici ; Jésus expire
Sur cet autel de son amour ;
Il a tout souffert sans mot dire ;
En te taisant, souffre à ton tour.

 La lance après son trépas même,
Déchire son corps de nouveau,
Pour te laver par le baptême,
Dans son sang entremêlé d'eau :
Choisis du côté l'ouveture,
Pour ton asile et ton appui,
Et mets-toi dans sa sépulture,
Pour ressusciter avec lui.

 Pense souvent aux durs supplices
Que Jésus a souffert pour toi,
Si tu veux mourir aux délices
Qui te font violer sa loi :
Honore sa mort douloureuse,
Fais valoir son Sang précieux,
Pour te joindre à la troupe heureuse,
Qui l'aime à jamais dans les cieux.

LES SEPT DERNIÈRES PAROLES
DE JÉSUS MOURANT.

Air : *Si vous voulez savoir le secret de mon ame.*

Parlez, sacré Docteur, du plus haut du Calvaire,
Où le poteau honteux vous sert d'illustre chaire,

Et de comptoir sanglant pour payer ma rançon,
Je suis las d'écouter les discours des écoles,
C'est de vous que je veux apprendre ma leçon :
Cher Maître, expliquez-moi vos dernières paroles.
Mon Père, pardonnez-leur, car ils ne savent ce qu'ils font.
Mon fils, apprends de moi le pardon des injures.
Quand ton prochain t'aurait tout couvert de blessures,
Demande son salut, prête-lui ton secours :
Avoir la haine au cœur et le *Pater* en bouche,
C'est donner un arrêt contre toi tous les jours ;
Qu'envers tes ennemis mon exemple te touche.
Je vous dis en vérité, que vous serez avec moi aujourd'hui dans le Paradis.
Ce larron trop heureux veut être en ma mémoire;
Mais je veux le loger aujourd'hui dans ma gloire,
Récompenser bientôt un amour si soudain :
Lorsque je te promets la grace et l'assistance,
Je ne te promets pas que tu vivras demain ;
Fais donc, de tes péchés, aujourd'hui pénitence.
Femme, voilà ton Fils ; Jean, voilà ta Mère.
Losque je laisse à Jean, mon vrai dépositaire,
Un parfait cœur de Fils, et ma Mère pour Mère,
Je veux, vers tes parens, ton amour et tes soins ;
Je le donne pour fils à cette Mère aimable ;
Afin de t'assurer qu'en tes divers besoins,
Par elle mon amour te sera favorable.
Mon Dieu, pourquoi m'avez-vous délaissé ?
Si la tentation de ton cœur prend la place,
Y faisant succéder l'orage à la bonace,
Les troubles au repos, et la guerre à la paix,
Souviens-toi que je meurs par un arrêt sévère,
Tourmenté des bourreaux, bafoué des valets,
Abandonné de tous, même de Dieu mon Père.
J'ai soif.
La soif dont je me plains sur ce gibet infame,
T'exprime le désir qui consume mon ame,
De payer le Très-Haut et de te convertir ;
Puisque je prends pour toi du vinaigre en breuvage,

Prends ma coupe à ton tour, pense à me compatir,
Et quitte du péché l'effroyable esclavage.

Tout est accompli.

Si ta peur t'affermit dans un saint exercice,
Qui chasse tous les ans de ton cœur un seul vice,
Tu te verras un jour de vertus tout rempli.
J'ai pati, j'ai prêché toujours avec constance;
Veux-tu dire avec moi que tout est accompli?
Fuis le mal, fais le bien avec persévérance.

Mon Père, je remets mon ame entre vos mains.

Enfin, je laisse tout pour ton seul avantage,
Mon sang pour te laver, mes habits au partage,
Mon corps à cette croix, et ma vie au trépas;
Je remets mon esprit à l'Auteur de mon être,
A mon Père Eternel, terme de tous mes pas :
Donne-toi tout à lui, reconnais-le pour Maître.

Pécheur, ne me fais pas cette cruelle injure,
De dire faussement que la mort que j'endure,
N'est point pour racheter tous les enfans d'Adam;
Je meurs, je meurs, pour tous, et quoique l'erreur fasse,
Tu peux, si tu le veux, triompher de Satan,
Du monde et de la chair, assisté de ma grace.

Si les bienfaits reçus vivent dans ta mémoire,
Par un juste retour travaille pour ma gloire,
Et tu travailleras pour ta félicité;
Pratique les leçons que je viens de te faire,
Et fais servir le temps à ton éternité,
Tant que tu seras fils, je serai toujours Père.

~~~~~~~~~~~~~~~~

A L'HONNEUR DE LA SAINTE CROIX.

Air : *Puisque lou destin m'es countrari.*

Apprenez-moi, fervente Hélène,
A chercher nuit et jour la Croix;
Faites que sans reprendre haleine,
Je coure après ce sacré bois,
Et que je puisse, avec Jésus,
Y rendre les abois dessus.

Incomparable Impératrice,
Faites que je trouve avec vous,
L'autel du sanglant sacrifice
Que le Sauveur offrit pour tous ;
Dès que mon œil l'apercevra,
Mon cœur d'aise en tressaillira.

   Voici ce bel arbre de grace,
Qui réjouit tout l'univers,
Et qui seul tout arbre surpasse,
En feuilles, en fleurs, en fruits divers ;
La voici, cette aimable Croix,
Trône sanglant du Roi des Rois.

   O Croix, étendard vénérable,
Tu portas l'innocent agneau,
Qu'on immola comme coupable,
Pour sauver la vie au troupeau,
Et qui par ses âpres douleurs,
A mis fin à tous nos malheurs.

   Auguste Croix, toujours prévue
Du trois fois Saint dans ses conseils,
Tous nos aïeux t'ont attendue
Avec des désirs sans pareils :
Ils ont tous soupiré pour toi,
Remplis d'espérance et de foi.

   Noé te fit voir en son arche,
Moyse en son serpent d'airain ;
Il ne fut aucun Patriarche
Qui ne t'eût gravée en son sein.
Divers prophètes ont prédit
Combien serait grand ton crédit.

   Ce fut par un choix volontaire,
Que mon divin Maître t'élut,
Pour opérer sur le Calvaire,
De tous les hommes le salut :
Je te veux choisir à mon tour,
Et te porter pour son amour.

   Un arbre blessa la nature
Par l'art du serpent envieux ;
Mais tu réparas cette injure

En nous donnant l'entrée aux Cieux :
Tu fais revivre, ô sainte Croix !
Tous ceux que fit mourir ce bois.

 Le sang vainqueur dont tu fus teinte,
Fais vaincre aux Martyrs les tourmens :
C'est à toi que l'Eglise sainte
Doit la vertu des Sacremens :
Le Sauveur mort, que tu soutiens,
Anime le cœur des Chrétiens.

 Je mets en toi toute ma gloire,
Et tout mon véritable honneur ;
Par toi j'espère la victoire,
Et du ciel l'éternel bonheur :
Sans toi je ne possède rien,
Souffrir est ma force et mon bien.

 O Croix ! mon unique espérance,
Demeure empreinte dans mon sein !
Fais-moi ressentir la souffrance
De Jésus-Christ mon Souverain ;
Et laisse-moi les instrumens
De ses indiciples tourmens.

 Je te demande la colonne,
La robe blanche et le bandeau,
Les trois boîtes et la couronne,
La canne et le sanglant manteau ;
Joins-y le vinaigre et le fiel,
Qui me sont plus doux que le miel.

 Il faut aussi que tu m'accordes,
Le coq, l'aiguière et le bassin,
Le vin myrrhé, les dés, les cordes,
Et le calice du jardin ;
Les clous, l'échelle, le marteau,
Le coutelas et l'écriteau.

 Imprime au fond de mes entrailles,
L'éponge, les verges, les fouets,
Les nerfs de bœufs et les tenailles,
Avec la myrrhe et l'aloès,
La bourse et les trente deniers,
Un rameau des saints oliviers.

Enfin, laisse-moi sa tunique,
Le fer qui perça son côté,
Le voile saint de Véronique,
Avec son suaire empreinté;
Le gant, le fanal, le flambeau,
Les doux parfums et le tombeau.

Puisque la Croix m'est nécessaire
Pour vivre et régner à jamais,
Je veux l'aimer, je veux m'y plaire,
Et pour Dieu la porter en paix;
Je veux en tout avoir pour but,
Cet arbre saint de mon salut.

Que l'avare aime sa richesse;
Et l'ambitieux sa grandeur;
Que le brutal cherche sans cesse
Les plaisirs qui me font horreur :
Pour moi, puisque j'en ai le choix,
Je veux être enfant de la Croix.

Crucifiez, ô mon doux Maître,
Mon corps, mon esprit et mon cœur,
Afin que je commence d'être
De vos travaux l'imitateur,
Et que je fasse voir à tous,
Qu'il fait bon endurer pour vous.

Ne souffrez pas que je murmure
Des maux qu'il vous plaira m'offrir.
Faites, mon Dieu, que sans mesure,
Je sois tout prêt à les souffrir,
Et qu'en suivant le saint Larron,
De méchant je devienne bon.

Faites que d'un courage extrême,
Je surmonte, par votre Croix,
La chair, le monde et l'enfer même,
Qui m'ont surmonté tant de fois;
Et qu'après les avoir domptés,
J'aille au ciel aimer vos bontés.

SUR LES PRINCIPALES FÊTES
DE LA SAINTE VIERGE.

Sur l'Air : *Que peut-on chanter de plus doux*, etc.

SON IMMACULÉE CONCEPTION.

Loin d'ici, vieux serpent, ennemi des mortels,
La fille du Très-Haut ne craint point ta morsure,
Sainte Anne la conçoit sans tache, sans souillure,
  Pour démolir tous tes autels.
  Je vous crois, ô belle Marie !
Conçue sans péchés, quoi que l'on dise.

Sa Nativité.

 Beau chef-d'œuvre de Dieu, votre adorable Nom
Réjouit tout le ciel aussi bien que la terre ;
Il fait gémir l'enfer qui nous faisait la guerre ;
  Nous ne craignons plus le Démon ;
  Ce doux Nom, Dame sans seconde,
Sera le boulevard de tout le monde.

Sa Présentation.

Vous dressez l'étendard de la virginité,
En vous offrant à Dieu, dès les trois ans, au temple,
Vous y faites trois vœux, et votre ame y contemple
  Les trois fois Saint dans l'Unité.
  Présentez, Vierge débonnaire,
Nos cœurs, nos corps, nos biens à Dieu le Père.

Son Annonciation.

Vous descendez si bas par votre humilité,
Quand le ciel vous choisit pour la mère du Verbe,
Que confondant d'abord l'homme altier et superbe,
  Vous ravissez la Trinité :
  Mais aussi le nom de servante
Vous rend auprès de Dieu toute-puissante.

Sa Visitation.

Vous comblez de faveurs et de divers trésors
L'auguste Elizabeth, son fils et Zacharie :
Visitez, sans tarder ô divine Marie,
  Nos cœurs, nos esprits et nos corps,

Visitez notre pauvre France,
Et laissez-vous toucher à sa souffrance.

Sa Maternité.

Votre Maternité, que j'adore à genoux,
Vous rend tout-à-la-fois et la Fille, et la Mère,
Et l'Epouse d'un Dieu que vous avez pour Père,
Pour Fils unique et pour Epoux ;
Tout le ciel, Mère sans pareille,
Loue, adore, et bénit cette merveille.

Sa Purification.

Dans les siècles passés, vit-on rien de pareil ?
On rachète à vil prix le Rédempteur du monde,
On voit purifier une Vierge féconde,
Plus brillantes que le soleil.
Imitons Jésus et Marie,
Soyons pauvres et purs pendant la vie.

La Fête de son divin Cœur.

J'aurais trop d'un seul œil, d'un seul pied, d'une main,
Mais de cœurs j'en voudrais au moins une centaine,
Pour les offrir au Cœur de cette Souveraine,
Qui chérit tant le genre humain.
Ah ! je veux, ô Cœur tout aimable,
Vous aimer d'un amour invariable.

Ses inconcevables douleurs.

Vos extrêmes douleurs égalaient votre amour,
Lorsqu'au pied de la Croix vous demeuriez constante,
Voyant de votre Fils la passion sanglante ;
Crucifiée à votre tour,
Vous souffriez alors un martyre,
Qu'on n'a jamais compris ni su décrire.

Son Assomption.

Digne Reine du ciel, votre sublimité,
Au côté de Jésus, sur les neuf chœurs des Anges,
Occupe tous les Saints à chanter vos louanges.
Aux pieds de votre Majesté ;
Secourez du haut de la gloire,
Ceux qui font ici-bas votre mémoire.

Notre dévotion envers elle.

Soyons tous bien dévots à la Mère de Dieu ;

Décorons ses autels, récitons le Rosaire,
Rendons-nous ses captifs, prenons le Scapulaire,
  Et faisons l'aimer en tout lieu ;
  Prions-la qu'elle nous seconde,
Lorsqu'il faudra partir pour l'autre monde.

A L'HONNEUR DE LA MÈRE DE DIEU.

Air : Envain je veux celer, etc.

Publions la grandeur
De celle dont le cœur,
En s'abaissant,
Ravit le Tout-puissant,
C'est vous Marie,
Temple sacré,
Palme fleurie,
De Dieu chérie
Au plus haut degré.
 De toute éternité,
L'auguste Trinité
A fait dessein
De bénir votre sein ;
O favorite
Du Roi des Cieux !
Mère bénite,
Votre mérite
Eclate en tous lieux.
 Il n'est rien d'excellent,
De divin, de brillant,
D'humble et de doux
Qui ne se trouve en vous ;
Vierge féconde,
Miroir des Saints,
Douceur du monde,
La terre et l'onde
Sont entre vos mains.
 On n'a point entendu,
Qu'aucun se soit perdu

Votre pouvoir
Ayant fait son espoir ;
Ma bonne Mère,
Vous le savez,
Par vous j'espère
L'heureux salaire
Qu'on donne aux sauvés.
 Ceux qui vous serviront
Un jour contempleront
Votre beauté
Dans la sainte Cité ;
Médiatrice
De mon salut,
Soyez propice
A mon service,
Qui vous a pour but.
 Que votre humilité
Chasse ma vanité
Et mon orgueil,
Ce dangereux écueil :
Mère très-pure,
Purgez mon cœur
De toute ordure,
Et qu'à toute heure
J'aime la pudeur.
 Puisque Dieu vous élut
Pour Mère du salut,
Lorsque par vous
Il descendit à nous ;
    Vierge

Vierge fidelle,
Céleste appui,
Soyez mon aile
Et mon échelle
Pour monter vers lui.
   Dans mes afflictions
Et mes tentations,
Soyez d'abord
Mon aide et mon confort;
Que la mémoire
De votre nom,
Pour votre gloire,
Ait la victoire,
Malgré le démon.
   Le monde et tout l'enfer,
Aussi bien que la chair,
Font leur effort
Pour me causer la mort;
Restauratrice
Du genre humain,
Par votre office
De protectrice
Tendez-moi la main.
   Les biens que nous avons,
Nous ne les recevons
De mon Sauveur,
Que par votre faveur;
Source de grace,
Divin canal
Par où tout passe,
Fondez ma glace,
Soyez mon fanal.
   On n'appréhende rien,
Dès qu'on vous aime bien,
Vos bien-aimés
Ne périront jamais;
Que je vous aime,
Mère d'amour,
Jusqu'à l'extrême,
Plus que moi-même,
De nuit et de jour.
   Je vous aime trop peu,
Faites que votre feu
Me forme enfin
Un cœur de Séraphin.
Que si mon ame
Ne brûle pas
De votre flamme,
O sainte Dame!
Je veux le trépas.

LES SEPT ALÉGRESSES
DE LA SAINTE VIERGE.

Air: *Nos petits moutons paissent l'herbette.*

Chassons nos ennuis et nos tristesses,
Que nos cœurs nagent dans le miel;
Et renouvelant les alégresses
Qu'a reçu la Reine du ciel,
Jetons-nous aux pieds de cette Dame,
Source de tendresse pour nous;
Et, jusqu'à sept fois du fond de l'ame
Disons-lui, réjouissez-vous.

Son Annonciation.

Réjouissez-vous, belle Marie,
Temple vivant du Saint Esprit,
Le Père Eternel vous a choisie
Pour la Mère de Jésus-Christ ;
Oyez Gabriel qui vous annonce
De la Trinité le dessein ;
Dieu n'attend qu'un *fiat* en réponse,
Pour s'incarner dans votre sein.

Sa Visitation.

Réjouissez-vous, Mère divine ;
Par vos paroles, le Sauveur,
Quand vous visitez votre cousine,
Rend saint son petit Précurseur :
O que tous vos maux sont efficaces !
O qu'il vous fait bon écouter !
Vous comblez nos cœurs de mille graces,
Quand vous daignez nous visiter.

La nativité du Sauveur.

Réjouissez-vous, ô sans seconde !
Votre auguste fécondité,
Qui produit le Roi de tout le monde,
Consacre votre pureté.
Ces deux qualités jointes ensemble
Font fléchir par-tout les genoux :
Avec ces deux mots, mon ame assemble
Tout ce qu'on peut dire de vous.

L'Adoration des trois Rois.

Réjouissez-vous ; voici trois Mages,
Chargés d'encens, de myrrhe et d'or ;
Ils viennent de loin pour faire hommage
Au saint Enfant votre trésor :
Par la myrrhe, ils croient qu'il est grand Prêtre ;
Ils croient, par l'encens, qu'il est Dieu :
Ils font voir, par l'or, qu'il est leur Maître,
Et le Roi des Rois en tout lieu.

Le recouvrement de Jésus au temple.

Réjouissez-vous, ô triste Mère !
Votre Jésus vous est rendu ;

La gloire et l'amour de Dieu son Père
Vous l'ont gardé trois jours perdu ;
Faites que je trouve, ô Vierge sainte !
Ce trésor de vos bien-aimés ;
Et que par l'amour et par la crainte,
Mon cœur le conserve à jamais.

L'Apparition du Sauveur ressuscité.

Réjouissez-vous, Reine de gloire,
Votre cher Fils ressuscité,
Vient vous faire part de sa victoire,
Revêtu d'immortalité :
Ce grand conquérant, ce Roi suprême,
Qui seul a brisé tous nos fers,
Vient de triompher de la mort même,
De ses bourreaux et des enfers.

Son Assomption et son Couronnement.

Réjouissez-vous, ô Tabernacle
Du trois fois Saint le Dieu des Dieux,
Vous êtes le lustre et le spectacle
Des Saints et des Anges aux Cieux ;
Du trône éclatant, astre des astres,
Où vous triomphez pour toujours,
Jetez vos regards sur nos désastres,
Et donnez-nous un prompt secours.

Lorsque nous serons, par les détresses,
Accablés d'esprit et de cœur,
Chantons doucement les alégresses
De cette Mère du Sauveur :
Si nous goûtons bien chaque mystère,
Nous en tirerons du renfort,
Et par le secours de notre Mère,
Nous serons joyeux à la mort.

SUR LE SAINT ROSAIRE.

Sur l'Air : *Rocher, vous êtes sourd*, etc.

Un Ange vient du ciel annoncer à Marie
Qu'elle doit concevoir le Fils du Tout-puissant ;

Elle ouvre tout son cœur très-pur, très-innocent :
Concevons son saint Fils par une sainte vie. *bis.*

La Visitation.

O cieux ! qui fait beau voir cette céleste Dame
Courir par les valons, les côteaux et les bois,
Vers sainte Elizabeth, enceinte de six mois !
Prions-la fréquemment de visiter notre ame.

La Nativité du Sauveur.

Ce bel Astre divin, cette auguste Princesse,
Produit un beau soleil au milieu de la nuit ;
Son Père et son Epoux est devenu son fruit :
Jetons-nous à leurs pieds et renaissons sans cesse.

Sa Présentation au Temple.

Marie offre au Très-Haut l'Agneau de Dieu sans tache,
Qui seul peut lui payer ce que nous lui devons,
Et de qui seul dépend tout ce que nous avons :
Présentons-lui nos cœurs, aimons-le sans relâche.

Le recouvrement de Jésus au Temple.

Ayant perdu son Fils, elle le trouve au temple,
Au milieu des docteurs, charmés de ses discours,
Après l'avoir cherché l'espace de trois jours :
Puissions-nous le trouver en suivant son exemple !

L'Oraison au Jardin.

Jésus prie au jardin avec persévérance,
Bien qu'il soit accablé de tristesse et d'ennuis,
Sachant que de sa mort on doit fouler les fruits :
Nonobstant nos dégoûts, prions avec constance.

La Flagellation.

Garrotté pieds et mains au bas d'une colonne,
Il se laisse meurtrir, brûlant d'amour pour nous,
Par six mille six cents et soixante-six coups :
Acceptons de sa part tous les coups qu'on nous donne.

Le couronnement d'épines.

On enfonce en son chef la couronne d'épines ;
Pour tout sceptre on lui met à la main un roseau ;
On le frappe en disant : Bien te soit, Roi nouveau.
Abattons notre orgueil, coupons-en les racines.

Le portement de la Croix.

Jésus porte sa Croix sans faire aucune pause,

Tout affaissé qu'il est du poids de nos péchés,
Qui sont à ce fardeau par l'amour attachés.
Portons bien chaque jour la croix qu'il nous impose.
Le Crucifiement.
On dépouille son corps devant sa sainte Mère ;
On l'abat, on l'étend, on l'attache au poteau,
Avec trois rudes clous à grand coups de marteau :
Prenons part de bon cœur à leur douleur amère.
La Résurrection du Sauveur.
Trois jours après sa mort le Sauveur ressuscite,
Et soudain s'en va voir sa Mère et tous les siens ;
Il les comble de joie et de doux entretiens :
Sortons tôt du tombeau, Dieu nous en sollicite.
Son Ascension.
Le quarantième jour, Jésus par sa puissance,
Monte au plus haut des cieux vers son Père Éternel,
D'où je crois qu'il viendra juger chaque mortel :
Espérons d'y monter par sa pure clémence.
La venue du Saint Esprit.
Lorsque le Saint Esprit descend sur les Apôtres,
La troupe de six vingts en ressent les ardeurs ;
Il les éclaire tous, il embrase leurs cœurs :
Souhaitons ardemment qu'il enflamme les nôtres.
L'Assomption de la Sainte Vierge.
La Vierge monte au ciel sur les neuf chœurs des
    Anges,
Ayant rendu l'esprit par cet excès d'amour,
Qui consumait son cœur et de nuit et de jour :
Consacrons-lui nos vœux en chantant ses louanges.
Son Couronnement.
Enfin, la Trinité couronne cette Mère,
Douze étoiles en rond éclatent sur son chef ;
Tout cède à son pouvoir, elle a du ciel la clef.
Pour l'aller voir un jour, disons bien son Rosaire.
    Vierge sainte, agréez et les lis et les roses
Que nous vous présentons en toute humilité,
Et faites que tout purs et pleins de charité,
Nous aimions votre Fils par-dessus toutes choses.

E. B.

LES SEPT DOULEURS DE NOTRE-DAME.

Sur l'Air : *Puisque lou destin m'es countrari.*

Marie, océan de tristesse,
Constante Reine des Martyrs,
Que chaque glaive qui vous blesse,
Comble mon cœur de déplaisirs
Et que mes yeux fondent en pleurs,
En méditant vos sept douleurs.

La Circoncision.

Je vois d'abord, ô sainte Dame,
Avec un regret étouffant,
Qu'on perce le fond de votre ame,
Quand on circoncit votre Enfant,
Son sang qui coule sur l'autel,
Donne à votre ame un coup mortel.

La fuite en Egypte.

Lorque vous fuyez en Egypte,
Portant Jésus entre vos bras,
Vous ressentez, Vierge bénite,
Mille frayeurs à chaque pas :
Hérode qui veut l'égorger :
Vous fait voir par-tout du danger.

La perte de Jésus au Temple.

Votre douleur est sans exemple,
Ayant perdu ce divin Roi ;
Pendant trois jours qu'il reste au temple
Parmi les docteurs de la loi,
Vos pleurs recherchent en tout lieu
Votre cher Fils et votre Dieu.

Sa rencontre portant sa Croix.

Vous rencontrez sur le Calvaire
Ce doux Sauveur portant sa Croix ;
Cette rencontre, aimable Mère,
Vous réduit aux derniers abois ;
Il est si souffrant sous ce faix,
Que de le voir vous en pâmez.

Le Crucifiement.

Tandis qu'on frappe et qu'on martelle,
Pour l'attacher avec trois clous,
Vous sentez la douleur mortelle
De mille et mille contre-coups ;
Et le triste accent de sa voix
Tient votre sainte ame à la Croix.

Sa descente de la Croix.

Hélas ! pitoyable Marie,
Que vous ressentez de douleurs,
Lorsque Joseph d'Arimathie
Descend de la croix mon Sauveur !
Vous souffrez cent fois le trépas,
Le tenant mort entre vos bras.

Sa Sépulture.

Sitôt que le sépulcre enserre
Celui qui seul vous était tout,
Vous vivez morte sur la terre,
Tout vous y cause du dégoût,
Et vous n'avez plus en tous lieux
Que Jésus mort devant vos yeux.

Envisageons, dans nos détresses,
Notre-Dame de sept Douleurs ;
Tâchons d'honorer ses tristesses
Dans tous nos plus cuisans malheurs,
Et partageons ses déplaisirs
Jusqu'au dernier de nos soupirs.

SUR L'HYMNE *AVE MARIS STELLA.*

Sur l'Air : *Où êtes-vous, Birenne, mon amour.*

AVE MARIS STELLA, etc.

Astre divin, de grace, éclairez-nous
Parmi les flots de la mer de ce monde ;
Porte du ciel, nous vous saluons tous,
Mère d'un Dieu toujours vierge et féconde.

Sumens illud ave, etc.

Prenez nos cœurs et donnez-nous la paix,

En recevant le doux salut de l'Ange ;
Régnez sur nous, et que d'Eve à jamais
Le nom fatal en votre nom se change.
>*Solve vincla reis, etc.*

Affranchissez ceux qui sont aux liens ;
Ouvrez les yeux à ceux qui ne voient goutte ;
Chassez nos maux, obtenez-nous tous biens,
Durant le cours de notre triste route.
>*Monstra te esse Matrem, etc.*

Nous vous prions, prosternés devant vous,
Que vous daigniez vous montrer notre Mère,
Offrant nos cœurs au Rédempteur de tous,
Qui voulut bien naître de vous sans père.
>*Virgo singularis, etc.*

Rendez-nous doux par vos suavités,
Rendez-nous purs, ô Vierge incomparable !
Délivrez-nous de nos iniquités
Par votre main puissante et secourable.
>*Vitam præsta puram, etc.*

Faites enfin que vivant chastement,
Nous finissions la course en assurance,
Pour aller voir Jésus au firmament,
Et le bénir avec réjouissance.
>*Sit laus Deo Patri, etc.*

Gloire au Très-Haut dans son brillant séjour ;
Gloire à son Fils, chef de l'homme et de l'ange,
Gloire à l'Esprit, terme de leur amour,
Et qu'à tous trois ne soit qu'une louange.

SUR LA COMPLAINTE *STABAT MATER.*

Air que le précédent.

>*Stabat Mater dolorosa, etc.*

Lorsque Jésus attaché sur la Croix,
Mit l'univers par sa mort aux alarmes,
Sa Mère était au pied de ce saint bois,
Triste et debout dans un torrent de larmes.

Cantiques de l'Ame dévote.

Cujus animam gementem, etc.

Ce fut alors qu'un glaive de douleur
Fut enfoncé dans cette ame innocente,
Qui gémissait au plus profond du cœur,
Sous le pressoir d'une peine assommante.

O quàm tristis et afflicta, etc.

Oh! quels ennuis, ô quelle affliction
Devait sentir cette Mère bénite,
Voyant son Fils, durant sa passion,
Entre les mains d'une troupe maudite!

Quæ mœrebat et dolebat, etc.

Les maux affreux, l'indicible tourment
Que ce doux Fils souffrait en sa présence,
Ne produisaient qu'angoisse et tremblement
Dans son esprit accablé de souffrance.

Quis est homo qui non fleret, etc.

Qui d'entre nous ne fondrait point en pleurs,
En contemplant cette Mère qui pleure!
Et qui pourrait, en voyant ses douleurs,
Ne point souffrir pour les maux qu'elle endure!

Quis posset non contristari, etc.

Quel cœur d'acier ne s'affligerait pas,
Au triste aspect de cette Mère auguste,
Qui voit mourir son Fils pour des ingrats,
Par un arrêt aussi cruel qu'injuste!

Pro peccatis suæ gentis, etc.

Ses yeux ont vu Jésus aux fouets soumis,
Pour les péchés d'un peuple si barbare;
Ses yeux l'ont vu parmi ses ennemis,
Bien plus navré que Job, ni que Lazare.

Vidit suum dulcem Natum, etc.

Elle le vit pendu sur une Croix,
Abandonné des Anges et des hommes;
Elle le vit lorsqu'il fut aux abois
Pour le salut de tous tant que nous sommes.

Eia, Mater, fons amoris, etc.

Mère d'amour, par vos vives douleurs,
Attirez-moi sur le mont du Calvaire,
Pour y mêler mes larmes à vos pleurs,

Et ressentir votre pressure amère.
  Fac ut ardeat cor meum, etc.
 Touchez mon cœur afin de l'enflammer
Pour l'Homme-Dieu, cher objet de ma flamme ;
C'est lui tout seul que je désire aimer,
C'est à lui seul que veut plaire mon ame.
  Sancta Mater, istud agas, etc.
 Reine du ciel, Mère de mon Sauveur,
Miroir des Saints, espoir des misérables,
Daignez graver dans le fond de mon cœur,
De votre Fils les plaies adorables.
  Tui Nati vulnerati, etc.
 Faites-moi part des maux qu'il a soufferts,
Faites-moi part des blessures profondes
Qu'il endura pour m'affranchir des fers ;
Son Sang pouvait sauver dix mille mondes.
  Fac me verè tecum flere, etc.
 Que mes soupirs, mes pleurs et mes regrets
Durent autant que durera ma vie,
Et qu'avec vous, sans dire c'est assez,
Je pleure un Dieu mis en Croix par envie.
  Juxtà Crucem tecum stare, etc.
 Tout mon désir est d'être auprès de vous,
Proche la Croix mon unique espérance,
Pour embrasser de Jésus les genoux,
Et compatir à sa dure souffrance.
  Virgo Virginum præclara, etc.
 Vierge sans pair, de nos vierges l'honneur,
Ayez pour moi vos douceurs ordinaires,
Et permettez que le deuil de mon cœur
Suive en tous lieux vos tristesses amères.
  Fac ut portem Christi mortem, etc.
 Faites par-tout que je porte sur moi
D'un Dieu mourant les véritables marques,
Et que l'honneur des plaies de mon Roi
Me soit plus cher que tout l'or des monarques.
  Fac me plagis vulnerari, etc.
 Que pour l'amour de votre aimable Fils,
Je sois sans fin navré de ses blessures,

Et que mon cœur, au pied d'un Crucifix,
Boive à longs traits parmi tant d'ouvertures.
Inflammatus et accensus, etc.
Embrasez-moi du feu de son amour,
Assistez-moi, Marie incomparable,
Au jour de pleurs, en ce terrible jour,
Où l'on doit voir un juge inexorable.
Fac me Cruce custodiri, etc.
Que par sa Croix et par sa sainte mort,
Je sois muni d'une grace abondante,
D'un ferme espoir et d'un puissant confort,
Pour m'opposer à tout ce qui me tente.
Quando corpus morietur, etc.
Faites enfin que quand mon corps mourra,
Mon ame soit conduite dans la gloire,
Où pour jamais elle contemplera
Son cher Epoux, l'auteur de sa victoire.

NOTRE-DAME DE LA GARDE,

POUR LES MARINIERS.

Sur l'Air : *Un jour le Berger Tircis, etc.*

Vierge Sainte, exaucez-nous,
Notre espoir est tout en vous ;
Chère Dame de la Garde,
Très-digne Mère de Dieu,
Soyez notre sauve-garde,
Pour nous défendre en tout lieu.
   Si vous daignez nous garder,
Nous pourrons tout hazarder ;
Quelque effort que le Turc fasse,
Nous nous moquerons de lui,
En abattant son audace,
Par votre invisible appui.
   Nous serons hors des dangers ;
Devant ses vaisseaux légers ;
En dépit de sa furie,
Nous braverons son croissant,

Et toute la Barbarie,
Sous votre bras tout-puissant.
 Qu'aucun écumeur de mer
Ne puisse nous alarmer;
Que nos vaisseaux, nos galères,
Et tout autre bâtiment,
Puissent, malgré les corsaires,
Naviguer heureusement.
 Lorsqu'un bruyant tourbillon
Est poussé par l'aquilon;
Lorsque le tonnerre gronde,
Et que tout semble périr,
Hâtez-vous, Reine du monde,
De nous venir secourir.
 Soutenez de votre bras
Et nos vergues et nos mâts;
Fortifiez le bordage,
Les cables et les haubans,
Pour faire tête à l'orage,
Parmi la fureur des vents.
 Claire étoile de la mer,
Montrez-vous dans le danger;
Dans la nuit la plus obscure,
Servez de fare et de nord,
A ceux qui, sous votre augure,
Espèrent de prendre port.
 Conservez à tous momens
Tous nos pauvres bâtimens;
Faites que pas un n'échoue,
Quand les écueils et les flots
Font trembler de poupe à proue,
Le chef et les matelots.
 Si l'ancre vient à chasser,
Gardez-nous de nous froisser;
Soyez notre ancre maîtresse,
Aidez notre faible effort,
Et nous donnez quelque adresse,
Pour nous guider vers le port.
 Ouvrez les yeux aux nochers,

Pour voir de loin les rochers ;
Et quand les vagues chenues
Font bondir le bâtiment
Des abymes jusqu'aux nues,
Assistez-nous promptement.

 Conservez-nous l'artimon,
La boussole et le timon ;
Lorsque nous courons fortune,
Au gré des vents et des flots,
Tendez la main, belle lune,
Aux besoins de vos dévots.

 Ne nous permettez jamais
De rompre entre nous la paix.
Chassez loin, douce Marie,
De stribord et de bâbord,
Le trouble et la crierie,
En nous tenant bien d'accord.

 Chacun de nous est fâché
D'avoir si souvent péché :
O Dame de bonne garde !
Faites-nous ressouvenir
Que par-tout Dieu nous regarde,
Pour mieux vivre à l'avenir.

 Conservez-nous la santé,
La vie et la liberté :
Vous pouvez, Vierge céleste
Nous préserver jour et nuit,
De la guerre et de la peste,
Et de tout ce qui nous nuit.

 Suppliez votre cher Fils
Qu'il bénisse nos profits ;
Ajoutez au bon passage,
Un heureux et prompt retour,
Et nous vous rendrons hommage,
Avec sentiment d'amour.

A L'HONNEUR DU SAINT ANGE GARDIEN.

Air: Amarillis, vous êtes blanche et blonde.

Qui d'entre nous oserait se promettre,
Qu'un favori du Dieu de majesté,
Le vînt garder dès qu'il a reçu l'être,
Et qu'il se tînt toujours à son côté ?
N'en doute nullement, un Ange est à ta suite,
Pour veiller jour et nuit sur ta conduite.

   Les noms divers de l'Ange tutélaire,
Marquent assez tous ses divins emplois ;
Il est ton bras contre ton adversaire,
Et ton bâton, quand tu portes ta croix ;
Il est ton précepteur, il t'enseigne à merveille,
Il est ton conseiller et ton oreille.

   Il est ton œil, qui sans cesse regarde
Tout ce qui touche et ton ame et ton corps ;
Il est ton guide, il est ta sauve-garde,
Il te préserve et dedans et dehors ;
Il est ton boulevard et ta forte défense,
Il te prête en tout temps son assistance.

   O quel bonheur ! quelle prérogative !
D'avoir pour garde un des Princes du Ciel,
Qui te protège en tout ce qui t'arrive,
Quoique tu sois et vil et matériel ;
Pèse bien devant Dieu cette faveur insigne,
Evite ce qui peut t'en rendre indigne.

   Dès le réveil, il poursuit ta paresse,
Il te convie à quitter le chevet ;
Mais tu combats son zèle et son adresse,
En dorlotant ton corps sur le duvet :
Il a beau t'avertir, tu fais la sourde oreille,
Sans daigner te lever lorsqu'il t'éveille.

   Le long du jour il t'anime, il t'exhorte
A t'employer au secours du prochain ;
Il voudrait bien que ta foi demi-morte,
Ne remît plus l'affaire au lendemain :

Il ne tient pas à lui que tu ne t'enrichisses,
En rendant à chacun de bons offices.
 N'est-il pas vrai que cet Esprit céleste
Fait ce qu'il peut pour te porter au bien ?
Mais, ô malheur ! n'est-il pas manifeste
Que tous ses soins ne te servent de rien ?
Ton cœur est un rocher, ton ame est une souche ;
Rien ne peut l'émouvoir, rien ne la touche.
 Lorsque le monde ou le démon te tente,
Il le repousse, il rend vains ses efforts :
Que si la chair t'afflige et te tourmente,
Il affermit l'esprit contre le corps ;
Il s'y prend de tous biais pour détourner tes chutes,
Bien que d'un cœur ingrat tu le rebutes.
 T'étant noirci de quelque horrible offense,
Il te supporte, il a pitié de toi,
Et t'incitant à faire pénitence,
Il t'en obtient la grace de son Roi :
Que s'il te voit croupir dans cet état damnable,
Il devient envers toi plus charitable.
 Il te fait voir la perte de ton ame,
Il te fait voir la perte de ton Dieu ;
Il t'épouvante, il t'éclaire, il t'enflamme,
Il te poursuit en tout temps, en tout lieu :
Ton mépris, ton rebut, ni ta noire malice,
Ne le dégoûtent point de son office.
 En te guidant, il t'adore, il contemple
L'unique objet qui le rend bienheureux ;
Dans tes emplois, imite son exemple,
Fais vers ton Dieu des retours amoureux :
Assiste ton prochain, toujours en sa présence,
Si tu veux t'attirer son assistance.
 Quand tu seras au bout de ton voyage,
Désespérant de tout secours humain,
Et que l'enfer t'abattra le courage,
Il sera prompt à te tendre la main ;
T'ayant mis à couvert du trouble et de la crainte,
Tu mourras au Seigneur d'une mort sainte.
 Si l'ennemi t'attaque avec main-forte,

Se ralliant avec d'autres démons,
Il aura soin de prendre bonne escorte,
Pour faire tête à tous ses rodomons.
Je n'aurais jamais fait, s'il fallait te déduire
Tous les moyens qu'il prend pour te conduire.
 Ne paye plus ses soins d'ingratitude,
Sois-lui dévot, porte-lui du respect,
En compagnie et dans la solitude,
Sois devant lui modeste, circonspect,
Conjure-le sur-tout qu'à la fin de ta course,
Il t'aide à remonter jusqu'à ta source.

GRANDEURS, PÉNITENCE ET MARTYRE
de S. Jean-Baptiste.

Air : Depuis le temps qu'en secret je vous aime.

Que dirons-nous du fameux Jean-Baptiste?
Que dirons-nous qui soit digne de lui?
Pour m'ériger en son panégyriste,
Il faut qu'il soit lui-même mon appui :
Dieu l'a rendu si sublime et si grand,
Que nul des Saints ne se trouve en son rang,
  Lui seul surpasse
  En don, en grace,
Tout homme né sous le vieux testament.

 Ce Saint est grand en diverses manières,
Grand devant Dieu, grand devant le prochain,
Grand en soi-même, en ardente lumières,
Grand en amour envers son souverain,
Grand en son nom, grand en sa parenté,
Grand en vertu, grand en humilité,
  Grand en souffrance,
  Dès son enfance,
Et grand enfin en grace et sainteté.

 Jean est Martyr, Vierge, Docteur et Apôtre,
Plus que Prophète, Ermite et Confesseur ;
Jean est un Ange, et par-dessus tout autre,
Il est d'un Dieu l'auguste Précurseur,

Dieu, l'Ange et l'homme ont loué ce héraut,
Que je voudrais louer autant qu'il faut ;
    Mais ma faiblesse,
    Je le confesse,
Ne permet point que je vôle si haut.
    Elizabeth est de six mois enceinte,
Et son cher fils, criminel en Adam,
Lorsqu'au salut de la Vierge très-sainte,
Le Saint des Saints rend saint le petit Jean ;
L'enfant d'abord tressaillit, et fait voir
De son Sauveur le souverain pouvoir ;
    Car avant naître,
    Il fait connaître,
Vers l'Homme-Dieu, sa charge et son devoir.
    Dès son bas âge, il cherche une retraite
Pour contempler le trois fois Tout-puissant :
Qu'il fait beau voir ce jeune Anachorète,
Faire la guerre à son corps innocent !
Les purs Esprits lui font souvent la cour,
Tandis qu'il prie et de nuit et de jour ;
    Et d'heure en heure,
    Son ame pure,
Croît en lumière aussi bien qu'en amour.
    Pour nourriture il a des sauterelles,
Et tout au plus quelque rayons de miel ;
Il se choisit des croix toujours nouvelles,
Pour nous montrer l'étroit chemin du ciel :
Il couche à terre, il ne boit que de l'eau,
Son pauvre habit est de peau de chameau ;
    Et pour tout dire,
    Son long martyre
Fait endurer son corps jusqu'au tombeau.
    Le Fils de Dieu, ce Monarque suprême,
Etant un jour sur le bord du Jourdain,
Dit à saint Jean, donne-moi le baptême,
Je le veux bien recevoir de ta main :
Le Saint recule, et lui dit : Ah ! c'est moi
Qui dois, Seigneur, être lavé par toi ;
    Jésus persiste,

Et Jean-Baptiste
Baptise enfin son Sauveur et son Roi.
 Jean voit Jésus, qu'il chérit, qu'il contemple,
Et qu'il voudrait qu'on connût en tout lieu ;
Lors de son doigt, de parole et d'exemple,
Il crie à tous : *Voici l'Agneau de Dieu* :
Voici, mortels, le véritable Christ,
Mes yeux ont vu sur lui le Saint-Esprit,
  Venez vous mettre
  Sous ce bon Maître,
Qui veut de nous un cœur humble et contrit.
 Lorsque les Juifs s'adressent à ce nonce
Pour s'informer s'il est le Roi des Rois,
Ils n'ont de lui que cette humble réponse :
Je ne suis rien que le son d'une voix ;
Je ne suis point le Christ, cet homme doux,
Que l'amour même immolera pour tous ;
  Ce vrai Messie,
  Fils de Marie,
Que vous cherchez, est au milieu de vous.
 Croyez, dit-il, que je ne suis pas digne
De délier seulement ses souliers ;
Ce me serait une faveur insigne,
Si je pouvais baiser ses sacrés pieds :
Allez à lui, comme à votre soutien,
Non pas à moi qui suis moins que le rien ;
  Criez de grace,
  En pleine place,
Qu'il est le Christ notre souverain bien.
 Notre grand Saint, aussi pur que modeste,
Approche Hérode, et d'un ton généreux,
Le reprenant de son horrible inceste,
Il lui fait voir qu'il est un scandaleux :
Sire, dit-il, j'ai honte, je frémis
De tant de maux que vous avez commis,
  Quittez la femme
  Qui perd votre ame,
Ce sale amour ne vous est point permis.
 Hérodias, cette femme impudique,

Toute en fureur et toute hors de soi,
Regarde Jean comme un fameux critique,
Et sans relâche elle presse le Roi ;
Ah ! lui dit-elle, ah ! vous me feriez tort,
Si vous rompiez notre premier accord ;
  Faites donc prendre,
  Sans plus attendre
Notre censeur, et qu'on le mette à mort.
 Ce Roi brutal, piqué jusqu'à la rage,
Fait garrotter le divin Précurseur ;
Car, bien qu'il craigne un si saint personnage,
Il veut pourtant plaire à sa belle-sœur.
On prend le Saint, on le traîne au cachot ;
Mais rien n'abat ce grand cœur sant défaut,
  Plus on outrage
  Cet homme sage,
Plus il soutient l'intérêt du Très-Haut.
 Jean ne craint rien, quoi qu'on fasse, qu'on dise,
Hérode a beau le tenir en prison,
Son corps lié, son esprit en franchise,
Il souffre en paix, et vaque à l'oraison ;
Il est content que son sang soit versé,
Pourvu que Dieu ne soit plus offensé ;
  Sa seule offense
  Fait sa souffrance,
C'est pour Dieu seul qu'il est intéressé.
 Hérodias veut que sa fille danse,
L'ayant ornée et couverte d'atour,
Lorsque le Roi, le jour de sa naissance,
Fait un festin aux plus grands de sa cour :
Cette effrontée entend si bien le mal,
Que ses beaux tours charment ce Roi brutal ;
  La compagnie
  En est ravie,
Et chacun dit qu'il n'a rien vu d'égal.
 Alors le Roi tout honneur abandonne :
Demande-moi tout ce que tu voudras ;
Quand il faudrait partager ma couronne,
Je te promets, dit-il, que tu l'auras ;

Il jure même, et sans plus marchander,
La baladine ose lui demander
      La tête auguste
      De l'homme juste,
Qui lui prêchait sans rien appréhender.
Hérode ici témoigne de la peine,
De sa promesse et de son jurement :
Mais il se rend, et cette ame inhumaine
Dit qu'au cachot on aille promptement.
Jean se prosterne, et d'un air plein d'appas,
Dit au bourreau de ne l'épargner pas.
      Il veut qu'on porte
      Sa tête morte,
Pour condamner Hérode en son trépas.
Hérodias prend cette sainte tête,
Et du poinçon qui retient ses cheveux,
Perçant à jour la langue du Prophète,
Elle s'écrie, on a rempli mes vœux :
Sa fille ensuite ayant pris le bassin,
Court au tyran tout plongé dans le vin :
      Cette danseuse,
      Fière et joyeuse,
Fait voir la tête à tous ceux du festin.
O juste cieux ! pouvez-vous voir ce crime,
Sans écraser ce Roi voluptueux ?
Le chef de Jean que tout le monde estime,
Est le jouet d'un prince incestueux :
Barbare Roi, le plus cruel des Rois,
Reçois ce plat plein de sang et le bois,
      Ame barbare,
      Cet homme rare,
Tout mort qu'il est, prêche encor contre toi.
Voilà le prix d'une vaine danseuse ;
Voilà les maux que fait la volupté ;
Voilà la fin sanglante et glorieuse,
Du saint Martyr de la pudicité.
Fuyez, jeunesse, et la danse et l'amour,
Qui troubleront votre ame au dernier jour
      Durant la danse.

Le démon pense
A votre perte en tournant à l'entour.

SAINT PIERRE PLEURANT.

Air : Ah ! ne me flattez plus, vous voyez que j'expire.

Pierre, en suivant les pas du souverain Monarque,
D'un pêcheur de poissons devient d'hommes pêcheur,
Et d'un vil matelot qui conduit une barque,
Le pilote est le chef du vaisseau du Seigneur,
Du vaisseau, du vaisseau du Seigneur.

Il tient les clefs du ciel de la main du Messie,
Qui le long de la mer le prévint et l'élut ;
C'est lui qui peut lier, et c'est lui qui délie ;
Qui ne suit ce Pasteur n'aura point de salut,
N'aura point, n'aura point de salut.

Mais laissont maintenant tant de prérogatives
D'un Apôtre si saint qu'on révère en tous lieux,
Chantons les pleurs amers, et les sources d'eaux vives,
Que son cœur pénitent fait couler de ses yeux,
Fait couler, fait couler de ses yeux.

Jésus prédit, le soir de la cène dernière,
Que les siens, cette nuit, lui manqueraient de foi ;
Pierre répond alors, d'une voix prompte et fière,
Qu'il tiendra toujours bon, présumant trop de soi,
Présumant, présumant trop de soi.

Sachez, Seigneur, dit-il, qu'encore que tous les autres
Fussent scandalisés, je ne le serais point ;
Je vous suivrai par-tout, comme chef des Apôtres,
Fallût-il par la mort, Jésus, vous être joint,
Jésus, vous, Jésus, vous être joint.

Le Seigneur lui repart : Avant que le coq chante
Tu m'abandonneras, m'ayant nié trois fois.
A ces mots surprenans, le troupeau s'épouvante,
Et Jésus sort soudain pour penser à la Croix,
Pour penser, pour penser à la Croix.

Pierre au jardin s'endort, son bon Maître l'éveille,
Et va s'offrir lui-même au pouvoir des soldats :

Judas vient, on le prend; Pierre faisant merveille,
Coupe une oreille à Malc, et son cœur ne craint pas,
Et son cœur, et son cœur ne craint pas.

Mais en suivant Jésus, il sent naître la crainte;
Puis il avance encore, animé par l'amour :
Et la peur lui donnant une plus forte atteinte,
Il tremble tout de bon s'approchant de la cour,
S'approchant, s'approchant de la cour.

Sitôt qu'il met le pied au palais de Caïphe,
Il méconnaît Jésus, il lui tourne le dos :
Une servante alors, portière du pontife,
Le voit près du foyer, et lui tient ce propos,
Et lui tient, et lui tient ce propos :

N'es-tu point de ceux-là, qui sont sous la conduite
De ce grand criminel que tu suis pas à pas?
Pierre ne pouvant plus recourir à la fuite,
Lui répond lâchement : je ne le connais pas,
Je ne le, je ne le connais pas.

Il profère trois fois cet horrible blasphème,
Ajoutant le serment à l'infidélité;
Et bien loin de rentrer sur-le-champ en soi-même,
Il est encore au feu quand le coq a chanté,
Quand le coq, quand le coq a chanté.

Après le chant du coq, Jésus regarde Pierre,
Qui de ce seul regard est vivement touché :
Ce regard amoureux, brisant son cœur de pierre,
Le dispose à sortir pour pleurer son péché,
Pour pleurer, pour pleurer son péché.

Par ce regard puissant, Jésus semble lui dire :
Ah, Pierre! et depuis quand ne me connais-tu pas?
Ton infidélité m'est un plus dur martyre
Que les coups, les mépris, les affronts, les crachats,
Les affronts, les affronts, les crachats.

N'as-tu pas confessé, me rendant témoignage,
Que j'étais le vrai Christ, le Fils du Dieu vivant?
N'es-tu pas, par ma main, échappé du naufrage,
Quand les flots t'étonnaient, agités par le vent,
Agités, agités par le vent?

Où sont les beaux sermens de cet homme indomptable?

Qu'est ton zèle indiscret, au besoin, devenu ?
N'es-tu pas un menteur ? suis-je pas véritable ?
Pierre, je l'avais dit, je t'avais bien connu ;
Je t'avais, je t'avais bien connu.

Où sont tous mes bienfaits, et ces belles promesses
Qu'en défiant la mort tu faisais depuis peu ?
Toi seul plus que les Juifs m'accables de tristesses,
Tant je trouve inhumain ton cruel désaveu,
Ton cruel, ton cruel désaveu.

Assis à ce foyer, tu perdis ma lumière ;
Ton cœur s'est rendu froid à l'entour des brasiers ;
Lâche portier du ciel, craignant une portière,
A m'attacher en croix tu te mets des premiers,
Tu te mets, tu te mets des premiers.

Je t'avais appelé pierre fondamentale ;
Mais de ta fermeté je vois bientôt le bout ;
L'excès de mon amour t'a causé du scandale,
Et tu quittes celui pour qui tu quittas tout,
Pour qui tu, pour qui tu quittas tout.

Quoi, Pierre, fallait-il rendre sitôt les armes ?
Fallait-il sans combat me renier ainsi ?
Ingrat, va loin de moi, va répandre des larmes
Sur l'énorme péché dont ton cœur s'est noirci,
Dont ton cœur, dont ton cœur s'est noirci.

Pierre sort, il s'en va cherchant la solitude,
Son esprit travaillé de tristesse et d'ennuis ;
Il sent si vivement sa noire ingratitude,
Qu'il en veut fondre en pleurs et les jours et les nuits,
Et les jours, et les jours et les nuits.

Son parjure effronté, sa noire perfidie
Le poursuivant par-tout, le font par-tout souffrir ;
Son ame lui paraît toujours plus enlaidie,
Il s'obstine à pleurer jusqu'au point d'en mourir,
Jusqu'au point, jusqu'au point d'en mourir.

Lorsqu'il entend le coq, il gémit, il lamente,
Son cœur est déchiré par un remords cuisant ;
S'il est auprès du feu, s'il voit quelque servante,
Il tremble, et son forfait à ses yeux est présent,
A ses yeux, à ses yeux est présent.

Mais de tous les objets c'est son aimable Maître

Qui cause, dans son cœur, le plus rude tourment;
Il se croit mille fois plus ingrat que le traître
Qui pour trente deniers l'a trahi lâchement,
L'a trahi, l'a trahi lâchement.

Il pâlit, il frémit, il est couvert de honte,
Lorsqu'il voudrait aller embrasser ses genoux;
Il fait quatre ou cinq pas mais la peur le surmonte;
Il se sert de ses pleurs pour calmer son courroux,
Pour calmer, pour calmer son courroux.

Pierre en ce triste état, attend d'un esprit ferme
Une prochaine mort; il meurt à tout moment;
Mais Dieu qui de ses ans tient en sa main le terme,
Veut qu'il soit le miroir des parfaits pénitens,
Des parfaits, des parfaits penitens.

Pécheur, Pierre est tombé, lui qui bravait l'orage,
Lui qui passait les mers sans craindre aucun écueil;
Le Seigneur a permis qu'il ait fait ce naufrage,
Pour chasser de son cœur le démon de l'orgueil,
Le démon, le démon de l'orgueil.

Dans ce péché Dieu veut que le chef compatisse
Aux membres qui suivront son infidélité,
Et que l'homme ignorant, faible ou plein de malice,
Se jetant à ses pieds, n'en soit point rebuté,
N'en soit point, n'en soit point rebuté.

Les cédres du Liban sont abattus par terre;
On voit dans un clin d'œil les colonnes à bas :
Crains, pécheur, crains par-tout, car tout fait la guerre;
Garde-toi de l'orgueil parmi tous tes combats,
Parmi tous, parmi tous tes combats.

Recours aux yeux de Dieu, source de tout remède,
Et pousse des sanglots du profond de ton cœur;
Dieu te fera sentir ses bontés et son aide,
S'il te voir humble et doux, et percé de douleur,
Et percé, et percé de douleur.

Notre Saint a lavé la coulpe avec la peine,
Du triple reniment qu'il pleurait tous les jours ;
Fais de l'eau de tes pleurs une vive fontaine,
Et si Dieu t'a lavé, tiens-toi net pour toujours,
Tiens-toi net, tiens-toi net pour toujours.

SAINT

SAINT PAUL CONVERTI.

Air : *Petits agneaux, si vous errez sans maître.*

Pauvre pécheur, l'horreur de tes offenses
Te fait craindre à bon droit d'un Dieu le jugement;
Mais tu dois relever toutes tes espérances,
Et recourir à Dieu voyant mon changement.
   C'est Paul, c'est moi qui veux te faire entendre
Avec quelle bonté le Sauveur me prévint
Vois comme je fus pris lorsque je voulais prendre,
Admire ici comment mon changement advint.
   Lorsque les Juifs lapidaient saint Etienne,
Je gardais leurs habits, embrasé de courroux;
A cause qu'il était de la secte chrétienne,
Mes mains, sans le frapper, le frappaient plus que tous.
   Ce grand Martyr, sous la grêle des pierres,
Expire à deux genoux, en priant Dieu pour moi :
S'il n'eût offert à Dieu des vœux et des prières,
Jamais chez les Gentils je n'eus porté la foi.
   Pour soutenir les lois du Judaïsme,
Tout me semblait aisé, rien n'était périlleux;
Je brûlais de dépit, voyant le Christianisme
Faire de jour en jour des progrès merveilleux.
   J'allais par-tout garrotter les Fidelles,
La rage dans le cœur, au poing le coutelas;
J'en avais tout pouvoir dans des lettres cruelles;
J'étais, dans cet état, au chemin de Damas.
   Ne respirant que sang et que menaces,
Un éclair lumineux vint mes yeux éblouir,
Et Jésus qui voulait me combler de ses graces,
M'abattant de cheval, me fit sa voix ouïr.
   Saul, Saul, d'où vient que tu me persécutes ?
Je réponds en tremblant : Qui me parle, Seigneur ?
Je suis, répond la voix, Jésus que tu rebutes,
Je suis, dans les Chrétiens, l'objet de ta fureur.
   Ce fameux coup de la grace divine
Semblait m'anéantir, mais il m'a conservé;

G.

Jésus en me frappant, m'aveugle et m'illumine,
Je n'en suis abattu que pour être élevé.
   Tout étonné, je pâlis, je frissonne ;
Ceux qui me sont autour en sont saisis d'effroi :
Chacun entend la voix, sans découvrir personne ;
Je dis alors, Seigneur, que voulez-vous de moi ?
   Saul, me dit-il, va savoir dans la ville
Ce que je veux de toi jusques à ton trépas.
Je me lève ; on me prend comme un enfant docile,
Et l'on me conduisit par la main dans Damas.
   J'y fus trois jours sans manger et sans boire,
Mes yeux étant couverts d'une profonde nuit ;
Un disciple m'apprit que Jésus, Roi de gloire,
Dans une vision lui dit tout ce qui suit.
   Va trouver Saul, chef-d'œuvre de ma grace,
Que j'ai, sur le chemin, abattu tout d'un-coup ;
Va lui faire savoir ce que je veux qu'il fasse,
Et dis-lui de ma part qu'il doit souffrir beaucoup.
   Je l'ai choisi pour courir les provinces,
Sans craindre de la mort les évidens périls,
Il portera mon nom devant les plus grands princes,
Devant le peuple Juif, et devant les Gentils.
   Ayant ouï ce récit d'Ananie,
Il m'impose les mains, et sur-le-champ je vois ;
Dès qu'il m'a baptisé, mon erreur est bannie,
Je ne vis qu'en Jésus, et Jésus vit en moi.
   C'est dans ce bain où je lave mon crime ;
Là, plein du Saint Esprit, je renais du tombeau ;
De Saul victorieux j'y devins Paul victime,
Et de loup ravissant je devins un agneau.
   On reconnut d'abord à mes paroles,
Que j'étais un docteur plein d'amour pour la Croix,
Que j'avais en horreur le culte des idoles,
Que Jésus m'unissait à ses divins emplois.
   Les uns craignaient que je fisse une feinte,
Et de voir quelque excès de mon aversion,
Les autres pleins de joie, et sans aucune crainte,
Rendaient graces à Dieu de ma conversion.
   Ne craignez point, leur dis-je, mes chers frères,

Vous n'avez plus en moi Saul, grand persécuteur ;
Je suis Paul converti, qui de nos saints mystères
Veut bien être en tous lieux l'humble prédicateur.

  Depuis alors je tâchai de confondre
Les Juifs qui se moquaient d'un Dieu mort sur la Croix:
La grace m'éclairant m'apprenait à répondre,
Ne craignant des savans le nombre ni le poids.

  On voit par moi changer, d'une heure à l'autre,
Le mépris de la Croix en respect, en amour ;
Les Chrétiens me donnaient le nom de grand Apôtre,
Mais j'étais à mes yeux plus petit chaque jour.

  En combattant l'aveugle idolâtrie,
J'avais tout contre moi, pays, princes et lois ;
Mais je foulais aux pieds princes, lois et patrie,
Etablissant ainsi l'empire de la Croix.

  On me nommait un imposteur, un traître,
Un impie, un trompeur, du démon le support ;
Mais ces noms m'étaient doux par le nom de mon
    Maître,
Pour qui j'aurais voulu souffrir cent fois la mort.

  J'ai de l'enfer renversé les maximes ;
J'ai plus que d'une fois du monde fait le tour ;
J'ai remis les vertus en la place des crimes,
Et j'ai, dans l'univers, mis l'Evangile au jour.

  J'ai fait sur l'eau trois dangereux naufrages ;
On m'a fouetté trois fois avec grande rigueur ;
On m'a chargé de fers, de cailloux et d'outrages ;
Mais Dieu dans ces tourmens ranimait ma vigueur.

  De toute part chacun m'a fait la guerre,
Domestiques, amis, faux frères, étrangers ;
J'ai couru cent périls et sur mer et sur terre,
Et j'ai bravé la mort parmi tous ces dangers.

  Malgré l'enfer et la noire tempête,
J'ai suivi les sentiers que Jésus a battus ;
Après mille combats on m'a tranché la tête,
Qui bondit par trois fois, et dit trois fois Jésus.

  C'est à mon Dieu que je dois la victoire
Des verges, des cailloux, des prisons et des fers ;
C'est sa protection qui mérite la gloire

De tant de divers maux pour sa cause soufferts.
 Chrétien de nom, tes fréquentes rechutes
Causent à Jésus-Christ une nouvelle mort ;
Il te comble de biens et tu le persécutes ;
Ingrat, jusques à quand lui feras-tu ce tort ?
 Ne mène plus cette vie animale,
Qui combat l'Esprit Saint et qui dément ta foi ;
Que ta conversion soit prompte et générale,
Qu'elle parte du cœur et dure autant que toi.
 Dieu m'a donné l'éternelle couronne,
Pour avoir combattu pour son nom vaillamment :
Veux-tu qu'après ta mort sa bonté te la donne ?
Combats pour son honneur jusqu'au dernier moment.

SAINT LAURENT MARTYR.

Air : *Si vous voulez savoir le secret de mon ame.*

Pourquoi me laissez-vous, disait Laurent à Sixte,
Pourquoi me laissez-vous dans un état si triste ?
Quoi ! vous irez mourir, et je ne mourrai pas ?
Ah ! cela ne se peut ; permettez-moi, Saint Père,
Qu'en répandant mon sang je marche sur vos pas,
Pour remplir comme il faut mon sacré ministère.
 Le Pape lui répond : Mon fils, cessez vos plaintes ;
Si je souffre aujourd'hui ces légères atteintes,
Vous aurez, en trois jours, beaucoup plus à souffrir ;
Les tourmens réservés à votre grand courage,
Fairont voir au tyran qui vous fera mourir,
La vertu du Très-Haut dans la fleur de votre âge.
 Laurent tout enflammé goûte cette parole ;
Bien loin de s'en troubler, son ame s'en console ;
Il se promet que Dieu le rendra le vainqueur ;
Et pour se disposer aux rigueurs du supplice,
Il va prendre à l'autel la force de son cœur,
Par la viande des forts et par le saint Calice.
 Si l'Eglise qu'il sert a de grandes richesses,
Il ne les fait servir qu'à de grandes largesses ;
Il assemble avec soin tous les pauvres Romains,

Il leur fait part à tous de ses belles lumières,
Et puis d'un cœur royal il leur remplit les mains,
D'où j'apprends à donner l'aumône en deux manières.

 O Laurent tout de feu, chaste et sacré Lévite!
De ton gril embrasé, ton zèle nous invite
A brûler avec toi d'une céleste ardeur;
Tu voudrais, par l'amour qui t'anime et t'enflamme,
De tout le monde entier embraser la tiédeur;
Mais, hélas! que bien peu prennent soin de leur ame!

 Tu vois des nerfs de bœuf et des lames ardentes,
Plusieurs verges de fer et des grilles brûlantes,
Des pots de plomb fondu, sans pourtant t'ébranler,
Tu vois des chevalets, des ongles, des tenailles:
Chacun frémit d'horreur, toi seul, sans chanceler,
Te moques des bourreaux, les braves et les railles.

 On voit leurs corps lassés, le tien sans lassitude;
Leurs esprits en chagrin, le tien en inquiétude;
Leurs cœurs hors de repos, et le tien dans la paix;
Ils crèvent de dépit, et tu ne fais que rire;
Pas un seul n'est content, toi seul te satisfaits;
Ils souffrent plus que toi de ton propre martyre.

 De quelque objet d'effroi qu'on te montre l'image,
Tu fais voir de ton cœur l'intrépide courage;
Te confiant en Dieu, tu défies la mort.
Grand Saint, j'espère, hélas! à la gloire céleste;
Sans que pour t'imiter je fasse aucun effort;
J'envisage la Croix comme un fardeau funeste.

 Tandis qu'on attisait cet horrible incendie,
Qu'alluma sous ton corps la noire perfidie,
Tu dis à ton tyran avec tranquillité:
Si tu veux assouvir ta faim de ma chair cuite,
Cet endroit est bien cuit, tourne d'autre côté;
Mais en pièces mon corps, mange ma chair ensuite.

 L'Ange essuyant ton front, Romain qui le contemple,
Ravi de sa beauté, touché de son exemple,
Sans craindre aucun tourment, embrasse notre foi.
Invincible Martyr, qu'en pesant ta constance,
Pour vivre tout à Dieu, je meure tout à moi,
Et que je me résolve à faire pénitence.

Les aveugles privés d'une double lumière,
Eclairés doublement par ta forte prière,
Ont vu l'astre du jour, et cru Dieu qui l'a fait :
Charitable Laurent, éclaire mes ténèbres ;
Et fais qu'à l'avenir, pour me rendre parfait,
Je suive le sentier de tes vertus célèbres.

Martyr de Jésus-Christ, que j'aime et que j'honore,
Fais-moi part du brasier dont ton cœur brûle encore,
Et dont il brûlera durant l'éternité ;
Fais qu'en suivant tes pas je remonte à ma source,
Et qu'après mes travaux et ma captivité,
Dieu seul soit à jamais le repos de ma course.

SAINT EUSTACHE, MARTYR.

Sur l'Air : *Où êtes-vous, Birenne, mon amour.*

JÉSUS.

Que t'ai-je fait, Placide ? réponds-moi,
Que t'ai-je fait, que tu me persécutes ?
Je suis Jésus mort sur la Croix pour toi ;
Je te poursuis, bien que tu me rebutes.

Placide.

Pardon, Seigneur, de tout ce que j'ai fait ;
Apprenez-moi ce qu'il faut que je fasse,
Pour me punir et me rendre parfait,
Je ne vois rien que pour vous je n'embrasse.

Jésus.

Va sans délai, va prendre tous les tiens ;
Va recevoir avec eux le baptême ;
Dès le moment que tu seras Chrétien,
Tu souffriras pour l'amour de moi-même.

Eustache.

Je suis Chrétien, et tout prêt à souffrir,
Que vous m'ôtiez enfans, et biens et femme ;
Les plus grands maux qui se pourront offrir,
Pour votre amour seront doux à mon ame.

Jésus.

Tu perdras tout, tes enfans, femme et biens ;
On te dira le Job évangélique ;
Si tu tiens bon comme font tous les miens,

Tu feras voir un amour héroïque.
Eustache à sa femme.
Suivons Jésus, ô ma chère moitié ;
Bénissons-le de ce qu'il nous décharge ;
Tous nos amis ont manqué d'amitié,
Dès qu'ils m'ont vu sans argent et sans charge.
Théopiste.
Je le bénis avec vous de nos croix ;
Eloignons-nous des terres de l'Empire,
Allons gémir tous quatre dans un bois,
En attendant de souffrir le martyre.
Eustache.
Cher nautonnier, par pure charité,
Voudriez-vous bien me passer en Egypte ?
Soyez touché de notre pauvreté,
Vous en aurez devant Dieu le mérite.
Le Nautonnier.
Embarquez-vous, et traversons les mers.
Parmi ces eaux je me sens tout en flamme ;
Au premier port, malgré tes pleurs amers,
Te débarquant je veux ravir ta femme.
Eustache.
Quel déplaisir ! hélas ! quel crève-cœur !
Ce nautonnier veut ravir ma colombe.
Mon Dieu, mon tout, qui voyez ma douleur,
Secourez-moi, car sans vous je succombe.
Théopiste.
Mon chaste époux, ne vous alarmez pas,
Allez en paix, allez, mon cher Eustache ;
Soyez certain que jusqu'à mon trépas
Je garderai ma pureté sans tache.
Eustache.
Mes chers enfans, pleurons ici tous trois,
En délaissant dans ce fatal navire
Le chaste sein qui vous porta neuf mois :
Ah ! qui pourrait exprimer mon martyre !
Chaque Enfant.
Venez à moi, cher père, venez tôt,
Sortez, hélas ! sortez de la rivière,

Pour m'affranchir par l'aide du Très-Haut,
De cette dent cruelle et carnassière.
Eustache.
Deux animaux emportent mes deux fils,
Et je ne puis aider ni l'un ni l'autre ;
Je n'ai plus rien qu'un petit Crucifix,
Pour m'y coller comme le grand Apôtre.
Un Paysan.
Mon bon ami, viens garder mes troupeaux,
Je te promets le pain sec du ménage,
Le ciel pour toit, pour maison les côteaux,
Le roc pour lit, l'eau pure pour breuvage.
Eustache.
Graces à Dieu, je garde des moutons,
Moi qu'on a vu commander une armée ;
Pour vêtemens, j'ai de pauvres haillons,
Tant il est vrai que tout n'est que fumée.
L'Empereur Trajan.
Allez chercher Placide le guerrier,
Cherchez-le bien et par mer et par terre ;
Mon chef par lui sera ceint de laurier,
Car il vaincra ceux qui me font la guerre.
Les Députés.
Pauvre berger, quittez-là vos brebis,
Notre Empereur, veut essuyer vos larmes ;
Dépouillez-vous, prenez ces beaux habits,
Et de ce pas venez charger les armes.
Eustache.
Dieu de mon cœur, j'adore vos desseins,
Lorsque je vais combatre pour l'Empire,
Faites, grand Dieu, qu'en imitant vos Saints,
Je puisse un jour mourir par le martyre.
Le Cadet des deux Frères.
Cher compagnon, quel pays est le tien ?
Contons ici tous deux nos aventures ;
Délassons-nous par ce doux entretien,
Et bénissons l'Auteur des créatures.
L'Aîné.
Je ne sais point quel est mon lieu natal,
Mais je sais bien qu'un lion effroyable

Me prit aux dents, quand par un coup fatal,
Un loup ravit mon frere tout aimable.
 J'étais tout seul sur le bord d'un ruisseau,
Quand je perdis Eustache mon doux père :
Je vis, hélas ! qu'un patron de vaisseau,
Osa ravir Théopiste ma mère.
 Depuis ce temps, j'ai toujours désiré
Qu'on m'en dannât quelque bonne nouvelle ;
Mais c'est en vain que j'ai tant soupiré :
Ah ! d'y penser, ma croix se renouvelle.

Le Cadet.

 O quelle joie ! ô quel moment heureux !
Vous êtes donc Agapit mon bon frère ?
Mais que nos cœurs seraient bien plus joyeux,
Si nous n'étions sans père ni sans mère !

Théopiste.

 Consolez-vous, mes enfans bien-aimés !
Quelle faveur, quelle rencontre heureuse !
Voici le sein qui vous tint renfermés :
Ah ! mes chers fils, que mon ame est joyeuse !
 Rendons tous trois, rendons graces à Dieu,
Et soupirons, en priant sant relâche,
Qu'avant mourir, nous sachions en quel lieu
S'est relégué votre cher père Eustache.
 Allons-nous-en trouver le général ;
J'ose espérer que ma douleur amère
Obtiendra tout de son cœur libéral,
Lorsqu'il saura que je suis votre mère.
 Grand général, j'ai perdu mon époux ;
Ah ! monseigneur, ah ! que ma perte est grande !
Ces deux soldats qui combattent sous vous,
Sont mes deux fils qu'humblement je demande.

Eustache.

 Mon cœur ressent votre extrême douleur !
Relevez-vous, ô femme infortunée !
Apprenez-moi d'où vous vient ce malheur,
Que votre époux vous ait abandonnée.

Théopiste.

 Un nautonnier me retint dans son bord,

Lorsqu'il remit mon cher Eustache à terre :
Mais le Sauveur vengea soudain ce tort,
En l'écrasant par un coup de tonnerre.
Eustache.
Chère moitié, Dieu du ciel, quel bonheur !
Chère moitié, ma chaste Théopiste !
Ne pleurez plus, bénissons le Seigneur :
Voici celui pour qui vous êtes triste.
Mes chers enfans, pour qui j'ai tant pleuré,
Embrassez-moi, mon cœur tressaille d'aise :
Tenons-nous prêts, car il est assuré
Que nous mourrons tous quatre sur la braise.
L'Empereur Adrien.
Viens rendre honneur à nos Dieux immortels,
De qui tu tiens tes enfans et ta femme ;
Brûle l'encens au pied de leurs autels,
Si tu ne veux brûler de cette flamme.
Eustache.
C'est à Jésus que je dois cet honneur,
C'est à lui seul que je rends cet hommage :
Pour tes faux Dieux, objets de mon horreur,
N'auront de moi que mépris et qu'outrage.
Adrien.
Enfermez-le dans ce taureau d'airain,
Sa femme aussi, ses deux enfans encore :
C'est par le feu que j'en veux voir la fin,
Pour apaiser nos grands Dieux que j'adore.
Tous quatre.
Doux Jésus-Christ qui possédez nos cœurs,
Embrasez-les de vos divines flammes ;
Nous vous prions de nous rendre vainqueurs,
Et dans le ciel vouloir placer nos ames.

S. JOSEPH, EPOUX DE LA SAINTE VIERGE.

Air : Amarillis, vous êtes blanche et blonde.

Unissons-nous avec les chœurs des Anges,
Renouvelons la joie et la ferveur,

Pour entonner de Joseph les louanges,
Le nourricier et gardien du Sauveur ;
Pesons les qualités, admirons les merveilles
Du Saint dont les grandeurs sont sans pareilles.

Laissons à part son illustre naissance,
Tous ses aïeux, ses Princes et ses Rois,
Et de Joseph révérons la puissance,
Car le Sauveur se soumet à ses lois :
Voyons en abrégé ses vertus héroïques ;
Reveillons notre amour par ses pratiques.

Dieu le choisit pour son dépositaire,
Il lui remet deux gages précieux,
Son Fils unique et sa très-digne Mère,
L'espoir du monde et l'ornement des Cieux ;
Il lui donne à garder l'Arche de l'alliance,
Où sont tous les trésors de son essence.

Ce favori de la Trinité sainte,
Qui fut toujours un Ange en pureté,
Dès qu'il connaît que Marie est enceinte,
Livre son ame à la perplexité :
Il dit dans son esprit : Comment se peut-il faire
Que la femme que j'ai, soit Vierge et Mère ?

Pesant l'état de sa céleste Epouse,
Il ne dit mot pour ne la diffamer ;
Il ne veut pas, comme une ame jalouse,
Croire rien d'elle ; il ne la peut blâmer ;
Il soupire, il gémit et d'amour et de crainte,
Lorsqu'il songe à quitter la Vierge sainte.

La Vierge voit Joseph à la torture,
Sans que pourtant elle ose l'avertir
Qu'elle a conçu l'Auteur de la nature ;
Elle désire en tout s'anéantir ;
Elle attend humblement que Dieu le lui déclare,
Et supporte en repos qu'il se sépare.

Tandis qu'il dort, l'Ange lui dit : Courage,
Marie en soi porte le Saint des Saints ;
L'Esprit divin a formé cet ouvrage,
Pour du Très-Haut accomplir les desseins :
Sois son heureux Epoux, chasse loin toute crainte ;

Et conduis avec soin Marie enceinte.
 Quand ce Saint voit dans le fond d'une crèche,
Le Roi de gloire anéanti pour nous,
Tout étonné des vertus qu'il y prêche,
Il se prosterne et l'adore à genoux ;
Il ne craint plus les maux qu'avait causés la pomme,
Il tient entre ses bras un Dieu fait homme.
 Quelle faveur ! quel rare privilége !
Il a chez soi Marie et son Enfant ;
Il les nourrit, les soutient, les protége,
Leur fait la cour, les guide et les défend ;
Il les sauve tous deux d'Hérode plein de rage,
Qui des Saints innocens fait le carnage.
 Lis avec soin tout le saint Evangile,
Et tu verras que Joseph ne dit rien,
Tant il se plaît à se tenir tranquille,
En s'occupant de son souverain bien ;
Il aime à se cacher comme un Anachorète,
Pour bien jouir de Dieu dans sa retraite.
 Sans se lasser, jour et nuit il contemple
Le Fils de Dieu sous notre humanité ;
Sa maisonnette est un auguste temple,
Où l'on découvre une autre Trinité :
Cet adorable Fils et sa très-sainte Mère,
Et leur cher nourricier, ô quel mystère !
 Cet intendant du Roi de tout le monde,
Grand en effet, mais petit à ses yeux,
Chérit si fort l'humilité profonde,
Qu'il la pratique en tous temps, en tous lieux ;
Dans son petit Jésus il voit mieux sa bassesse ;
Plus il est élevé, plus il s'abaisse.
 Ce saint Enfant, dans sa pauvre boutique,
Ne rougit point d'un si chétif métier ;
Il obéit sans délai, sans réplique,
Comme apprenti d'un père charpentier ;
Et de ces mêmes mains dont il soutient le monde,
Aux emplois les plus vils il le seconde.
 On est ravi quand le soleil s'arrête,
Quand Josué lui dit de s'arrêter,

Pour

Pour voir enfin une entière défaite
De cinq grands Rois qu'il prétend surmonter;
Mais je le suis bien plus, que Jésus obéisse
A ce pauvre artisan, comme un novice.

 Marie aussi, quand Joseph la demande,
D'un pas léger s'en va voir ce qu'il veut;
Elle l'écoute, et fait ce qu'il commande,
Avec vîtesse et le mieux qu'elle peut;
Et Joseph à son tour, par son obéissance,
Témoigne à tous les deux sa dépendance.

 Au seul aspect de cette noble Dame,
Au seul éclat de sa rare splendeur,
Ce chaste époux sent au fond de son ame
Un feu nouveau qui nourrit sa pudeur;
S'il jette ses regards sur son visage auguste,
Il en devient plus saint, plus pur, plus juste.

 Anges du ciel, pures intelligences,
Esprits ardents du céleste brasier,
Quels entretiens et quelles conférences
N'eûtes-vous pas avec ce charpentier?
Oh! qu'il faisait beau voir une troupe angélique
Converser avec lui dans sa boutique!

 Pendant le temps que Joseph est malade,
Jésus lui-même a soin de l'assister;
Marie encor lui parle d'une œillade,
Et l'aide en tout sans jamais désister;
Ils font voir leur amour par quelque bon office,
Chacun de son côté lui rend service.

 Etant mourant, le Maître de la vie,
Qui de ses mains veut fermer ses beaux yeux,
Lui fait savoir qu'il n'a pas d'autre envie
Que de s'unir avec lui dans les Cieux;
Enfin, ce phénix meurt, consumé d'une flamme
Qui transforme en son Dieu cette belle ame.

 Je le contemple, au-dessous de Marie,
Supérieur à tous les autres Saints;
Il obtient tout de Dieu, quand on le prie;
Son divin Fils met tout entre ses mains:
Heureux qui le sert bien, plus heureux qui l'imite!

Dieu ne refuse rien par son mérite.

Epoux sacré de ma très-chère Mère,
Ange visible et Père du Sauveur,
Grand saint Joseph, en qui mon ame espère,
Je vous demande une seule faveur :
Tendez-moi votre main durant mon agonie,
Pour régner avec Dieu de compagnie.

SAINT JOACHIM ET SAINTE ANNE.

Air : *Amarillis, vous êtes blanche et blonde.*
SAINT JOACHIM.

PLEUREZ, mes yeux, dans cet affreux bocage,
Compatissez à mon cuisant malheur;
Petits oiseaux, cessez votre ramage,
Et vous, rochers, brisez-vous de douleur;
Astre du firmament, cachez votre lumière,
Et me laissez vaquer à la prière.

Dieu de bonté, de qui je tiens mon être,
Je suis honteux de me voir sans enfans;
On rit de moi, dès qu'on me voit paraître :
Ah! d'y penser mon pauvre cœur se fend.
Jusques à quand, Seigneur, laisserez-vous ma femme,
Sans daigner l'affranchir du rang infame ?

Sainte Anne.

Mon Dieu, mon tout, que j'aime et que j'adore,
Ayez pitié de ma stérilité;
Depuis vingt ans elle me déshonore,
Couronnez-la par la fécondité;
Je vous promets, grand Dieu, plus de cœur que de bouche,
De vous offrir le fruit de notre couche.

Je n'ose plus hanter aucune amie,
Je ne reçois que mépris et qu'affront;
Otez, Seigneur, la tache d'infamie,
Qui fait monter la honte sur mon front;
Jetez un seul regard sur votre humble servante,
Qui soumise à vos lois, pleure et lamente.

C'était ainsi qu'en pensant au Messie,

Le bon Joachim exprimait ses ennuis ;
C'était ainsi qu'Anne, de Dieu choisie,
Passait en pleurs et les jours et les nuits,
Lorsqu'un Ange leur dit, qu'Anne serait enceinte,
Et qu'elle enfanterait la Vierge sainte.
   Heureux vieillard, vénérable matrone,
Consolez-vous, ne vous affligez plus ;
Par l'oraison, par le jeûne et l'aumône,
Vous obtenez la mère de Jésus.
Anne, bénissez Dieu, vous nous donnez Marie ;
Cet arbre portera le fruit de vie.
   Vous concevrez cette source de grace,
D'une façon qu'on ne peut concevoir ;
Car la nature ayant cédé sa place,
La grace en vous nous montre son pouvoir :
Vous donnez aux mortels, sans tache originelle,
La Princesse du Ciel, la toute belle.
   Au même instant que vous l'avez conçue,
Elle reçoit l'usage de raison ;
Le Saint Esprit, dont elle est prévenue,
Tient en tout temps son ame en oraison :
Elle mérite plus au fond de vos entrailles,
Que tous les saints Martyrs dans les batailles.
   Vous produisez aux Anges une Reine,
Aux criminels un refuge assuré,
Un prompt secours à ceux qui sont en peine,
Un ferme espoir aux plus désespérés,
Aux pauvres mariniers une étoile éclatante,
Pour leur servir de nord dans la tourmente.
   Dès les trois ans vous la menez au temple,
Et sans délai vous l'offrez au Seigneur ;
Par où l'on voit qu'il faut, à votre exemple,
Offrir à Dieu ce qu'on a de meilleur,
Et s'acquitter bientôt des vœux et des promesses,
Pour ne pas être ingrat à ses largesses.
   O quel bonheur ! vous êtes sa maîtresse,
En l'instruisant sur vos rares vertus,
Vous la voyez courir avec vîtesse,
Par les sentiers que vous avez battus :
Quelle gloire pour vous d'enseigner cette Reine,

Qui doit avoir un Dieu sous son domaine!
 Dieu la destine au salut de ce monde,
Donnant son sang au Sauveur glorieux ;
Et ce beau sang qui la rendra féconde,
Est de vous deux le fruit très-précieux :
C'est à vous qu'elle doit et sa vie et son être,
Dont elle fera part à notre Maître.

 Après Jésus et votre Fille seule,
Je garde un cœur très-ardent pour vous deux :
L'un est d'un Dieu l'aïeux, l'autre l'aïeule,
Quoi de plus grand! quoi de plus glorieux !
En pesant la grandeur de votre illustre Fille,
On voit jusqu'à quel point la vôtre brille.

 Demeure en paix, pauvre femme stérile,
Et loin d'avoir ton esprit abattu,
Fais des efforts pour devenir fertile,
En imitant sainte Anne en sa vertu;
Et toi de qui le ciel augmente la lignée.
Prends garde qu'elle soit bien enseignée.

 Toi qui gémis dans l'état du veuvage,
Suis de sainte Anne, en tout temps, les sentiers :
Elle priait ou faisait quelque ouvrage,
Jeûnant parfois quarante jours entiers ;
Elle cherchait l'écart pour se rendre parfaite ;
Cache-toi bien en Dieu dans ta retraite.

 Pauvre pécheur, si tu veux que sainte Anne
Prie pour toi Marie et son Enfant,
Quitte au plutôt le péché qui te damne,
Et ne fais plus ce que sa loi défend :
Sainte Anne ne saurait te servir de refuge,
Si tu t'en prends toujours contre ton Juge.

 Qui que tu sois, honore cette Sainte,
Lui consacrant ton service aujourd'hui ;
Si le démon te donne quelque atteinte,
Tu t'en riras, l'ayant pour ton appui :
Moule-toi sur ses pas, prends-la pour ta Patronne,
Et Dieu te fera part de sa couronne.

LA CONVERSION DE S. AUGUSTIN.

Sur l'Air : *Que les oiseaux de ce bocage*, etc.

LE PÉCHEUR A S. AUGUSTIN.

Riche ornement de nos saints Prêtres,
Guide éclairé de tous nos Maîtres,
Le plus saint des savans, le plus savant des Saints,
Dont le cœur tout de feu ravit les Séraphins,
Soleil de l'Eglise Latine,
Dites-nous le pouvoir de la grace divine.
   Grand Augustin, l'honneur d'Afrique,
Apprenez-moi dans ce Cantique,
Les assauts différents que vous avez soufferts,
Pour éteindre vos feux et pour rompre vos fers;
Parlez à mon cœur, qui désire
De briser les liens qui causent son martyre.

Saint Augustin au Pécheur.

Hélas! pécheur, dès mon enfance,
Je n'ai couru qu'après l'offense.
Je suivais mes amis les plus licencieux,
Et souvent j'affectais d'être plus vicieux,
Le jeu, les ébats, la mollesse,
Ont rempli tout le cours de ma folle jeunesse.
   Quand je voyais sur les théâtres,
Que les acteurs les plus folâtres
Se piquaient d'exprimer les infames plaisirs,
Tout mon cœur s'embrasait par de mauvais désirs:
J'avais à mon bien deux obstacles,
Mes amis débauchés et ces sales spectacles.
   J'accumulais crimes sur crimes,
Par mes talents les plus sublimes;
Tous mes dons naturels et tous mes dons acquis,
N'avaient rien pour le Ciel ni de grand ni d'exquis,
J'étais comme un arbre stérile,
Quelque soin que Dieu prit de mon ame indocile.
   Ma mère usait de mille instances

Pour surmonter mes résistances ;
Mais j'étais trop altier pour vouloir obéir ;
Je m'étais trop aimé pour me vouloir haïr ;
Ses vœux, ses discours et ses larmes,
Ne pouvaient m'arracher aux objets de mes charmes.

 Dieu, cependant, par ses reproches,
M'humiliait dans mes débauches ;
Tout perdu que j'étais, il voulait me sauver ;
J'avais beau me cacher, il savait me trouver ;
Malgré ma plus noire malice,
Ce Dieu plein de bonté m'était toujours propice.

 Son Esprit Saint criait sans cesse :
Augustin, quitte ta mollesse,
Quitte tes faux plaisirs qui subornent tes sens ;
Mais, hélas ! j'étais sourd à ses plus doux accens,
Et je ne donnais pour réponses,
Que d'insolens refus à toutes ses semonces.

 Jamais douleur ne fut amère
Comme la douleur de ma mère,
Quand, fuyant ses conseils, je tombais dans l'erreur
Et dans des saletés qui lui faisaient horreur ;
Aussi, le salut de mon ame
Est le beau fruit des pleurs de cette sainte femme.

 Plus j'offensais ce Dieu que j'aime,
Plus j'étais mal moi-même ;
Je faisais chaque jour quelque crime nouveau,
Qui servait à mon cœur d'implacable bourreau ;
Le Ciel, pour punir mes offenses,
Me rendait l'instrument de ses justes vengeances.

 Las de me voir en servitude
Sous les chaînes de l'habitude,
Je tâchais de sortir de l'état où j'étais ;
Je faisais quelque pas, et puis je m'arrêtais :
Je n'avais qu'à demi l'envie
De mourir à la mort et de vivre à la vie.

 Mes compagnons, la bonne chère,
Et chaque objet propre à me plaire,
Me disaient tour-à-tour, pour me faire hésiter :
Augustin, que fais-tu ? veux-tu bien nous quitter ?

Veux-tu renoncer aux délices,
Et livrer ton esprit et ton corps aux supplices?
 Adam ne cessait de me dire:
Laissons les pleurs, pensons à rire;
Sais-tu bien, Augustin, qu'en laissant tes amis,
Ni ceci, ni cela, ne sera plus permis?
 Dans ces pensers, l'ame flottante,
Différait de quitter sa vie impénitente.
 Demain, demain, non à cette heure,
Je sortirai de mon ordure,
Disais-je tout chagrin; et puis incontinent
J'ajoutais: Et pourquoi, pourquoi non maintenant?
 J'étais accablé de mes chaînes,
Sans vouloir toutefois voir la fin de mes peines.
 Mon cœur était prêt à se rendre,
Quand le Trés-haut me fit entendre
Une voix qui disait: *Prends et lis, prends et lis.*
Tout noyé de mes pleurs, sur-le-champ je pâlis;
 Et je me retrouvai tout autre,
Ayant lu mon état dans celui de l'Apôtre.
 Voilà, pécheur, comme la grace
Prit de mon cœur la forte place,
Triomphant du démon, du monde et de la chair,
Dans un temps où j'étais sur le bord de l'enfer;
 Voilà quelle fut la puissance
De la grace de Dieu contre ma résistance.
 Dès que le Ciel m'eut fait renaître,
Je fus ardent pour mon doux Maître,
Je disais avec joie à ce Dieu de bonté,
Je vous aime trop tard, très-ancienne beauté;
 Et je répétais plein de zèle:
Je vous aime trop tard, beauté toujours nouvelle.
 Je sentais croître dans mon ame
Une vive et céleste flamme,
Que nul autre que Dieu ne saurait allumer;
Et qui portait mon cœur à le toujours aimer;
 Me donnant à lui sans partage,
De moment en moment je l'aimais davantage.
 Tu viens de voir, pécheur, mon frère,

Ton propre état dans ma misère.
Si Jésus aujourd'hui daigne t'offrir sa main,
Ne dis pas comme moi, demain, Seigneur, demain
Sois prompt à laisser tous ses crimes,
Pour ne t'en repentir trop tard dans les abymes.
 Fais posément quelque lecture
Dans les cahiers de l'Ecriture ;
C'est par là que le Ciel éclairant ton esprit,
Prouvera par tes yeux que ton cœur est contrit ;
C'est-là que ton ame infidelle
Apprendra du Seigneur ce qu'il désire d'elle.
 J'ai combattu les hérétiques
Par mes écrits et mes pratiques,
Par mes saints entretiens et mes puissants sermons.
Ne fréquentes jamais ces suppôts des démons ;
Tiens-toi bien soumis à l'Eglise,
Et combats fortement tout ce qui la divise.
 Jusqu'à la fin de mon vieux âge,
Mes pleurs ont rendu témoignage
Du sincère regret de mon cœur repentant.
Recommence toujours de vivre en pénitente,
En vain ferais-tu pénitence,
Si, lassé de gémir, tu manquais de constance.
 J'ai hautement prêché sans cesse ;
Par l'humble aveu de ma bassesse,
Qu'on ne peut se sauver que par l'humilité.
Crains, tandis que tu vis, l'esprit de vanité ;
Tu peux aux faubourgs de la gloire,
Si tu n'es bien petit, perdre encor ta victoire.
 Enfin, le cœur que ma main porte,
Par ses traits, par ses feux t'exhorte
A souffrir, à brûler pour Jésus à son tour ;
Il faut donc désormais la souffrance et l'amour,
Il faut avec moi que tu prêches
Que Dieu veut d'un Chrétien un cœur percé de flèches.

SAINT BERNARD, ABBÉ.

Sur l'Air : *Hélas ! mes yeux, quel changement.*

Je chante un Docteur tout de miel,
Le favori du Roi du Ciel,
L'Archange de la paix, l'oracle des Conciles ;
Je chante le dévot Bernard,
Qui vient à bout, de toute part,
Des cœurs les plus altiers et les plus indociles.

   Jesus paraît comme un soleil,
A Bernard pendant le sommeil,
En la nuit que pour nous ce Sauveur prit naissance;
C'est depuis cette heureuse nuit,
Que ce grand Saint brûle et reluit,
Honorons de Jésus l'auguste et sainte enfance.

   Bernard, ce chaste adolescent,
N'a point de plaisir plus pressant
Que de vivre ici-bas d'une vie angélique;
Il conserve la chasteté,
Dans le sein de l'austérité :
Chrétien, tu seras pur, si tu suis sa pratique.

   Il crie, au larron, au larron,
Pour donner la fuite au démon,
Qui le tente de nuit par une femme impure :
On peut juger par sa pudeur,
De la pureté de son cœur :
Sois modeste par-tout, fuis l'ombre de l'ordure.

   Il entre, âgé de vingt-trois ans,
Avec trente de ses parents,
Dans le port assuré que Cîteaux lui présente.
Il vit content en ce saint lieu,
En aimant et possédant Dieu :
Autre que Dieu ne peut rendre une ame contente.

   Quoiqu'il soit un des plus parfaits,
Et l'exemplaire des Profès,
Il obéit à tous, comme un jeune Novice,
Et contre la chair et le sang
Il cherche en tout le dernier rang.

Lorsque, bouffi d'orgueil, tu veux qu'on t'obéisse,
   Il fait sa gloire du mépris,
   Ses délices d'être repris,
De la soumission sa plus ardente étude ;
   Si quelqu'un ne l'estime pas,
   Il descend encore plus bas :
Fais de l'humilité ta plus douce habitude.
   Il se redit de temps en temps :
   Qu'es-tu venu faire céans ?
Bernard, à quelle fin as-tu choisi le cloître ?
   Et s'animant de jour en jour,
   Sans cesse il augmente en amour,
Quand par la lâcheté tu ne fais que décroître.
   Il n'a que cette ambition
   De tendre à la perfection,
Où la voix du Seigneur incessamment l'appelle ;
   Il veut que ses Religieux,
   Comme lui soient ambitieux :
Pour te rendre parfait, sois à Dieu bien fidelle.
   Lorsque des mouvemens secrets
   Le flattent de quelque progrès,
Il se plonge d'abord dans sa propre misère ;
   Il n'a plus rien devant ses yeux
   Que d'abject, de vil, d'odieux :
Tu déplais à ton Dieu, dès qu'à toi tu veux plaire.
   Son cœur veut vivre abandonné,
   Voyant qu'un Dieu s'est tout donné ;
Aux périssables biens il déclare la guerre ;
   Il veut composer ses trésors,
   De l'indigence du dehors :
N'attaches point ton cœur aux faux biens de la terre.
   Dieu seul, qui remplit ses désirs,
   Fait son repos et ses plaisirs ;
Il n'aime que lui seul, pour lui seul il soupire ;
   Il veut qu'il soit seul son appui,
   Il ne veut pour centre que lui :
Un Dieu qui s'offre à toi, doit-il pas te suffire ?
   Par-tout notre dévot Bernard
   Arrête en Dieu seul son regard ;

Il le voit au désert, il le voit dans le Louvre;
Tout lui parle de ses grandeurs,
Tout lui parle de ses splendeurs :
Qui cherche Dieu par-tout, par-tout il le découvre.
　Il prie un jour avec des pleurs,
Pesant de Jésus les douleurs ;
Et Jésus s'abaissant l'embrasse avec tendresse ;
Il le colle sur son côté;
Et l'enflamme de charité :
Pleure au pied de la Croix, Jésus mourant te presse.
　Sa mère songea qu'un chien blanc
Aboyait autour de son flanc,
Tandis qu'elle portait ce Zélateur des ames ;
Présage qu'il aboyerait
Contre celui qui pécherait :
Il faut craindre, ô pécheur, les éternelles flammes.
　Cet ouvrier, par ses travaux,
Se trouve présent à Clervaux,
Lors même qu'on le voit présent en Italie :
Il fait mille biens à-la-fois,
Et dans la ville et dans les bois :
Tu fais des maux par-tout, crains que Dieu ne t'oublie.
　Guillaume, comte de Poitou,
Qui meurtrit son sein d'un caillou,
Doit sa conversion au zèle de ce Père ;
Pour faire ce grand changement,
Il se sert du Saint Sacrement :
Dieu peut changer ton cœur par ce divin mystère.
　Qui pourrait dire sa ferveur
Envers la Mère du Sauveur ?
Il l'aime, il la bénit, il écrit ses louanges,
Et pour dire tout, en un mot,
C'est son bien-aimé, son dévot :
Révère avec amour cette Reine des Anges.
　C'est la pureté de son cœur,
Qui lui fait sucer la liqueur
Dont Jésus se nourrit dans le sein de sa Mère ;
Cet époux des vierges se plaît
A l'avoir pour frère de lait :

Qui prend soin d'être pur, à Jésus pourons frère.
 On peut distinguer ses écrits
D'avec ceux des plus beaux esprits :
Par les discours de miel qu'il nous fait de Marie,
On dirait qu'il est pénétré
De son lait céleste et sacré :
Et tu n'as que rigueur, que transport, que furie.
 Les quatre coins de l'Univers,
Font voir les miracles divers
Que notre illustre Saint incessamment opère ;
Tout mal trouve sa guérison
Dès qu'il se met en oraison :
Pour guérir tous les maux, montre-les à ce Père.
 Encore qu'il soit revêtu
De toute sorte de vertu,
La douceur toutefois fait son vrai caractère ;
Contre soi toujours en courroux,
A tous les autres il est doux,
Sois pour toi rigoureux, au prochain débonnaire.
 Dès qu'il a reçu quelque affront,
Il va d'un pas agile et prompt,
Rechercher d'amitié l'auteur de cette offense,
Et sans aucun signe d'aigreur,
Il lui pardonne de bon cœur :
Et toi, du moindre tort tu veux tirer vengeance.
 C'est peu que, malgré tous ses sens,
Il veuille souffrir en tout temps ;
Qu'on se moque de lui, qu'on l'affronte, l'abaisse ;
Il veut encore incessamment
Se plaire en cet abaissement :
Et tu cherches l'honneur, oubliant ta bassesse.
 Enivré de l'amour divin,
Il boit de l'huile pour du vin,
Tant il a du rebut pour les vaines délices ;
En ne pensant qu'à son trépas,
Rien ne le chatouille ici-bas :
Les plaisirs que tu prend causeront tes supplices.
 Les Papes et les plus grands Rois
L'honorent des plus hauts emplois ;

Il se fait admirer par les avis qu'il donne;
Pas un n'oserait s'opposer
A ce qu'il daigne proposer :
Lis ses divins écrits, et fais ce qu'il t'ordonne.
  Son cœur, pour Dieu tout enflammé,
Le pousse, afin qu'il soit aimé,
A fonder des couvens jusqu'à cent soixante;
Par ses enfans en divers lieux,
Il aime et sert le Roi des Cieux:
Aime et fais aimer Dieu d'une ferveur constante.
  Ce saint Abbé meurt mille fois,
Avant qu'il rende les abois,
Au milieu d'une vie en souffrances féconde;
Aussi Dieu l'a glorifié
Autant qu'il s'est mortifié :
Meurs à tes vains plaisirs, et tu vaincras le monde.
  Grand Saint, qui régnez dans les Cieux,
D'où vous nous aidez beaucoup mieux
Que lorsque vous viviez dans ce lieu de misère,
Faites que nous puissions un jour,
Contempler dans l'heureux séjour
Votre frère Jésus et votre aimable Mère.

SAINT FRANÇOIS DE SALES.

Air : *Hélas ! mes yeux, quel changement.*

Chrétien, joins ton cœur à ta voix,
Chante à l'honneur du grand François,
Qui, comme un beau soleil, sort du château de Sales;
Ouvre tes yeux à ses splendeurs,
Et t'enflammant de ses ardeurs,
Prends soin de pratiquer ses vertus principales.
  Bien qu'il soit encor fort petit,
Il sait dompter tout appétit;
Rien ne ressent l'enfant en sa plus tendre enfance :
On ne voit en lui que bonté,
Que sagesse et que gravité,
Quand on ne voit en toi que folie et qu'offense.

I

Il fait un merveilleux progrès,
Fidelle aux mouvemens secrets
De l'Esprit du Seigneur qui l'anime et le presse;
Et comme un ardent Séraphin,
Il s'avance jusqu'à la fin :
Lorsqu'au lieu d'avancer tu recules sans cesse.

   On attaque de tout côté
Son angélique pureté,
Mais il la sait garder au péril de sa vie ;
Et pour mieux braver tout l'enfer,
Il matte incessamment sa chair :
Si tu veux être pur, tiens ta chair asservie.

   Ce grand Prélat, toujours fervent,
Tout-à-la-fois mort et vivant,
Est aux yeux du Très-Haut, et l'hostie et le Prêtre ;
Son propre corps lui sert d'autel,
Pour s'offrir au Prêtre immortel :
Immole tes désirs à l'Auteur de ton être.

   Tout temps, toute action, tout lieu,
Lui sert à s'occuper de Dieu ;
Il marche incessamment en sa sainte présence ;
C'est à cet objet infini,
Que son cœur est sans cesse uni :
Contemple avec amour cette divine essence.

   Il n'a pour le Saint Sacrement,
Que transport et qu'épanchement,
Que louange, qu'amour, et que reconnaissance,
Son cœur, par mille ardens soupirs,
Pousse vers Jésus ses désirs :
Et toi, porte à l'autel l'amour, la révérence.

   Il se consume nuit et jour
Dans le feu du divin amour,
Tout son cœur n'est pour Dieu que flamme et que tendresse ;
Il voudrait que le monde entier
Fût consumé de ce brasier :
Et tu n'as que langueur, que dégoût, que paresse.

   Il rend à la Reine des Cieux,
A ce chef-d'œuvre précieux,

Les plus profonds respects dont son cœur est capable;
Il veut qu'on lui fasse la cour,
Et qu'on la serve avec amour.
Aime, respecte et sers cette Mère admirable.

  Ce sage et savant Confesseur,
Tout plein de zèle et de douceur,
Après Dieu n'aime rien que le salut des ames;
Il veut être jusqu'au tombeau,
Tout à Dieu, tout à son troupeau:
Conçois quelque désir de brûler de ses flammes.

  Il n'a de l'or et de l'argent,
Que pour secourir l'indigent,
Sa bourse est le soutien de tous les misérables;
Il foule les biens temporels,
Pour s'acquérir les éternels :
Fais amas comme lui de trésors perdurables.

  Ce vrai modèle des Prélats
Ne paraît jamais être las,
Lorsqu'il voit ses enfans accablés de misères;
Son cœur répand ses charités,
Sur toutes leurs nécessités :
Laisse toucher ton cœur aux besoins de tes frères.

  Toute sorte d'infirmité
Se change en parfaite santé,
Dès qu'il adresse à Dieu sa prière puissante;
Il guérit et l'ame et le corps,
Il rend même la vie aux morts :
Presse-le de guérir ton ame languissante.

  Ce bon Pasteur, par son travail,
Conduit les errans au bercail,
Il en a ramenés soixante et douze mille;
Il trouve aisés tous ses travaux,
A convertir les Huguenots :
Lorsqu'on agit pour Dieu, tout est doux et facile.

  Il sert à la fois de rempart,
La soutenant de toute part,
Par ses divins écrits et par sa sainte vie;
Il garde exactement la loi,
Ses mœurs prouvent en tout sa foi :

Et ta foi par tes mœurs est en tout démentie.
 Cet excellent Contemplatif
N'est point distrait pour être actif ;
En servant le prochain, son cœur aime et contemple ;
Chacun le voit en même temps,
Tout au-dehors, tout au-dedans :
Tu peux te rendre heureux, en suivant son exemple.
 Il est sans relâche exercé,
Et sans qu'il soit jamais lassé,
Il bénit le Seigneur dans toutes ses traverses.
Quelque croix qui puisse s'offrir,
Son ame est prête à tout souffrir :
Sois humble et patient aux épreuves diverses.
 On a beau le persécuter,
Le poursuivre ou le rebuter,
Il souffre en se taisant tout mépris, tout outrage ;
Et bien loin d'être abattu,
Il en fait briller sa vertu :
Tandis qu'au moindre affront tu manques de courage.
 Il croit qu'il n'est qu'infirmité,
Qu'ignorance et que vanité ;
Plus il reçoit d'honneur et plus il s'en abaisse ;
Il chérit l'avilissement,
Le mépris, le renoncement :
Oppose à ton orgueil que tu n'es que faiblesse.
 Son nom te marque la candeur,
Et la franchise de son cœur ;
Il est simple et naïf, sans fraude et sans malice ;
Il aime la sincérité,
Il est ferme en la vérité :
Sois franc, sincère et rond, n'use point d'artifice.
 Ses beaux écrits sont sans pareils,
Ils sont pleins d'excellens conseils,
Et de saints documens où l'Eglise est instruite ;
Dès qu'on les goûte tant soit peu,
On est pour le ciel tout en feu :
Goûte-les à loisir, pour régler ta conduite.
 Implore le puissant secours
De ce saint Prélat de nos jours,

Afin d'aimer Jésus d'une flamme nouvelle
Demande-lui qu'à ton trépas,
Où s'offrent combats sur combats,
Il t'aide à remporter la couronne éternelle.

SAINT ALEXIS.

Air : Depuis le temps qu'en secret je vous aime.

Peuple Chrétien, chante un nouveau cantique
Pour exalter Alexis l'inconnu,
Qui mène en terre une vie angélique,
Et qui, pour Dieu, très-pauvre est devenu ;
Qui dix-sept ans est témoin des regrets
De tous les siens sous leurs propres degrés,
  Et qui sans cesse,
  Par leur tristesse,
Souffre en son cœur mille combats secrets.
 Le même soir qu'Alexis se marie,
Dieu l'appelant, il brise ses liens ;
Sur le minuit il sort de sa patrie,
Et sans mot dire, il quitte tous les siens ;
Il se déguise et va sur un vaisseau,
Ayant donné la ceinture et l'anneau
  A l'épousée,
  Martyrisée
Du seul désir de voir l'époux nouveau.
 Dès le matin chacun est aux alarmes,
Ne sachant point qu'est devenu l'époux ;
Il n'est aucun qui ne verse des larmes,
Tout le palais est sens dessus-dessous :
Euphémien dépêche en même temps
Tous les courriers qu'il connaît diligens ;
  Tous se tracassent,
  Mais tous se lassent,
Courant en vain les villes et les champs.
 Jésus, en qui notre Alexis espère,
Devient par-tout son guide et son appui ;
Les députés de la part de son père,

Sans le connaître ont tendresse pour lui,
Et de ses biens lui font la charité,
Dont il bénit de Jésus la bonté :
   Et par sa grace,
   Il suit sa trace,
En imitant sa sainte pauvreté.
 Le sacristain de l'Église d'Edesse,
Par ordre exprès de la Reine des Cieux,
Ouvre la porte avec grande alégresse,
Pour faire entrer ce pélerin pieux ;
Mais aussitôt que Marie a parlé,
Recommandant cet illustre exilé,
   Il se retire,
   Car il n'aspire
Qu'à vivre abject, petit et recelé.
 Tandis qu'il croit d'aller en Cilicie,
La providence en dispose autrement :
Par la tempête il vient au port d'Ostie,
Au même endroit de son embarquement.
Sitôt qu'il est en ce fortuné port,
Dieu rend son cœur et plus humble et plus fort ;
   Et ce grand homme
   Retourne à Rome,
Pour s'immoler chez soi jusqu'à la mort.
 Que fera-t-il, cet athlète admirable ?
Craindra-t-il point l'abord de son palais ?
Sera-t-il fort pour vivre et mourir stable
Auprès des siens et de tous leurs valets ?
N'en doutons point ; laissons, laissons-le aller ;
Tous ses parens ne sauraient l'ébranler,
   Ni par leurs charmes,
   Ni par leurs larmes ;
Son cœur constant ne saurait chanceler.
 Entrant à Rome, il voit dans une rue
Euphémien tout accablé d'ennui ;
Dieu l'animant, sans crainte il le salue,
Et lui demande un petit coin chez lui.
Son père, hélas ! consent à le loger,
En recevant son fils comme étranger,

De bonne grace,
Le prend, l'embrasse,
Et lui promet qu'aux siens il sera cher.
Le voilà donc dans sa chère patrie,
Sous l'escalier de son propre palais,
Où jour et nuit il jeûne, il veille, il prie,
En jouissant d'une profonde paix ;
Il couche à terre, et se croit trop heureux,
D'être chez soi sous un habit de gueux :
Son ame sainte
Souffre sans plainte,
Jusqu'à la fin, les maux les plus affreux.
Mais cependant son aimable Olimpie,
Qui le croit loin, l'ayant auprès de soi,
Passe en soupirs sa languissante vie ;
Lui reprochant qu'il a trahi sa foi ;
Elle gémit, et pleure amèrement
Son chaste époux qu'elle aime tendrement,
Et demi-morte,
Elle l'exhorte
A venir tôt soulager son tourment.
Ah ! lui dit-elle, ah ! je meurs de tristesse,
Reviens à nous, change au plutôt d'avis ;
Viens adoucir la douleur qui nous presse ;
Donne la vie à ceux par qui tu vis ;
Que t'ont-ils fait ta femme et tes parens,
Pour les laisser souffrir un si long-temps ?
Ame insensible,
Est-il possible
Que leurs malheurs te soient indifférens ?
Cœur déloyal, entends mon cœur fidelle ;
Cœur inhumain, pourquoi tant de rigueur ?
Penses-tu bien que mon ame chancelle,
Et que ta fuite ait fait changer mon cœur ?
Epoux ingrat, ayant reçu ta foi,
Je ne saurais aimer autre que toi ;
Je suis la même,
Toujours je t'aime,
Mon cœur est tien, ton cœur doit être à moi.

Viens, cher époux, ou bien fais que je sache
En quel endroit mes yeux pourront te voir ;
Déclare-moi le recoin qui te cache,
Rends à mon cœur cet innocent devoir ;
Connais au moins que tu m'as fait grand tort
De m'épouser pour me quitter d'abord ;
   Ta seule absence,
   Fait ma souffrance :
De toi dépend ou ma vie ou ma mort.

 Je ne sais plus qu'est-ce que je puis faire,
Pour rappeler mon époux qui s'enfuit ;
Rien d'ici-bas ne saurait me distraire,
Son souvenir sans cesse me poursuit :
O justes Cieux ! instruisez Alexis
De mon amour et de tous mes soucis,
   De mes tortures,
   De mes pressures,
Qui toucheraient des cœurs très-endurcis.

 Irai-je point aux quatre coins du monde,
Chercher l'objet de mon plus tendre amour ?
Irai-je point, errante et vagabonde,
Le demander et de nuit et de jour ?
Non, non, mon ame, il n'est pas à propos ;
Cherche Dieu seul, seule dans cet enclos ;
   Souffre l'orage
   Avec courage,
Pleure, gémis et pousse des sanglots.

 Par un transport, cette épouse affligée
Dit, en pleurant, à cet homme parfait :
Je te serai grandement obligée,
Si tu me suis au dessein que j'ai fait ;
Mon bon ami, de grace, enfuyons-nous,
Allons tous deux chercher mon cher époux ;
   Je prends la fuite,
   Viens à ma suite ;
Ah ! je me meurs, si tu ne t'y résous.

 Le Saint répond à cette chaste amante :
Arrêtez-vous, car je ne vous suis pas.
A ce refus, toute triste et tremblante,

Elle se pâme et tombe entre ses bras ;
Le Saint, alors, d'effroi pâle et transi,
Crie : Olimpie, Alexis est ici.
    Soudain la Dame
    Reprend sa flamme,
Ses cris, ses pleurs et son amer souci.
 Hélas ! dit-elle, au lieu que tu m'assistes
A rechercher mon époux endurci,
Semblable à lui, sans sujet tu m'attristes,
En me disant qu'Alexis est ici.
Je vous l'ai dit, repart le pélerin,
Pour vous servir de sage médecin,
    Vous ayant vue
    Blême, abattue,
Et presque morte en ma tremblante main.
 Cent et cent fois elle embrasse sa mère,
Et l'ame triste, et le cœur attendri,
Elle lui dit : Allons avec mon père,
Allons chercher Alexis mon mari.
Elle a chez soi l'objet de ses appas,
Elle le voit et ne le connaît pas ;
    Elle l'écoute,
    Sans qu'elle doute
Qu'il soit celui qui cause son trépas.
 Durant le temps que cette illustre Dame
Auprès du Saint soulage un peu son cœur,
Notre inconnu sent au fond de son ame
Nouvel amour et nouvelle douleur ;
Et les yeux bas, il lui dit d'un ton doux :
Ma bonne Dame, hélas ! consolez-vous ;
    Cessez de craindre
    Et de vous plaindre,
Dieu prendra soin d'Alexis votre époux.
 Euphémien et sa femme dolente,
Vont à leur tour le voir de temps en temps ;
Sa compagnie est si fort consolante,
Qu'à son aspect ils sont tous deux contens ;
Il les console avec tant de succès,
Qu'à chaque mot il les comble de paix ;

Et l'amertume
Qui les consume,
Les gêne moins tant qu'ils lui sont auprès.
 A chaque fois qu'ils discourent ensemble
Du fugitif que chacun croit absent,
Ce chaste époux qui gémit et qui tremble,
S'offre en secret au trois fois Tout-puissant ;
Et d'un cœur humble il lui dit : O mon tout,
Pour qui mon ame à la terre a dégoût,
Sans vous je cède,
Soyez mon aide,
Pour triompher de mon sang jusqu'au bout.
 Bon Dieu ! dit-il, mon absence désole
Tous mes parens qui cherchent où je suis,
Il ne faudrait qu'une seule parole
Pour mettre fin à leurs mortels ennuis ;
Je voudrais bien les pouvoir secourir,
Mais vous laissant le soin de les guérir,
Toujours sévère
A père et mère,
Je meurs pour eux et les laisse mourir.
 Tous les valets le raillent, le rebutent,
L'appellent gueux, fainéant, vagabond,
Et ce grand Saint, lorsqu'ils le persécutent,
Se tient en paix et jamais ne répond ;
Il veut que Dieu soit tout seul le témoin
De tous les maux qu'il souffre en ce recoin ;
Plus ils l'affligent,
Plus ils l'obligent
A demander au Très-Haut leur besoin.
 Lorsqu'il est mort, une voix éclatante
Dit de chercher le serviteur de Dieu,
Qui va régner dans la Cour triomphante,
Pour secourir les Romains en tout lieu ;
La voix redit que chez Euphémien
On trouvera ce grand homme de bien :
Chacun s'avance
En diligence,
Pour aller voir de Rome le soutien.

Le Pape ici met les genoux à terre,
S'adresse au mort, le prie avec respect
De lui lâcher l'écrit que sa main serre,
Pour faire voir au peuple ce que c'est :
Le Saint d'abord, en étendant ses doigts,
Lâche l'écrit qu'on lit à haute voix ;
   Et d'un cœur tendre,
   On fait entendre
Son nom, sa vie et ses diverses croix.

 Pendant sept jours, son cher père et sa mère,
Avec sa femme, embrassent son cercueil ;
Chacun prend part à leur tristesse amère,
Mais nul ne peut faire cesser leur deuil ;
On a beau faire et beau représenter
Qu'au lieu de plaindre il est temps de chanter ;
   Le dur martyre
   Qui les déchire,
Donne à tous trois sujet de lamenter.

 De toute part on ne voit que miracles ;
Le ladre est net, le boiteux marche droit,
Le sourd entend, par un rare spectacle,
Le muet parle et chaque aveugle voit ;
Grands et petits admirent la beauté
Du sacré corps qui brille de clarté ;
   Chacun fait fête,
   Le Pape, en tête,
Loue en chantant du Saint la pureté.

 Allez, grand Saint, plein d'honneur et de gloire,
Allez briller au bienheureux séjour,
Et triomphant d'une illustre victoire,
Brûlez sans fin du feu du pur amour ;
Vous avez fait un sujet de mépris
Des vains objets qui trompent nos esprits,
   Il est bien juste,
   Romain auguste,
Que votre cœur possède un bien sans prix.

 Obtenez-nous qu'en méprisant le monde,
Les vains honneurs, les faux biens, les plaisirs,
Nous puissions voir la beauté sans seconde,

Qui doit au ciel remplir tous nos désirs :
Cher Protecteur de l'Empire Romain,
Voyez nos maux et tendez-nous la main ;
    Brisez nos chaînes,
    Et par vos peines
Conduisez-nous au bonheur souverain.

LES VERTUS DES SS. PÈRES DU DÉSERT,

ET DE QUELQUES AUTRES SAINTS CHOISIS,

Divisées en quatre Visites.

PREMIÈRE VISITE.

Air : *Allez, Bergers, dessus l'herbette.*

VISITONS dans les solitudes,
Des Anges revêtus d'un corps,
Qui par des travaux longs et rudes
Amassent d'éternels trésors.
  Consultons ces saints Solitaires,
Sur les sentiers qu'ils ont battus ;
Nous aurons part à leurs salaires,
Si nous pratiquons leurs vertus.

Jésus, Marie, Joseph.

Rendons la première visite
Au Fils de Dieu, caché pour nous
Dans un petit coin de l'Egypte,
Avec Marie et son époux.
  Menons une vie inconnue,
Jésus la mena dix-huit ans :
Qui ne perd jamais Dieu de vue,
Trouve en lui seul ses vœux contens.

S. Jean-Baptiste.

Ce fameux Pénitent sans crime,
S'enfuit à trois ans dans un bois ;
Il s'offre à Dieu comme victime,
Mettant tous ses sens à la croix.
  Les maux qu'il souffre avec constance,
Prêchent sans cesse aux criminels,
Qu'il faut ou faire pénitence,

Où brûler des feux éternels.
S. Paul, premier ermite.
Saluons Paul, premier Ermite,
Qui reçoit par jour réglement,
Demi-pain qu'un corbeau lui quitte,
Dont il se nourrit gaiement.

Mais quand le grand Antoine arrive,
Paul reçoit un pain pour tous deux,
Loge un pauvre d'une foi vive,
Ta récompense en est aux Cieux.
S. Antoine, premier abbé.
Premier Abbé, règle vivante,
Miroir des plus rares vertus,
Ton seul nom par-tout épouvante
Et tient les démons abattus.

Antoine, obtiens-moi cette grace,
De vaincre le démon caché,
Et que sans craindre quoi qu'il fasse,
Je ne craigne que le péché.
S. Abraham, solitaire.
Abraham courbé de vieillesse,
Sort du repos de son désert,
Et convertit avec adresse
Sa propre nièce qui se perd.

Qu'un homme est digne de louange,
Lorsque n'ayant que Dieu pour but,
Il tire un pécheur de la fange,
Et l'achemine à son salut !
S. Siméon Stylite.
Huitante ans sur une colonne,
Quels maux Siméon a soufferts !
Mais l'un de ses maux qui m'étonne,
Est sa cuisse pleine de vers.

Il laisse un an croître l'ulcère ;
Il n'eût jamais voulu guérir :
L'amour vrai qui se délibère,
Ose tout faire et tout souffrir.
S. Jean l'Aumônier.
Jean l'Aumônier donnant sans cesse,

A toute sorte d'indigent,
Dieu lui redonne avec largesse
De nouvelles sommes d'argent.

Tendons la main aux misérables,
Et le Seigneur nous la tendra;
Ses trésors sont inépuisables,
Si nous donnons il nous rendra.

S. Apollon, abbé.

Apollon jamais ne se lasse
De bien faire et de se haïr;
Quelqu'insigne affront qu'on lui fasse,
Il se plaît à s'en réjouir.

Fais toujours bien et fuis le crime,
Sans t'en donner de vanité;
Aimer à perdre son estime,
Est la parfaite humilité.

S. Elie, anachorète.

Elie est seul dans un bocage,
Environ soixante et dix ans;
La paix de Dieu fait son partage,
Les Anges sont ses courtisans.

Fuis avec soin le bruit du monde,
Ne le fréquente qu'à regret,
Et jouis de la paix profonde
Qu'on trouve en Dieu dans le secret.

S. Paphnuce.

Paphnuce parle à sa louange,
Et se croit assez vertueux;
Mais Dieu l'avertit par un Ange,
Qu'il est vain et présomptueux.

N'entrons jamais en vaine gloire,
En voyant quelque avancement;
Si Dieu ne donne la victoire,
Nous courons risque incessamment.

S. Sérapion, prêtre.

Le grand Sérapion moissonne,
Avec tous ses Religieux;
Le blé qu'ils gagnent, ils le donnent,
Pour gagner le trésor des Cieux.

Pauvre, donne du nécessaire,
Avec Dieu tu ne perdras rien :
Richard, voit ce que tu dois faire,
Quand le pauvre donne son bien.

S. Amant et sa femme.

Ce couple heureux, ces petits Anges,
Remplis de paix et de douceur,
Chantent du Très-Haut les louanges,
En vivant comme frère et sœur.

Foulons les plaisirs de la terre,
N'ayons à cœur que ceux du ciel ;
On acquiert la paix par la guerre,
Après l'absinthe on a le miel.

S. Jean.

L'illustre Jean, d'une parole
Console les plus affligés ;
Quelque grand mal qui les désole,
Dès qu'il parle ils sont soulagés.

Compatissons aux maux des autres,
En leur donnant un prompt secours,
Et Dieu compatissant aux nôtres,
Sera notre aide aux derniers jours.

S. Arsène.

Arsène quitte Théodose
Et les vains plaisirs de la cour,
Sitôt que le ciel lui propose
Le fond d'un désert pour séjour.

Qu'avons-nous quitté dans ce monde,
Qu'avons-nous souffert de fâcheux,
Pour prétendre à la paix profonde
Qui rend Arsène bienheureux ?

S. Benjamin.

Cet hydropique incomparable
Guérit les autres de tout mal,
Souffrant un mal intolérable
Avec un cœur toujours égal.

Doux Benjamin, guéris, de grace,
La vaine enflure de mon cœur,
Afin que marchant sur ta trace,

Je souffre tout avec vigueur.

S. Macaire le Berger.

Macaire eut ce grand avantage
D'un meurtre qu'il fit par hasard,
Qu'en se cachant dans un bocage,
Il trouva la meilleure part.

Dieu par des coups de providence,
Tire le salut de la mort,
Et contre l'humaine prudence,
Par le naufrage il mène au port.

SECONDE VISITE.

Saint Marc.

LE sobre Marc croit gourmandise
Son peu d'huile et son peu de vin ;
Il en rougit, il s'en méprise,
Comme si c'était un festin.

Seigneur, quelle sera la honte,
Le désespoir et le tourment,
Lorsque vous ferez rendre compte
Des excès que fait le gourmand ?

S. Moyse, abbé, qui avait été un grand voleur.

Moyse noya tous ses crimes
Dans l'eau qui coula de ses yeux ;
Et bientôt sortant des abymes,
Ce voleur déroba les Cieux.

Elevons-nous jusqu'à Dieu même,
Non-seulement par ses bienfaits,
Mais encor par l'horreur extrême
De nos détestables forfaits.

S. Etienne, anachorète.

Venez voir l'invincible Etienne ;
Il rit quand on coupe sa chair ;
On dirait qu'elle n'est pas sienne,
Ou que son corps est un rocher.

Et moi, quand il faut que j'endure,
Je roule au lit de tout côté,
Je plains, je crie et je murmure,

Je veux par force la santé.

S. Sérapion, ermite.

Sérapion, comme victime,
Se va rendre aux comédiens,
Poussé d'un zèle qui l'anime
A les changer en vrais Chrétiens.

Pense, pécheur, que pour ton ame
Le sang d'un Dieu fut épanché,
Et fais que ce motif t'enflamme
A te délivrer du péché.

S. Crone, S. Jacques et S. Paphnuce.

Ces trois fameux Anachorètes
Oublient le soin de leurs corps,
Dans leurs chétives maisonnettes,
Où Dieu seul fait tous leurs trésors.

Soyons contens du nécessaire,
Ne nous accablons pas de soins ;
Nous avons dans les Cieux un Père
Qui sait pourvoir à nos besoins.

S. Dorothée, anachorète.

On offre une bourse à cet homme,
Avec cinq cents écus dedans ;
Mais lui, rendant soudain la somme,
Ne s'en réserve que neuf francs.

Que les Dorothées sont rares !
Personne ne dit, c'est assez ;
On ne voit que des cœurs avares,
Qui veulent se nourrir d'excès.

S. Ephrem, diacre.

Ephrem s'en vint de la montagne,
Résolu de tendre la main
Aux indigens de la campagne,
Dont la plupart meurent de faim.

Ne crains point de faire la quête
Pour aider les nécessiteux ;
La charité devient parfaite,
Sur-tout quand c'est pour des honteux.

Saint Innocent, prêtre.

Innocent garde l'innocence,

Quittant la cour de Constantin,
Parce que dans la tempérance
On la trouve mieux qu'au festin.

 Vouloir nager dans les délices,
Et dans tous les attraits des sens,
C'est s'exposer à tous les vices
Qui font la guerre aux Innocens.

   S. Elie, anachorète.
 Plusieurs vont visiter Elie
Dans le temps qu'il manque de pain;
Mais Dieu, qui jamais ne l'oublie,
En fait couler trois dans sa main.

 Ne perds jamais la confiance,
Ni pour tes amis, ni pour toi;
Le trésor de la Providence
S'ouvre tout entier à la foi.

S. Bisarion, qui donna jusqu'à sa tunique.
 Si Bisarion se méprise,
S'il donne tout par charité,
C'est qu'il veut avoir pour devise :
Pour avoir Dieu j'ai tout quitté.

 Seigneur, qui vous cherche et qui s'aime,
N'entend pas encor son devoir ;
Car qui ne renonce à soi-même,
N'est pas digne de vous avoir.

    S. Sabas.
 Sabas, comme un roi des abeilles,
Attire cent hommes à soi,
Et par ses vertus nompareilles,
Leur sert d'aiguillon et de loi.

 Prends soin de réduire en pratique
Ce que tu dis dans tes sermons,
Et tu confondras la critique,
Le Chrétien lâche et les démons.

   S. Marcien, anachorète.
 Le chant, l'oraison, la lecture,
Et quatre onces de pain par jour,
Font l'admirable nourriture
De Marcien brûlant d'amour.

Il fait consister le vrai jeûne
A conserver toujours la faim :
C'est en vain qu'aujourd'hui je jeûne,
Si je me veux soûler demain.

S. Eusèbe.

Eusèbe quitte l'ermitage
Où Dieu seul fait tout son appui,
Brûlant du zèle qui l'engage
A vaquer au salut d'autrui.

Tu peux sans négliger ton ame,
Secourir l'ame du prochain,
Puisque la bonne œuvre t'enflamme
A mieux servir ton Souverain.

S. Siméon l'ancien.

Chaque animal le plus farouche
Caresse un Ermite si saint ;
Quand Siméon ouvre la bouche,
L'animal obéit et craint.

Faut-il que nous soyons rebelles
A la suprême Majesté,
Quand les bêtes les plus cruelles
Font d'un homme la volonté ?

S. Pallade, anachorète.

Un voleur fait un homicide,
Dont il charge Pallade à tort ;
Mais le Saint, d'un cœur intrépide,
Fait devant tous parler le mort.

Qu'on s'en prenne à ton innocence
Par la plus noire fausseté,
Si tu ne perds la patience,
Dieu fera voir la vérité.

S. Théodose, abbé.

Ce flambeau du désert de Rose,
Chargé de trois chaînes de fer,
Est le saint abbé Théodose
Qui foule et le monde et l'enfer.

Ses cheveux traînent jusqu'à terre,
Ses travaux ne cessent jamais :
Qui que tu sois, fais-toi la guerre,

Si tu veux recouvrer la paix.

S. Romain, anachorète.

Romain passe toute sa vie,
Sans avoir ni lampe ni feu;
Il tenait sa chair asservie,
Ne mangeant de pain que fort peu.

Prenant la lampe ou la chandelle,
Ranime pour Dieu ta langueur,
Puisque la flamme la plus belle
Est celle qui sort de ton cœur.

TROISIÈME VISITE.

S. Abraham, anachorète.

L'HUMBLE Abraham tout charitable,
Dès qu'il voit venir l'étranger,
L'embrasse et le fait mettre à table,
Et même il lui sert à manger.

Pour vivre de Dieu dans sa gloire,
Tu n'as point de plus court chemin,
Que de faire manger et boire
Dieu même en chaque pélerin.

S. Eusèbe, anachorète.

Je suis tout confus en moi-même,
Lorsque je vois que ce reclus
Ne prend rien en tout un carême,
Que quinze figues tout au plus.

Je me fais un dieu de mon ventre,
Je veux que tout soit à mon goût;
Tandis qu'Eusèbe, dans son antre,
Pour goûter Dieu s'abstient de tout.

S. Jacques.

Jacques s'interrompt avec peine,
Lorsqu'il contemple le Sauveur;
Qui que ce soit alors le gêne,
Tant il s'applique avec ferveur.

Comment veux-tu que Dieu t'exauce ?
Tu ne le pries que fort peu,
Et par ta dévotion fausse,

Tu le fais sans force et sans feu.

SS. Jean, Moyse, Antique et Antonin.
Ces quatre aimables Solitaires
Souffrent dans le fond de ce bois,
Mille et mille maux volontaires,
Voyant le Sauveur sur la Croix.

Pesons ce que Jésus endure,
Brûlant du feu de notre amour,
Et portons la Croix à toute heure,
Pour marque d'un juste retour.

S. Jean Climaque, abbé.
Climaque, si j'étais fidelle,
Pour m'élever comme tu fais,
Par les degrés de ton échelle,
Je serais au rang des parfaits.

Mais, las, je le dis à ma honte,
J'adhère si fort à mes sens,
Que bien loin qu'avec toi je monte,
D'un jour à l'autre je descends.

S. Onuphre, anachorète.
Onuphre ayant fini sa vie,
Dieu fait par de secrets ressorts
Que l'ame étant au ciel ravie,
Paphnuce ensevelit son corps.

Je veux n'avoir plus en mémoire
Qu'est-ce que mon corps deviendra;
Pourvu que l'ame aille à la gloire,
Qu'on m'enterre comme on voudra.

S. Martinien, anachorète.
Martinien loge une femme;
Il la regarde, il est ému;
Mais soudain le feu qui l'enflamme,
Est éteint par un autre feu.

Il en voit sur son île une autre,
Et s'enfuit pour ne s'engager :
Fuyons, puisque le saint Apôtre
Dit que par-tout on court danger.

S. Paulin, Evéque de Nole.
Admirons au désert de Nole

La charité du bon Paulin,
Dont le cœur, la main, la parole,
Sont pour la veuve et l'orphelin.

Il se met lui-même à la chaîne,
Pour racheter un prisonnier ;
Tandis que ce n'est qu'avec peine
Que je donne au pauvre un denier.

S. Florent, anachorète.

Florent, que tes vertus sont grandes !
Les bêtes font ce que tu dis :
Témoin l'ours à qui tu commandes
De mener paître cinq brebis.

Grand Dieu ! faut-il que cette bête
Sois souple jusqu'à son trépas,
Et que je suive en tout ma tête,
Sans vouloir pour vous faire un pas ?

S. Robert, abbé.

Robert, tandis qu'on le consulte
S'il se fera Religieux,
Reprend, par cette voix occulte,
Son premier dessein glorieux.

Une charité véritable,
Instruisant les autres, s'instruit ;
Et qui donne un conseil louable,
En recueille le premier fruit.

S. Moyse, abbé.

L'abbé Moyse, après Antoine,
Soutient que la discrétion
Conduit en peu de temps un moine
A la haute perfection.

Laissons à part les deux extrêmes,
Gardons en tout quelque milieu,
Hormis de nous haïr nous-mêmes,
Pour n'aimer plus en tout que Dieu.

S. Blaise, évêque.

Blaise s'enfuit au Mont-Argée,
Et gémit dans un lieu caché,
De voir que son ame est chargée
Du lourd fardeau d'un évêché.

Qui répond des péchés des autres,
A juste sujet de frémir ;
Car, hélas ! le compte des nôtres
Suffit pour nous faire gémir.

S. Bruno.

Bruno vint fonder la Chartreuse,
Dans un désert en Dauphiné,
Dès qu'un mort, d'une voix affreuse,
Eut dit tout haut : Je suis damné.

Il joignit le jeûne aux cilices,
Le silence aux austérités :
Pensons quelquefois aux supplices
Qu'il a si long-temps médités.

S. Jérome.

Jérome, au son de la trompette
Qui doit citer le genre humain,
Nourrit une crainte secrète,
Et d'un caillou frappe son sein.

Pécheur, souviens-toi du grand Juge
Qui te doit juger sans appel,
Et qui doit être, ou ton refuge,
Ou bien ton ennemi mortel.

S. Benoît, abbé.

L'enfer fait jouer cent machines,
Pour vaincre Benoît par la chair :
Mais se roulant sur des épines,
Benoît surmonte tout l'enfer.

La chasteté victorieuse,
Suppose un corps tout à la croix :
Oh ! que la grace est précieuse,
Qui soulage un corps de ce poids !

S. Bernard, abbé.

Dévot de la Reine des Anges,
Fournaise du divin amour,
Combien acquis-tu de louanges,
Soit au désert, soit à la Cour ?

Bernard, ta douceur admirable
Ravit mon cœur et mon esprit ;
Obtiens-moi ce don désirable,
Par qui l'on gagne Jésus-Christ.

DERNIÈRE VISITE.

Saint Augustin.

Après avoir vu les Antoines,
Tournons nos cœurs vers Augustin;
Il peuple l'Afrique de Moines,
Et brûle comme un Séraphin.
   Cette colonne de l'Eglise,
Ce beau soleil des saints Docteurs,
Porte un cœur ardent pour devise;
Prions-le d'embraser nos cœurs.

S. Alexis.

   Ce fugitif trouve des charmes
A tout souffrir sous les degrés,
Et plus les siens fondent en larmes,
Plus il résiste à leurs regrets.
   Il a passé toute sa vie,
Caché sous son humilité :
Nul n'est sûr, s'il ne s'humilie
Et craint en tout la vanité.

S. François d'Assise.

   François a déclaré la guerre,
Par sa fidelle pauvreté,
A tous les trésors de la terre ;
Il ne veut que la nudité.
   Par ce mépris de toute chose,
Il jouit d'un souverain bien :
Prions Jésus qu'il nous dispose
A ne vouloir tenir à rien.

S. François de Paule.

   François de Paule nous convie
A contempler sa charité;
Car la charité fut sa vie,
Et son grand fond l'humilité.
   Plus Dieu fait par lui des merveilles,
Et plus il s'estime petit ;
Pour avoir des vertus pareilles,
Il faut dompter tout appétit.

Sainte Marcelle, veuve

Marcelle arbore la première,
Au milieu du Peuple Romain,
Des saints Ermites la bannière,
Sans craindre le respect humain.

Fais quelquefois l'anachorète,
Malgré tout ce qu'on en dira ;
Car tel se rit de ta retraite,
Qu'un jour il s'en repentira.

Sainte Paule, veuve.

Paule a trouvé dans une crèche,
Plus de bien qu'elle n'a quitté,
Y trouvant Jésus qui lui prêche
Son riche état de pauvreté.

Foulons les faux biens de la terre,
Les vains honneurs et les plaisirs,
Et cherchons Dieu, qui seul enserre
Le comble de tous nos désirs.

Ste. Marine, Vierge, travestie en Religieux.

On tient Marine pour le père
D'un fils né dans l'impureté ;
Mais enfin de tout ce mystère
Dieu découvrit la vérité.

Souffrons en paix la médisance,
Et Dieu, qui veille sur les siens,
Découvrira notre innocence,
Si nous vivons en vrais Chrétiens.

Sainte Marie, pénitente.

Ah ! cache-toi, pauvre Marie,
Car cet Ermite est un trompeur,
Qui te veut par cajolerie,
Jeter dans un commerce impur.

La chasteté d'une coquette
N'est jamais bien en sureté :
Filles, chérissez la retraite,
Si vous aimez la pureté.

Sainte Pélagie, pénitente.

Le nom que tu prends de Pélage,
L'habit dont ton corps est vêtu,

L

Ton étroit et pauvre ermitage,
Publient par-tout ta vertu.
O Pélagie, ô femme forte !
Servant Jésus en son jardin,
Ton cœur de victime m'exhorte
A m'immoler jusqu'à la fin.

Sainte Marie Egyptienne, pénitente.

Femme sans pudeur et sans crainte,
Entre au Temple, adore la Croix,
Rends tes vœux à la Vierge sainte,
Prends trois pains et va dans un bois.
Gémis en attendant Zozime,
Qui doit t'apporter le Sauveur,
Et fais que je pleure mon crime,
Sans relâcher de ma ferveur.

Sainte Mélanie.

L'unique soin de Mélanie
Est d'aller nourrir les reclus,
Et d'apprendre en leur compagnie,
L'art d'aimer Dieu de plus en plus.
Parle souvent du Roi de gloire,
En fréquentant les gens de bien,
Et grave au fond de ta mémoire
Le sujet de leur entretien.

D'une Vierge qui ne laissait jamais voir son visage.

Apprends ici, fille volage,
A te cacher à tes galans;
Celle-ci couvrit son visage
Durant, environ soixante ans :
Elle suivait toujours sa mère,
Sans la vouloir quitter d'un pas ;
Et toi, tu fuis, fille légère,
Tous les témoins de tes ébats.

Sainte Macrine.

C'est l'amour qui nourrit Macrine ;
Un cœur par l'amour devient fort ;
L'amour la purge, l'illumine,
L'amour est sa vie et sa mort.
Aimons avec persévérance,

Pour nous voir couronner un jour ;
Quiconque n'aime avec constance,
N'a jamais le parfait amour.

Sainte Euphrosine.

Euphrosine se garde pure,
Parmi le sexe différent,
Cachant à son père qui pleure,
Son nom sous celui d'Emerand.

L'homme par-tout peut vivre en Ange,
S'il a bien la crainte de Dieu ;
S'il ne l'a pas, son cœur se change,
Quoiqu'il habite en un saint lieu.

Sainte Marie-Magdelène.

Contemplons en notre Provence ;
L'illustre amante du Sauveur ;
Son amour et sa pénitence
Mettent les plus froids en ferveur.

Après que Dieu l'a pardonnée,
Elle a pleuré plus de trente ans ;
Et toi, pauvre ame abandonnée,
Qu'attends-tu ? pleure, il est bien temps.

LE SACRIFICE D'ABRAHAM.

Air : *Que peut-on vous chanter de plus doux*, etc.

DIEU.

Abraham, lève-toi, prends ton fils bien-aimé,
Et de ta propre main viens m'en faire une offrande,
Crois ce que j'ai promis, fais ce que je commande ;
Je veux qu'Isaac soit consumé ;
Plus ta main paraîtra cruelle,
Plus ton cœur envers moi sera fidelle.

Abraham.

Bien que je sente en moi des mouvemens divers,
Je m'en vais vous l'offrir, et je veux croire encore
Que sa postérité, du couchant à l'aurore,
Peuplera le vaste Univers ;
Lorsqu'Isaac sera sur la flamme,

J'espérerai toujours au fond de l'ame.
Dieu.
Ton espoir n'est pas vain, ni ta fidélité ;
Espère jusqu'au bout avec grande alégresse ;
Sois ferme dans ta foi, je tiendrai ma promesse ;
Je suis le Dieu de vérité :
Va-t-en donc d'un cœur magnanime,
Va faire de ton fils une victime.
Abraham.
Cher Isaac, sors du lit, et dès le grand matin
Allons-nous-en tous deux offrir un sacrifice ;
Partons sans différer, il faut que j'obéisse
Aux ordres d'un Dieu souverain ;
Nous devons tous deux nous soumettre
A ce que veut de nous l'unique Maître.
Isaac.
Je le veux de bon cœur, préparons ce qu'il faut ;
L'âne et nos serviteurs porteront le bagage :
Allons, cher père, allons rendre humblement hommage
A la Majesté du Très-Haut ;
Commandez ce qu'il faudra faire,
Je ne désire en tout que de vous plaire.
Abraham.
Prends ce bois sur ton dos, j'ai le glaive et le feu,
Laissons notre âne ici brouter l'herbe en campagne ;
Nos deux jeunes valets, au bas de la montagne,
Pourront attendre tant soit peu ;
Cependant, avec modestie,
Allons à ce sommet offrir l'hostie.
Isaac.
Mais comment ferons-nous ? je vois là le couteau,
Je vois le feu, le bois ; où sera la victime ?
Je sens mon cœur brûler d'un amour très-intime ;
Où trouverons-nous un agneau ?
Dans quel lieu pourrons-nous le prendre ?
Vous me feriez plaisir de me l'apprendre.
Abraham.
Obéis, cher Isaac, pour remplir ton devoir ;

Cantiques de l'Ame dévote.

Nous n'avons point d'agneau, mais ayons espérance,
Et croyons fermement, contre toute apparence,
Que Dieu prendra soin d'y pourvoir;
Adorons sa haute sagesse,
Immolons-lui nos cœurs avec tendresse.

Isaac.

Mon père, qu'ai-je fait ? quel crime ai-je commis ?
Vous me liez les bras ! que prétendez-vous faire ?
Voulez-vous m'égorger, répondez, mon bon père;
Eh quoi ! le meurtre est-il permis ?
Arrêtez votre zèle extrême;
Vous vous sacrifiez en moi, vous-même.

Abraham.

O le cœur de mon cœur, pourrai-je te parler ?
Le meurtre est défendu, cependant Dieu commande
Que je te mette à mort, que tu sois mon offrande;
Je t'ai conduit pour t'immoler :
Ah ! cher fils, mon ame est tremblante;
Je meurs en prévoyant ta mort sanglante.

Isaac.

Hé bien ! honorez Dieu par mon sanglant trépas;
Cessez d'être attendri, soyez impitoyable;
Puisque ma mort lui plaît, elle m'est agréable;
Donnez le coup, je ne crains pas;
Signalons notre obéissance;
Je veux ce que Dieu veut sans répugnance.

Abraham.

Bras trop dur, cruel bras, laisse-moi soupirer,
Et ne sois pas si prompt à tremper cette lame
Dans le sang de mon sang, dans l'ame de mon ame;
Donne-moi temps de respirer;
Je n'ai plus ni cœur ni parole;
Faut-il, cher fils, hélas ! que je t'immole ?

Isaac.

N'épargnez pas mon corps, le ciel vous le défend;
Roidissez votre bras, faites ce qu'il faut faire;
La gloire du Très-Haut vous doit être plus chère
Que votre unique et cher enfant :
Détruisez votre propre ouvrage;

Vous appuyant sur Dieu, prenez courage.
Abraham.
C'en est fait, cher Isaac, tu mourras en ce lieu ;
Je ne recule point, non, non, j'en suis bien aise ;
Mais avant que mourir, il faut que je te baise,
Te disant le dernier adieu :
Çà, mon bras, çà, fais ton office,
Il est temps d'achever mon sacrifice.
L'Ange.
Abraham, c'est assez, mets à bas ce couteau ;
Dieu ne veut point la mort d'Isaac ton fils unique,
Il ne veut que ton cœur ; obéis sans réplique,
Remets le glaive en son fourreau ;
J'ai connu combien ton cœur aime
Le trois fois Tout-puissant, l'Etre suprême.
Abraham.
Messager de mon Dieu, ne me détournez pas ;
Je n'ai point dans mon cœur une foi chancelante ;
Bien que ma faible main soit malgré moi tremblante,
Je veux de mon fils le trépas ;
Permets donc que sur cette cime,
Je sois, en l'immolant, Prêtre et victime.
L'Ange.
L'Eternel a reçu pour le fait ton vouloir ;
Il veut que ce belier tienne d'Isaac la place ;
Sa suprême bonté t'accorde cette grace,
Pour récompenser ton espoir :
Laisse-là ton cher fils en vie ;
Offre cet animal pour ton hostie.
Abraham.
Béni soit le Seigneur ! nous avons satisfait ;
Offrons-lui, cher Isaac, et nos cœurs et nos ames,
Consumons-nous tous deux dans ses divines flammes,
Pour reconnaître un tel bienfait,
Unissons nos humbles louanges
A celles qu'il reçoit de tous les Anges.
Aux Parens.
Si le ciel te ravit ton enfant le plus cher,
Donne-le de bon cœur, en suivant le modèle

Du père des croyans, de cet homme fidelle,
Qui foule le sang et la chair :
De ton fils Dieu tiendra la place,
Si tu souffres sa mort de bonne grace.
  Prends bien garde sur-tout que, par la vanité
Et par l'ambition d'un honneur périssable,
Tu n'immoles tes fils et tes filles au diable,
Pour brûler dans l'éternité :
Abraham, par cette victoire,
T'apprend à les offrir au Roi de gloire.
Aux Enfans.

 Notre Isaac se soumet, et tu tranches du Roi,
Enfant dénaturé, qui, pour te satisfaire,
Désobéis en tout à ton père, à ta mère,
Et qui par-tout leur fais la loi ;
Ton orgueil, si tu ne te changes,
Attirera sur toi des maux étranges.

 Tâche donc désormais de leur être soumis ;
Aimes-les selon Dieu, prête-leur assistance ;
Fais-leur voir ton respect par ton obéissance
En tout ce qui sera permis ;
Tu verras Isaac dans la gloire,
Si tu sais profiter de son histoire.

~~~~~~~~~~~~~~~~~~~~~~~~~~~~

DU PATRIARCHE JOSEPH,

<center>Vendu, chaste, élevé aux honneurs de l'Egypte,
et reconnu de ses Frères.</center>

<center>Sur l'Air : *Jésus, plein d'amour extrême.*</center>

<center>J O S E P H   V E N D U.</center>

<center>*Joseph à ses Frères.*</center>

P<small>ERMETTEZ</small> qu'avec franchise   Je vous dise
Ce que j'ai vu cette nuit ;
Ne condamnez pas mon songe   De mensonge,
Car c'est Dieu qui l'a produit.
<center>*Ses Frères.*</center>
Tu veux faire le prophète   De ta tête,

Et tu nous rends plus jaloux ;
Tout ce que tu dis nous choque, Et provoque
Contre toi notre courroux.

Joseph.

Vous me croirez un superbe, Car ma gerbe
Avait les vôtres autour,
Elles lui rendaient hommage, Pour présage
Que vous me ferez la cour.

Ses Frères.

Tu nous piques, tu nous braves, En esclaves ;
Serons-nous tes serviteurs ?
Tu n'acquiers que notre haine Pour ta peine ;
Nous ne sommes point flatteurs.

Joseph.

J'ai vu sous de sombres voiles Onze Etoiles,
La Lune avec le Soleil,
Ils m'ont fait la révérence, En silence,
Tout le long de mon sommeil.

Son Père.

Tu crois donc que chaque frère, Père et mère,
Doivent un jour t'adorer ?
Chasse loin ta propre estime, Comme un crime ;
C'est à toi de m'honorer.

Joseph.

De bon cœur, mon très-cher père, Je révère
Tout ce qui dépend de vous ;
Vous serez toujours le maître, Je veux être
L'humble serviteur de tous.

Son Père.

Va, cher fils, par les montagnes, Les campagnes,
Les vallons et les côteaux ;
Va voir l'état des affaires De tes frères,
Et celui de nos troupeaux.

Joseph.

De ce pas, avec liesse, Et vitesse,
Je vais chercher nos bergers ;
Priez Dieu pour ce voyage, Qui m'engage
A mille et mille dangers.

Cantiques de l'Ame dévote.

Un Passant.

Mon ami, tu ne vois goutte　Dans ta route,
Tous tes pas sont égarés ;
Je crains fort que quelque bête　Ne t'arrête,
Au milieu de ces forêts.

Joseph.

Quelque tigre, loup ou louve,　Que je trouve,
Le Seigneur peut m'en sauver :
J'ai cherché par-tout mes frères,　Solitaires,
Sans avoir pu les trouver.

Le Passant.

Ils ont dit qu'ils allaient faire　Leur repaire
Au quartier de Dothaïn ;
Si tu veux trouver leur gîte,　Marche vite,
Et prends le plus court chemin.

Ses Frères.

Voici celui qui nous fâche　Sans relâche,
Mais il faut le terrasser ;
Punissons ses rêveries,　Ses folies,
En feignant de l'embrasser.

Ruben.

Oseriez-vous vous défaire　D'un tel frère,
Sans épargner votre chair ?
Je n'y saurais condescendre,　Ni me rendre ;
Cet innocent m'est trop cher.

Ses Frères.

Nous trouverons pour couverte　De sa perte,
Ou les tigres, ou les ours ;
Il a voulu nous prédire　Son empire,
Il faut terminer ses jours.

Ruben.

Cette citerne profonde　Nous seconde,
Pour le conserver vivant ;
Donnons-lui cette demeure,　Sans qu'il meure,
Aucun n'en aura le vent.

Juda.

Son sang crierait vengeance,　Sans clémence,
Contre nos cœurs fraternels ;
Il sera mieux de le vendre,　Pour nous rendre

Devant Dieu moins criminels.

Ses Frères.

Vas-tu point, Ismaélite, En Egypte,
Avec ta myrrhe et ta poix ?
Nous te vendrons cet esclave, Jeune et brave,
Qu'on a trouvé dans ce bois.

L'Ismaélite.

J'ai vidé presque ma bourse, Dans ma course,
Je n'ai que bien peu d'argent :
Voyez si vous pourriez faire Cette affaire,
Pour vingt deniers seulement.

Ses Frères.

Cette somme suffisante, Nous contente,
Prends cet esclave et t'enfuis ;
Tu peux aller le revendre, Et t'attendre
De gagner beaucoup sur lui.

Ruben.

Ah ! citerne déloyale Et fatale,
Qu'as-tu fait du pauvre enfant ?
Je ne vois plus ni sa face, Ni sa trace ;
De regret mon cœur se fend.

Que deviendra notre père Débonnaire,
Que pensera-t-il de nous ?
Il croira qu'en ce bocage, Notre rage
A livré Joseph aux loups.

Ses Frères.

Que nous sert-il de tant craindre ? Il faut teindre
Sa robe au sang d'un chevreau,
Et puis nous ferons en sorte Qu'on la porte
A Jacob ce vieux jumeau.

Réflexion.

Tu vois, pécheur, que l'envie Fut suivie
Du plus noir des attentats :
Abhorre donc et déteste Cette peste
Qui trouble tous les Etats.

Ne tire plus ton supplice, Par ce vice,
Du bonheur de ton prochain ;
Change soudain ta tristesse En liesse,
Lorsque tu verras son gain.

Laisse réussir ton frère, Sans rien faire
Contre sa prospérité;
Demande à Dieu qu'il enflamme, Dans ton ame,
Le feu de la charité.

LA CHASTETÉ DE JOSEPH.

Ses Frères.

Porte cette robe teinte, Va sans crainte,
Vers Jacob notre vieillard;
Tu diras que tu l'as prise, Par surprise,
Sous les dents d'un léopard.

Le Messager au Père.

Connaissez-vous cette veste? C'est un reste
Que j'ai depuis peu de temps,
Un gros léopard sauvage, Plein de rage,
Prit Joseph entre ses dents.

Son Père.

Ah! Joseph, ah! mon aimable, Fils affable,
Les bêtes t'ont dévoré!
Je perds avec toi l'envie D'être en vie;
Le Seigneur soit adoré.

Le Marchand Ismaëliste.

Je veux une bonne somme De cet homme;
Putiphar, l'achetez-vous?
Il est propre à l'intendance: Sa prudence
Le fera chérir de tous.

Putiphar.

Joseph, ta fortune est faite; Sois honnête,
Humble, doux, simple et prudent;
Prends mes biens et les conserve, Sans réserve;
Je te fais mon Intendant.

Sa Maîtresse.

Je souffre un cruel martyre, Je soupire,
Cher Joseph, pour ton amour:
Sois touché de cette flamme, Dont mon ame
Brûle pour toi nuit et jour.

Joseph.

Madame, Dieu me regarde, Je n'ai garde
De rien faire contre lui ;
Je serais d'ailleurs bien traître A mon maître,
Qui met en moi son appui.

Sa Maîtresse.

Rejettes-tu mes caresses, Mes richesses ?
Veux-tu pas me contenter ?
Ah ! si ton cœur me refuse, Par ma ruse
Je te ferai tourmenter.

Joseph.

Je foule aux pieds les délices, Les supplices,
Les honneurs et le poteau ;
Je vaincrai votre poursuite Par ma fuite,
Vous n'aurez que mon manteau.

Sa Maîtresse.

Putiphar, venge ta femme, Un infame
Voulait lui ravir l'honneur ;
C'est Joseph, cet impudique, Ce critique,
Qui tient de toi son bonheur.

Putiphar.

L'attentat est-il possible, Chose horrible !
Dites-vous la vérité ?
J'ai bien de la peine à croire Cette histoire,
Sachant son honnêteté.

Sa Maîtresse.

Je soutiens ce que j'avance ; Ma constance
A fait tête à ses desseins ;
La preuve de ma conduite, C'est sa fuite,
Et son manteau dans mes mains.

Putiphar.

Joseph, ton ingratitude M'est plus rude
Que ton infidélité.
Meurs dans la prison obscure ; Ton injure
Me force à la cruauté.

Joseph.

Adorable Providence, L'innocence
Me rend calme en ma prison ;
Elle convertit mes chaînes, Et mes peines ;

En

En des sujets d'oraison.
Le Concierge.
Cher Joseph, retiens tes larmes, Tu me charmes
Par tes excellens propos ;
Je remets à ta prudence, L'intendance
Sur tous ceux de ces cachots.
Joseph à deux Prisonniers.
Quel chagrin insupportable Vous accable ?
Expliquez-vous franchement ;
J'obtiendrai par mes prières, Des lumières
Pour votre éclaicissement.
L'Echanson et le Panetier.
Nos ames sont accablées, Et troublées,
De deux songes fort obscurs :
Du raisin, de la farine, Nous chagrine,
Et désole ainsi nos cœurs.
Joseph.
L'Echanson aura sa grace, Et sa place,
Mais le Panetier mourra ;
Ne tenez pas mes paroles Pour frivoles,
Ce que j'ai dit se verra.
Pharaon aux Devins.
Mon esprit est dans la gêne, Fort en peine,
De deux songes que j'ai faits,
Et je ne trouve personne Qui raisonne
Sur la cause et les effets.
L'Echanson au Roi.
Je connais un jeune esclave, Doux et brave,
Qui gémit dans vos prisons ;
J'ose, Sire, vous promettre Qu'il est maître
Pour en savoir les raisons.
Pharaon.
Qu'on le tire de la chaîne, Qu'on l'amène,
Je suis content de le voir ;
Faites l'entrer dans la salle Principale,
Où nous verrons son savoir.
Réflexion.
Si tu veux sauver ton ame De la flamme,
Du démon d'impureté,

M

Fuis tout objet qui te tente, Car ta pente
N'a point d'autre sureté.

  L'épine garde la rose, Et s'oppose,
Lorsqu'on veut trop l'approcher;
Sois retenu, sois austère Et sévère,
Dès que l'on veut te toucher.

  Veille avec un soin extrême Sur toi-même,
Tu sais ta fragilité :
Crains sur-tout la vaine gloire, Ta victoire
Dépend de l'humilité.

JOSEPH ÉLEVÉ AUX HONNEURS DE L'EGYPTE.

L'Echanson.

Cher Joseph, bonne nouvelle; Par mon zèle,
Le Roi te fait appeler ;
Quitte-là toutes les chaînes Que tu traînes,
Viens à lui sans chanceler.

Joseph au Roi.

Quelle chose avez-vous, Sire, A me dire,
Que désirez-vous de moi ?
Il n'est rien qu'avec la grace, Je ne fasse
Pour obéir à mon Roi.

Pharaon.

Il faut que tu pronostiques, Et m'expliques
Quelques songes que j'ai faits;
On connaîtra ton mérite, Dans l'Egypte,
Par mes signalés bienfaits.

  Sept vaches grasses, alègres, Par sept maigres,
Mes yeux ont vu dévorer ;
Sept pleins épis par sept vides, Tout arides,
Cela me fait soupirer.

Joseph.

Grand Prince, à sept ans fertiles, Sept stériles
Aussitôt succéderont ;
Prévenez par l'abondance, L'indigence,
Ou vos sujets périront.

Pharaon.

Joseph, je t'en fais le maître ; Fais paraître

Ta prudence à gouverner ;
Partage, pour récompense, Ma puissance ;
Je ne veux point te borner.
Joseph.
Que puis-je vous rendre, Sire, Pour l'empire
Que vous me donnez sur tous ?
Nonobstant cette fortune Peu commune,
Je veux être à vos genoux.
Pharaon.
Il suffit que tu me serves, Et conserves
Tous les biens de mon Etat :
Si j'apprends qu'on te traverse, Qu'on t'exerce,
J'en punirai l'attentat.
Jacob à ses Enfans.
Nous voici dans la famine, Sans farine,
Et sans un grain de froment ;
Le bruit court qu'on en débite En Egypte,
Allez-y donc promptement.
Ses Enfans.
Nous n'y connaissons personne, Qui nous donne
Vers le Prince un libre accès ;
Nous perdons déjà courage, Ce voyage
N'aura pas un bon succès.
Leur Père.
Faites comme je propose, Toute chose,
Dieu nous sera provident ;
Portez une bonne somme A cet homme
Qu'on a fait Surintendant.
Ses Frères à Joseph.
Agréez, grand Personnage, L'humble hommage
Qu'en tremblant nous vous rendons ;
Nous venons vous reconnaître Pour vrai maître
Des biens que nous possédons.
Joseph.
Ce ne sont que des souplesses, Des finesses,
Pour épier le pays,
Et si je ne vous accorde Que la corde,
Vous serez bien ébahis.

Ses Frères.

Que le ciel par sa justice, Nous punisse,
Si nous avons ce dessein ;
Nous ne sommes venu vîte En Egypte,
Que pour acheter du grain.

Joseph.

Je veux qu'on vous emprisonne, Et j'ordonne
La torture sans merci ;
Que chaque frère me dise, Sans feintise,
Si vous êtes tous ici.

Ses Frères.

Il reste encor notre père, Outre un frère
Qui se nomme Benjamain :
Pour Joseph le pénultième, Notre onzième,
Il fit une triste fin.

Ruben à ses Frères.

Vous voulûtes satisfaire La colère,
Vendant Joseph vingt deniers ;
Il est juste que Dieu venge Ce bel ange,
Nous détenant prisonniers.

Ses Frères.

Souffrons tous la juste peine De la haine
Qui nous le fit vendre à tort,
Et perdons toute espérance ; Notre offense
Mérite à bon droit la mort.

Joseph.

Justes Cieux ! leurs pleurs, leur crainte,
Leur complainte,
Me contraignent de pleurer ;
Il faut donc que je me cache, Que je tâche
De les faire renvoyer.

Trois fois Saint, Dieu de mon ame, Je me pâme
Du plaisir que je reçois ;
La joie excite mes larmes, Oh ! quels charmes !
J'ai mes frères avec moi.

Maître-d'hôtel, tout à l'heure, Sans mesure,
Remplis les sacs de ces gens ;
Tâche ensuite, avec adresse Et vîtesse,
D'y fourrer l'argent dedans.

Ses Frères.

Monseigneur, le ciel vous rende   La guirlande
Qui répond à vos bienfaits :
Vous méritez la couronne   Que Dieu donne
Aux hommes les plus parfaits.

Joseph.

Je détiens dans l'esclavage,   Pour ôtage,
Siméon, sage et bénin,
Je prétends qu'il y demeure   Jusqu'à l'heure
Que je verrai Benjamin.

Réflexion.

Si Dieu permet qu'on t'abaisse,   Qu'on t'oppresse,
Garde-toi de perdre cœur ;
L'adversité de ce monde   Te seconde
Pour demeurer le vainqueur.

Lorsqu'il veut qu'on te révère   Sur ton frère,
Et qu'on t'élève aux grandeurs,
Souviens-toi de la poussière   De ta bière,
Au milieu de tes splendeurs.

Si l'orage et la bonace,   Par la grace,
Sont dans ton cœur bien d'accord,
Tu ne feras point naufrage,   Car l'orage
Te conduira dans le port.

JOSEPH RECONNU DE SES FRÈRES.

Ses Frères.

Réjouissez-vous, cher père,   Notre affaire
Nous a très-bien réussi :
Nous apportons l'abondance,   Sans dépense,
Notre argent est tout ici.

Son Père.

Votre vue consolante   Me contente,
Votre récit m'est bien doux ;
Mais je mêle à l'alégresse   La tristesse,
Car je ne vous vois pas tous.

Ses Frères.

Le Surintendant moderne,   Qui gouverne,

Veut voir votre fils dernier ;
Attendant qu'on le lui mène, Une chaîne
Tient Siméon prisonnier.

Son Père.

O Cieux ! que cette nouvelle M'est cruelle !
Que ce coup est étouffant !
Faut-il que dans ma vieillesse, On me laisse
Sans appui d'aucun enfant ?

Ses Frères à Joseph.

Monseigneur, c'est avec peine, Qu'on vous mène
Ce Cadet de la maison :
Nous vous supplions de dire, Qu'on retire
Notre frère de prison.

Joseph à ses domestiques.

Qu'on dresse une double table, Bien sortable
Pour traiter ces étrangers ;
Que tout y soit magnifique, Qu'on s'applique
A montrer des cœurs ouverts.
Chers amis, entrez, de grace, Prenez place,
Je fais pour vous ce festin :
Parlez-moi de votre père, Sans rien taire ;
Commencez, cher Benjamin.

Benjamin.

Notre père vous implore, Vous honore,
Tout confus de vos bontés ;
Son cœur devant Dieu s'épanche, En revanche
De vos libéralités.

Joseph à ses domestiques.

Jetez pendant que l'on soupe, Cette coupe
Dans le sac de Benjamin,
Et puis allez les attendre, Pour les prendre,
Lorsqu'ils seront en chemin.

Le Maître-d'hôtel.

Malheureux, qui de la troupe A la coupe
De notre Surintendant ?
Benjamin, ton sac la cache, Qu'on l'attache,
Son larcin est évident.

Ses Frères à Joseph.

Monseigneur, ce cas funeste Manifeste
Nos crimes les plus cachés :
Prononcez notre sentence ; La potence
Est trop peu pour nos péchés.

Joseph.

Retournez à votre terre, Je n'enserre
Que celui qui m'a volé ;
Éloignez-vous de ma face ; Point de grace,
Je veux qu'il soit décollé.

Juda.

Si vous voulez qu'il endure, Où qu'il meure,
Otez-nous la vie à tous ;
Nous nous offrons en victime, Pour son crime,
Prosternés à deux genoux.

Joseph.

Soyez tous en assurance, Ma présence
Ne doit plus vous effrayer,
Je suis Joseph votre frère ; Que mon père
Vienne à moi sans délayer.

Vous vouliez m'ôter la vie, Par envie,
Si Ruben vous l'eût permis ;
Mais je n'ai point de rancune, Ma fortune
Me laisse doux et soumis.

Ses Frères.

Nous voici tous bouche close, Aucun n'ose
Vous demander son pardon ;
Si votre miséricorde Nous l'accorde,
Ce sera par un pur don.

Joseph.

De bon cœur je vous pardonne ; Je vous donne
Pour signe, un baiser de paix :
Par un coup de providence, Votre offense
M'a conduit dans ce palais.

Allez raconter l'histoire De ma gloire,
A notre aimable vieillard ;
Venez tous en diligence, Je ne pense
Qu'à vous faire bonne part.

Benjamin.

Cessez, cher père, de plaindre, Et de craindre,
Votre Joseph n'est point mort ;
Il a joint à ses caresses Ses largesses,
Il m'a reconnu d'abord.

Son Père.

Me repais-tu d'un mensonge, Ou d'un songe,
Qui passe comme le vent ?
Je ne sais si je sommeille, Si je veille ;
Quoi ! mon Joseph est vivant ?

Ses Frères.

Chargeons femme, enfans, ménage, Et bagage,
Sur les plus légers chevaux ;
Allons trouver notre frère, Mon cher père,
Allons finir nos travaux.

Joseph.

Roi du ciel en qui j'espère, J'ai mon père,
Je ne souhaite plus rien ;
Embrassez-moi, père aimable, Vénérable ;
Dieu m'a fait votre soutien.

Son Père.

Cher Joseph, je vois ta face, Je t'embrasse,
Je me sens tout attendri ;
J'ai ce que mon cœur désire ; Que j'expire,
Je suis content de mourir.

Réflexion.

Aimer autant que toi même, Un qui t'aime,
Ce n'est que simple retour ;
Mais lorsqu'on te désoblige, Qu'on t'afflige,
Montre un véritable amour.

Ouvre les yeux et contemple Cet exemple
De Joseph persécuté ;
Il fait ce que tu dois faire, Pour ton frère,
Lorsqu'il t'aura maltraité.

Faut-il que ton cœur marchande ?
Dieu commande
Le pardon des ennemis ;
C'est par là que tu m'inquiettes, Et mérites
Les biens qui te sont promis.

SAINTE URSULE ET SES COMPAGNES,
Vierges et Martyres.

Sur l'Air : *Ne sommes-nous pas heureux.*

Quel beau nom donnerons-nous
A l'incomparable Ursule,
Qui ne respire et ne brûle
Que pour Jésus son Epoux ?
Donnons-lui le nom de flèche,
Ou le beau nom de laurier ;
Chacun de ces noms nous prêche
L'ardeur de son cœur guerrier.

Donnons-lui tout à la fois
Le nom de mère et de fille,
Dont la virginité brille
Sous l'étendard de la Croix ;
Et ne feignons point de dire
Qu'elle est, de corps et d'esprit,
Onze mille fois martyre
Pour la foi de Jésus-Christ.

Tandis que le Roi des Cieux
Donne onze mille couronnes
A tout autant de Bretonnes,
Donnons-lui gloire en tous lieux ;
Chantons la fameuse histoire
De ces vaillans escadrons,
Et célébrons leur victoire
Tant qu'ici-bas nous vivrons.

Maxime, plein de fureur,
Par une guerre cruelle,
Prend la Bretagne nouvelle,
Et se proclame Empereur :
Ses soldats, fumant de rage
Contre tous les habitans,
Font un horrible carnage
Tant de petits que de grands.

Après ces sanglans dégâts,
Pour repeupler cette terre,
Il demande à l'Angleterre
D'épouses pour ses soldats ;
D'abord la Grande-Bretagne,
Par les ordres de Conan,
Met des filles en campagne
Pour obéir au tyran.

Conan était pris d'amour
Pour tant de beautés d'Ursule,
Il vivait pour elle seule,
Voulant l'épouser un jour ;
On parlait de mariage,
Lorsqu'Ursule avec ses sœurs,
S'embarquant pour leur voyage,
L'Angleterre fond en pleurs.

A quelques milles du port,
Les vents soufflent, l'air
　se trouble,
Et l'orage qui redouble,
Les menaces de la mort :
Ursule avec ses compagnes,
Laisse courir le vaisseau
Vers le bord de l'Allema-
　gne,
Au gré des vents et des flots.
　Ayant franchi ce danger,
Elles chantent des louanges
A leur Epoux, Roi des
　Anges,
Sur la rive de la mer ;
Lorsque les troupes cruel-
　les
Des Huns et des Poitevins,
Viennent se ruer sur elles
Comme d'affamés mâtins.
　Ces monstres d'impureté
Cajolent d'abord nos
　Saintes,
Et, par des promesses
　feintes,
Tentent leur virginité :
Après que la flatterie
Ne leur a de rien servi,
Ces lascifs, dans leur furie,
Les massacrent à l'envi.
　Notre Ursule à deux
　genoux,
Par ses prières pressantes,
Rend ces brebis innocentes
Plus fortes que tous ces
　loups :
Mourons vierges, leur dit-
　elle,
Fidelles à notre loi ;

Dieu bénira notre zèle,
Mourons toutes pour la foi.
　Elle court de rang en rang,
En leur criant, bon cou-
　rage !
Allez au port par l'orage,
Sur la mer de votre sang.
Il est temps, chastes co-
　lombes,
De voler au Paradis,
Le monde ornera vos tom-
　bes
Et de roses et de lis.
　Aussi fermes qu'un ro-
　cher
Parmi les vagues flottentes,
Soyez fortes et constantes;
Plutôt mourir que pécher:
Mes sœurs, à qui la tempête
A fait faire tant de vœux,
Voyez le ciel qui s'apprête
A récompenser vos feux.
　Par son discours en-
　flammé,
Ces divines Amazonnes
Cueillent de riches cou-
　ronnes,
Mourant pour leur Bien-
　aimé :
Cordule, craint et se cache
A ce massacre inhumain;
Mais elle lave sa tache
Dans son sang le lendemain.
　Le chef de tous ces bru-
　taux,
Voyant Ursule si belle,
Transporté d'amour pour
　elle,
La flatte par ces propos:

Vous êtes ma conquérante,
Pour vous je mets armes bas ;
Je vous trouve si charmante,
Que je meurs pour vos appas.
   Renonçant à votre foi,
Profitez, rare Princesse,
Des respects, de la tendresse
Que pour vous je sens en moi ;
Je n'use point de menace,
Je vous parle sans courroux ;
Consentez, de bonne grace,
A m'avoir pour votre époux.
   Je suis trop ferme en ma foi,
Lui repart notre Princesse ;
Ton respect ni ta tendresse
Ne gagneront rien sur moi :
Je ne crains point tes menaces,
Je me ris de ton courroux,
Et je veux, de bonne grace,
Mourir pour mon cher Epoux.
   Ce barbare, à ce refus
La perce d'un coup de flèche ;
Ursule, par cette brèche
Va régner avec Jésus ;
Elle expire la dernière,
Ayant conduit son troupeau ;
Mais je la vois la première
Aux pieds du divin Agneau.
   Travaillez à votre tour,
Sainte troupe d'Ursulines,
Suivez vos sœurs héroïnes
Jusqu'à l'éternel séjour ;
Faites part de vos lumières
Et de vos transports fervens,
Aux escadrons d'écolières
Qui fréquentent vos couvens.
   Ursule a peuplé les Cieux
D'une auguste colonie ;
Augmentez leur compagnie
Par vos soins laborieux :
Une Ursuline est parfaite,
Et plaît à l'Epoux divin,
Joignant l'esprit de retraite
Au zèle de son prochain.
   L'esprit de votre institut
Vous rendra vierges et mères,
Si vous montrez les mystères
D'où dépend notre salut ;
Réformez donc les familles
Par ce charitable emploi,
Leur apprenant, par vos filles,
Les principes de la foi.
   Votre Mère a le crédit
D'obtenir une mort sainte
A ceux qui tremblent de crainte
Lorsqu'il faut rendre l'esprit ;
Demandez à Dieu, par elle,

Pour comble de ses bien- | Que notre mort temporelle
faits, | Nous fasse vivre à jamais.

SAINTE BARBE, VIERGE ET MARTYRE.

Air : *Nos petits moutons paissent l'herbette.*

Voyons en esprit Nicomédie,
Et laissons fondre en pleurs nos yeux,
En nous figurant la tragédie
Qui met en courroux tous les Cieux ;
Détestons l'erreur du Dioscore,
Ayons en horreur son aspect ;
En foulant aux pieds ce qu'il adore,
Rendons à Barbe du respect.

   Ce père aveuglé presse sa fille
De vivre avec lui dans l'erreur ;
Mais cet ornement de sa famille
Ne lui répond que par l'horreur :
Pour la disposer, il veut qu'on fasse
Une grande tour proche un bain,
Il trace le plan, et par grimace,
Il fait un voyage à dessein.

   Dès qu'il est parti, Barbe est en peine
Pour le premier des Sacremens,
Lorsque le Très-Haut, par Origène,
Joint le baptême aux documens ;
Elle tressaillit de se voir seule,
Pour offrir ses vœux à genoux,
Et pour souhaiter que son cœur brûle
Du feu sacré de son Époux.

   Dans ce même temps, elle fait faire
Trois fenêtres à cette tour,
Pour la Trinité, dont le mystère
Remplit déjà son cœur d'amour ;
Elle imprime aussi dessus un marbre
Comme sur la cire, une Croix,
Pour se souvenir de ce bel arbre
Où Jésus rendit les abois.

Ce

Ce brutal revient de son voyage,
Il trouve Barbe en oraison,
Et voyant ce triple fenêtrage,
Il en veut savoir la raison ;
Il demande encor ce que veut d'ire
Cette Croix qu'il voit au pilier ;
Il en est chagrin, et fumant dire,
Il forme un dessein meurtrier.

Ce nombre de trois, lui dit sa fille,
Fait voir trois personnes en Dieu ;
C'est la Trinité, par qui tout brille,
Et qui nous regarde en tout lieu ;
La Croix du pilier, c'est la figure
Du gibet d'un Dieu mort pour tous ;
Ne me pressez plus, car je vous jure
Que je l'ai pris pour mon Epoux.

Ce tigre, irrité par ces paroles,
Poursuit sa fille avec fureur,
Pour venger le tort fait aux idoles,
Et pour complaire à l'Empereur :
Tandis qu'elle fuit, un roc s'entr'ouvre
Pour la recevoir dans son sein ;
Mais un sot berger qui la découvre,
La fait voir à cet inhumain.

Ce dénaturé l'abat par terre,
Traîne son corps par les cheveux,
Et la menaçant du cimeterre :
Fais, lui dit-il, ce que je veux.
A grands coups de poing il la déchire,
Avec un désir très-ardent
De la voir mourir d'un long martyre,
Par les arrêts du Président.

Sitôt que Marcien voit notre Sainte,
Il est ravi de sa beauté,
Et pour la tromper, usant de feinte,
Il lui cache sa cruauté :
Tu peux, lui dit-il, te rendre heureuse,
Et te marier richement,
Pourvu qu'en quittant ta foi trompeuse,

Tu changes de loi promptement.
    Barbe lui répond avec courage,
Qu'elle veut mourir pour la foi,
Que Jésus tout seul fait son partage,
Et qu'elle n'aime que sa loi ;
Que ni les trésors, ni les délices,
N'auront jamais part à son cœur,
Et qu'elle se rit de ses supplices,
Bien loin de craindre leur rigueur.
    Marcien, à ces mots, soudain ordonne
Qu'on la déchire à coups de nerfs,
Et que toute en sang on l'emprisonne ;
Alors on la charge de fers ;
Mais son cher Epoux brillant de gloire,
Remplit de clarté la prison,
Et lui promettant tôt la victoire,
Donne à son corps la guérison.
    Dès le point du jour on la ratisse,
Puis on applique les flambeaux ;
L'arrêt porte aussi qu'on la meurtrisse
Par de rudes coups de marteaux.
Pendant cette horrible boucherie,
Elle dit tout bas au Sauveur :
Mon divin Epoux, Fils de Marie,
Soyez la force de mon cœur.
    On lui fait couper les deux mamelles,
Afin que tout soit mis en croix ;
Ces âpres douleurs sont si cruelles,
Qu'elle en soupire par trois fois ;
On ordonne encor que toute nue,
Les bourreaux la traînent dehors ;
Mais Dieu la cachant sous une nue,
Pas un ne voit son chaste corps.
    Barbe triomphant par sa constance,
De tout ce qu'on peut inventer,
Marcien enragé, donne sentence
De la bientôt décapiter :
Son père méchant, ce cœur barbare,
S'offre à lui servir de bourreau ;
On le prend au mot, il se prépare

Pour mettre sa fille au tombeau.
Elle fait alors cette prière,
Avec de grands gémissemens ;
Que ceux qui seront sous sa bannière,
Ne meurent point sans Sacremens ;
Son Epoux consent à sa requête,
Lorsque Dioscore inhumain ;
Prend le coutelas, tranche la tête,
Et dans son sang trempe la main.

Barbe rend l'esprit, et Julienne
Tourne le dos à tes faux dieux,
Brave le tyran, meurt Chrétienne,
Et suit notre Amazone aux Cieux.
Dieu tout en courroux, d'un coup de foudre
Fait mourir ce père impudent,
On le voit soudain réduit en poudre
Aussi bien que le Président.

Prions humblement cette Martyre
De secourir les mariniers,
De garder du feu chaque navire,
Et d'avoir soin des canonniers :
Demandons à Dieu, par son mérite,
De nous accorder la faveur
De ne point mourir de mort subite,
Sans avoir reçu le Sauveur.

Renonçons, pour fruit de cette histoire,
Aux biens, aux honneurs, aux plaisirs ;
Recherchons qu'en tout le Roi de gloire
Soit seul l'objet de nos désirs ;
Gravons dans nos cœurs que la souffrance
Qui ne dure ici qu'un moment,
Peut nous mériter la récompense
Qui dure au ciel incessamment.

SAINTE MARGUERITE, VIERGE ET MART.

Sur l'Air : *Je suis un Prince bienheureux.*

OLIBERIUS.

Rare beauté, perle sans prix,

Incomparable Marguerite,
Ne traite pas avec mépris
Cet esclave de ton mérite ;
Prends pour époux ton Gouverneur,
De qui dépend ton vrai bonheur.

Sainte Marguerite.
Mon vrai bonheur dépend de Dieu,
A qui je me suis dévouée ;
Dites-moi promptement adieu,
Je ne veux point être louée ;
J'ai plus à cœur de vivre aux champs,
Que dans la Cour parmi les grands.

Oliberius. Je te conjure d'accepter
Le parti que je te présente,
Et je te ferai respecter,
En qualité de Gouvernante :
Tu jouiras de mes trésors,
Et de tous les plaisirs du corps.

La Sainte. Donnez à quelqu'autre qu'à moi
L'or et l'argent de tous vos coffres,
Je ne saurais trahir ma foi,
En acceptant vos belles offres ;
Tous vos discours sont superflus ;
Allez, Seigneur, n'y pensez plus.

Oliberius. Je suis épris de ta beauté,
Beau chef-d'œuvre de la nature ;
Ne méprise pas ma bonté,
Ménage ta bonne aventure ;
Pourvu que ton cœur soit à moi,
Le mien ne vivra que pour toi.

La Sainte. Mon cœur est tout à Jésus-Christ,
Je ne brûle que de sa flamme,
Lui seul occupe mon esprit,
Lui seul est l'objet de mon ame ;
Pour lui seul je veux tout souffrir,
Et pour lui seul je veux mourir.

Oliberius. Mon cœur ne peut se rebuter,
Encor que le tien se rebute ;
Perle, rends-toi sans disputer,

Avant que je te persécute :
Si tu ne m'aimes à ton tour,
Ma haine suivra mon amour.

La Sainte. Je n'appréhende aucun tourment,
Mon Epoux m'aidant de ses graces,
Ne feins plus d'être mon amant,
Je me moque de tes menaces :
Déchire et brûle tout mon corps,
Et fais-moi souffrir mille morts.

Oliberius. Il n'est plus temps de déguiser,
Obéis aux lois de l'empire,
Autrement, sans temporiser,
Je vais t'exposer au martyre ;
Tu vas voir quelle est ma fureur,
Si tu n'es souple à l'Empereur.

La Sainte. C'est à la loi de mon Epoux
Que je rends mes obéissances ;
Mon cœur ne craint point ton courroux,
Et mon corps brave les souffrances ;
Je foule aux pieds ce que tu dis,
Ton Empereur et ses édits.

Oliberius. Qu'on fasse nager dans le sang
Les membres de cette inhumaine,
Qu'on lui déchire tout le flanc,
Que l'on la brûle et qu'on la gêne ;
Frappez, bourreaux, de toute main,
N'ayez pour elle rien d'humain.

La Sainte. Oliberius, tu perds ton temps,
Tu n'auras jamais l'avantage
Que je rende tes vœux contens,
Ni que je perde le courage ;
Fais tout l'effort que tu pourras,
Malgré toi tu te lasseras.

Oliberius. Qu'on aille la mettre en prison,
Et que de ma part on la presse,
Pour la ranger à la raison,
Ou par menace ou par promesse ;
Si son orgueil ne se rend pas,
Je saurai bien la mettre à bas.

La Sainte contre le démon en forme de dragon.

  Grand Dieu, dont le soin paternel
Guérit en moi toute blessure,
Faites que ce dragon cruel,
Crève à mes pieds et qu'il y meure ;
Que votre Croix soit, contre lui,
Mon boulevard et mon appui.
    Une voix du Ciel.
  Marguerite, réjouis-toi
D'avoir remporter la victoire ;
Souffre encore un peu pour la foi,
Regarde l'éternelle gloire :
Tes tourmens prendrons bientôt fin,
En dépit de l'esprit malin.
  Oliberius. Adore nos dieux immortels,
Par qui tu viens d'être guérie ;
Offre l'encens à nos autels,
De peur que je n'entre en furie :
Si tu méprises leurs bienfaits ;
Tu n'en échapperas jamais.
  La Sainte. Je sais fort bien, sans tes avis,
A qui je dois en rendre graces ;
C'est à Jésus pour qui je vis,
Et de qui seul je suis les traces :
Pour tes faux dieux, muets et sourds,
Je les détesterai toujours.
  Oliberius. Il est temps de venger nos dieux,
O langue exécrable et maudite !
Tous tes discours injurieux
Méritent qu'on te décapite ;
Mais avant qu'on donne le coup,
Tu souffriras encor beaucoup.
    Une voix du Ciel.
  Tes travaux sont presque finis,
Vaillante et divine Amazone ;
Tous tes bourreaux seront punis,
Et tu recevras la couronne :
Quitte la terre, monte au ciel,
Pour y changer l'absinthe en miel.

La Sainte. J'ose, grand Dieu! vous demander,
Avant qu'on me tranche la tête,
Que votre cœur daigne accorder
A tous mes dévots leur requête;
Montrez combien vous êtes bon,
A qui réclamera mon nom.

Jésus. Je condescends à tes souhaits;
Je veux que ton mérite éclate;
Je ne refuserai jamais
Ceux qui t'auront pour avocate;
Ton nom en tout temps, en tout lieu,
Sera puissant auprès de Dieu.

Prière. Combattez en terre et sur mer,
Illustre sainte Marguerite,
Le démon, le monde et la chair,
Et gardez-nous de mort subite;
Sur-tout secourez promptement
Les femmes en l'enfantement.

LA CONVERSION
DE SAINTE MARIE-MAGDELÈNE.

Air : *Ruisseau qui cours après toi-même.*

MARTHE.

Eveillez-vous, ô Magdelène!
Venez assister au sermon,
Tirez-vous des mains du démon,
Quittez votre vie mondaine;
Venez ouïr Jésus, sa voix vous touchera,
Et sa beauté * vous charmera.   *bis.*

Jésus. Esprit mondain, femme volage,
Je prêche à ton cœur cette fois,
Ne l'endurcis plus à ma voix;
Viens, je veux être ton partage;
Ne sors pas du sermon que je ne sois vainqueur
De ton esprit * et de ton cœur.

Magdelène. Je suis à vous, source de grace;
Mon cœur que vous avez conquis,

Vous est entièrement acquis,
Je veux marcher sur votre trace ;
Je m'en vais, de ce pas, quitter mes ornemens,
Et renoncer * à mes amans.

Marthe. Hé ! que vois-je, ma bien-aimée ?
D'où vient un changement si prompt ?
Avez-vous reçu quelque affront,
Qui vous ait si fort animée ?
Et pourquoi foulez-vous vos perles, vos rubis,
Vos affiquets, * vos beaux habits ?

Magdelène. J'en ai raison, laissez-moi faire ;
Je voudrais mourir de douleur ;
Jésus vient de percer mon cœur,
Ah ! je ne veux plus lui déplaire.
Tout ce qui m'a servi d'instrument contre lui,
Doit prendre fin * dès aujourd'hui.

Marthe. Ma chère sœur, soyez constante,
Moquez-vous du qu'en dira-t-on ;
Allez au banquet de Simon,
En véritable pénitente ;
Arrosez de vos pleurs les pieds de Jésus-Christ,
Avec un cœur * humble et contrit.

Essuyez-les de votre tresse ;
Unissez-vous étroitement,
Au cœur de ce divin Amant
Qui pour vous a tant de tendresse ;
N'écoutez point les Juifs, laissez-les murmurer,
Et n'ayez soin * que de pleurer.

Magdelène. Que l'on me blâme, et qu'on murmure
De me voir aux pieds de mon Roi,
Pourvu qu'il ait pitié de moi,
Je souffrirai toute censure :
Et pourquoi craindre, hélas ! mes horribles forfaits
Excuseront * ce que je fais.

Pleurez mes yeux, fondez en larmes ;
Mon cœur, embrase-toi d'amour,
Et consume-toi nuit et jour
Pour Jésus l'objet de mes charmes :
Je ne puis vous parler, ô mon divin Sauveur !

Que par l'amour * et la douleur.

Jésus. Les Anges sont dans l'alégresse,
De voir cette femme à mes pieds,
Qu'elle baise et retient liés
De tous les cheveux de sa tresse ;
Mais plusieurs sont jaloux du précieux onguent
Que sur mes pieds * elle répand.

Le Pharisien. Ah ! si cet homme était prophète,
Sans doute il ne permettrait point
Que la pécheresse qui l'oint,
Mît sur ses pieds sa bouche infecte :
Elle ne pleure ainsi que pour s'en faire aimer;
Elle a dessein * de le charmer.

Jésus. Simon, vois-tu bien cette femme ?
Ce qu'elle a fait est un miroir
Où tu découvres ton devoir,
Si tu veux brûler de ma flamme ;
Elle a baisé mes pieds dès qu'elle les a vus,
Les essuyant * de ses cheveux.

Je lui pardonne tous ses crimes,
Parce qu'elle a beaucoup aimé,
Et que son cœur est abymé
Beaucoup plus bas que tu n'estimes :
On prêchera par tout ses larmes et sa foi,
Et tant d'amour * qu'elle a pour moi.

Va, femme, ta foi t'a sauvée ;
Calme ton cœur, retourne en paix,
Tu n'as plus en toi de forfaits,
Ma grace et tes pleurs t'ont lavée ;
Va publier par-tout, malgré tes ennemis,
Que tes péchés * te sont remis.

Magdelène. Souffrez, Seigneur, je vous supplie,
Que je me tienne auprès de vous,
Pour rendre témoignage à tous,
Que je viens de changer de vie ;
Mes soins et mes plaisirs sont de vous écouter,
M'unir à vous * et vous goûter.

Marthe. J'agis toujours, ma sœur contemple ;
J'apprête seule le repas ;

Doux Jésus, ne voulez-vous pas
Qu'elle travaille à mon exemple ?
Dites-lui, mon Sauveur, qu'il n'est pas à propos
D'être toujours * dans le repos.

Jésus. Laisse ta sœur en ma présence,
Et sache que j'estime moins
Ton empressement et tes soins
Que son repos et son silence ;
Fais choix, comme elle a fait, de la meilleure part,
En t'occupant * de mon regard.

Magdelène. Dieu de mon cœur, ma douce vie,
Vos souffrances me font souffrir,
Et votre mort me fait mourir ;
Car je vous suis toute asservie :
Eh ! ne permettez pas que je vive après vous ;
Mourons tous deux * aux yeux de tous.

Jésus. Console-toi, fidelle amante ;
Tâche avec soin de ramasser
Le sang que je viens de verser ;
Demeure toujours pénitente :
Tu m'aimes ardemment, et je t'aime à mon tour ;
Souffre avec moi * par pur amour.

Magdelène. Jésus est mort, ah ! que je meure,
Ou que je fonde toute en pleurs,
Aux pieds de l'homme de douleurs
Que toute la nature pleure !
Hélas ! je n'en puis plus, on va mettre au tombeau
Ma vie unique * et mon flambeau.

Des Anges. Qu'as-tu perdu, femme éplorée !
Nous voici pour t'encourager,
Et même pour te soulager
Dans ta douleur démesurée :
As-tu perdu tes biens ? Arrête, arrête ici,
Et fais-nous part * de ton souci.

Magdelène. J'ai tout perdu perdant mon Maître ;
Je n'ai pas affaire de vous,
Je cherche mon divin Epoux,
L'auteur et la fin de mon être :
Ah ! laissez-moi passer, ne me détournez pas,

Je veux chercher * jusqu'au trépas.

   Cher jardinier, dis-moi, de grace,
Aurais tu pris dans ce tombeau,
De tous les hommes le plus beau ?
Ah ! montre-moi sa sainte face ;
Déclare où tu l'as mis, et je l'enleverai,
Pour le porter * où je serai.

   Jésus. Ne cherche plus, heureuse amante ;
Me voici, ne me touche pas ;
Porte à tes frères, de ce pas,
Cette nouvelle consolante :
Tu me vois avant tous, n'ayant pu me cacher
A ton ardeur * à me chercher.

   Les Juifs. Entrez, Sara, dans la nacelle,
Lazare, Marthe et Maximin,
Cléon, Trophime, Saturnin,
Les trois Marie et Marcelle,
Eutrope et Martial, Cedoine avec Joseph ;
Vous périrez * dans cette nef.

   Allez sans voile et sans cordage,
Sans mât, sans ancre, sans timon,
Sans alimens, sans aviron,
Allez faire un triste naufrage ;
Retirez-vous d'ici, laissez-nous en repos ;
Allez crever * parmi les flots.

           Cette sainte Troupe.
   Doux Rédempteur, divin Monarque,
Soyez prompt à nous secourir,
Car nous allons bientôt périr,
Si vous ne conduisez la barque ;
Jetez-nous dans un port pour publier la foi,
Et les douceurs * de votre loi.

   Rendons nos vœux et nos hommages
Au Très-Haut qui nous a sauvés,
Et qui seul nous a conservés,
Parmi les flots et les orages ;
Allons tous promptement prêcher de tous côtés,
De notre foi * les vérités.

   Magdelène. Restez ici, mon cher Lazare ;

Vous êtes propre pour ce lieu,
Tâchez d'y convertir à Dieu
Ce peuple idolâtre et barbare;
Vous y mourrez un jour pour la seconde fois,
Digne Pasteur * des Marseillois.

Je vois la foi bien établie,
Tout ce peuple adore la Croix;
Je n'ai plus qu'à chercher un bois,
Pour y pleurer toute ma vie,
Et pour y méditer ce que le Roi des Cieux
Vient de souffrir * dans les saints lieux.

Assignez-moi, Dieu de mon ame,
Quelque recoin des plus secrets,
Où j'aille nourrir mes regrets,
Et les ardeurs de votre flamme;
Placez-moi dans un lieu qui puisse m'animer
A fondre en pleurs, * et vous aimer.

Une troupe d'Anges.

Viens dans un bois de la Provence,
Où tu pourras, jusqu'à la fin,
Aimer Dieu comme un Séraphin,
Pleurer et faire pénitence;
Voici le bois affreux et le creux d'un rocher,
Que nous t'offrons * pour te cacher.

LES LARMES DE SAINTE MAGDELÈNE,

AU DÉSERT DE LA SAINTE-BAUME.

Air : *Où êtes-vous, Birenne, mon amour ?*

SOMBRE forêt, prends part à mes douleurs,
Bois sans pareil, désert de la Provence;
Le cœur contrit, les yeux noyés de pleurs,
Je viens ici pour faire pénitence.

Creux du dragon, insensible rocher,
Que je choisis pour ma chère demeure,
Entends mes pleurs, et t'y laissant toucher,
Pleure avec moi jusqu'à ce que je meure.

Ah ! c'est trop peu que de pleurer trente ans ;
Après

Cantiques de l'Ame dévôte.

Après ma mort, il faut que de ta voûte,
Tant que les Cieux feront durer le temps,
Tes claires eaux distillent goutte à goutte.

   Monstres affreux, farouches animaux,
Sortez d'ici, cédez-moi cette Baume;
Mon Médecin y veut guérir mes maux,
Changeant mes pleurs en un souverain baume.

   L'ame et le corps ont irrité mon Dieu,
En ajoutant offense sur offense;
J'ai résolu que tous deux en ce lieu,
Pour l'apaiser, embrassent la souffrance.

   Si le Sauveur m'accorde le pardon,
Si sa bonté m'affranchit du supplice,
Je ne dois pas, sous ombre qu'il est bon,
Mettre en oubli les droits de sa justice.

   Puisque sa main ne veut pas me punir,
Par un effet de son amour extrême,
J'en veux garder l'éternel souvenir,
Et châtier mes péchés par moi-même.

   Tout doit pleurer dans cet antre pleuroir,
Tout doit sans fin témoigner ma tristesse,
Et faire voir combien je sens d'horreur
D'avoir été si long-temps pécheresse.

   Conçois, mon cœur, des regrets éternels,
Déplore ici tes flammes criminelles
Qui consumaient tant de cœurs criminels,
Les engageant aux flammes éternelles.

   Pour mettre ici mes vanités à bas,
Mon triste cœur m'en fournira les armes;
Par mes sanglots, les perles de mes bras
Enfanteront les perles de mes larmes.

   Pleurez, mes yeux, sans dire c'est assez;
Que dans vos eaux je sois toujours noyée,
Pour effacer des crimes effacés,
Et nettoyer mon ame nettoyée.

   Ah! mes soupirs, confessez mon erreur;
Et vous, mes mains, venger d'un Dieu l'outrage,
En vous armant d'une sainte fureur,
Pour amortir le teint de mon visage.

O

Les vains objets qui ravissent mes sens,
N'auront pour moi désormais plus d'amorce;
Mon chaste Epoux, par ses traits ravissans,
M'en fait jurer un éternel divorce.

De jour, de nuit, dans ces vastes déserts,
Je collerai ma bouche contre terre,
Pour la punir des infâmes baisers
Qui jour et nuit faisaient à Dieu la guerre.

Mes bras mondains, pour leurs embrassemens,
Seront en croix autant qu'ils pourront l'être,
Mes cheveux d'or, filets de tant d'amans,
M'attacheront aux pieds de mon doux Maître.

Mes pieds errans, pour tous leurs mauvais pas,
Seront piqués de cailloux et d'épines,
Et tout mon corps, pour ses divers ébats,
Sera meurtri à coups de disciplines.

Pour les galans qui me faisaient la cour,
Je me verrai seule dans ces bocages:
Pour les beaux airs et les chansons d'amour,
J'aurai les cris des animaux sauvages.

Mes affiquets, mes mouches et mon fard
Me vont causer un rigoureux supplice;
Mes beaux habits de soie et de brocard,
Seront changés en un rude cilice.

Mon odorat aura des puanteurs,
Pour l'ambre gris, le musc et la civette,
Pour les parfums et les douces senteurs,
Dont j'embaumais ma chambre et ma layette.

J'aurai toujours la douleur pour mon pain,
Mon cher Epoux pour mon heureux partage,
Pour mon miroir une Croix à la main,
Le roc pour lit et mes pleurs pour breuvage.

Je veux enfin, en l'état où je suis,
Pleurer toujours ma lâche ingratitude;
Je veux nourrir mes regrets, mes ennuis,
Dans le recoin de cette solitude.

Réflexion.

Pleure, pécheur, tes péchés à ton tour,
En te moulant sur notre Pénitente;

Va quelquefois visiter son séjour,
Pour ranimer ton ame languissante.
 Tout ce saint lieu t'invite à te sauver :
Son bois affreux t'apprend la vie austère ;
L'eau de son roc à toujours te laver,
Et son cachot à vivre en solitaire.
 Obtenez-nous, Amante de Jésus,
Que nous fassions comme vous pénitence ;
Et qu'aimant Dieu, nous ne l'offensions plus,
Pour mériter du ciel la récompense.

LES JOIES DE SAINTE MAGDELÈNE,
QUE L'ON CHANTE A LA SAINTE-BAUME.

Sur l'Air : *Nos petits moutons paissent l'herbette.*

GAUDE, PIA MAGDALENA, etc.

RÉJOUISSEZ-VOUS, ô Magdelène !
Parfait miroir de piété,
Espoir de salut, vive fontaine,
Brasier ardent de charité ;
Vous servez d'asile et d'assurance
Au pécheur le plus abattu :
Daignez m'accorder votre assistance,
Si mon espoir est combattu.

Gaude, dulcis advocata, etc.

 Réjouissez-vous, illustre Sainte,
Douce avocate des pécheurs,
Qui par votre amour chassez la crainte,
Les ranimant de vos ardeurs :
Vous êtes la règle et l'exemplaire
De leurs cœurs vraiment pénitens ;
Faites-moi gémir, pour satisfaire
A l'abus que j'ai fait du temps.

Gaude, felix Deo grata, etc.

 Réjouissez-vous, heureuse Dame,
Perle agréable au Dieu caché,
Qui, pour épouser votre chère ame,
La délivre de tout péché ;

O quelle faveur ! ô quelle grace !
Le Sauveur se rend à vos pleurs ;
Faites moi pleurer, fondez ma glace,
Me pénétrant de vos douleurs.

Gaude, lotrix pedum Christi, etc.

Réjouissez-vous, source de larmes,
Aux pieds sacrés de Jésus-Christ,
Vous qui, les lavant, trouvez les charmes
De votre cœur humble et contrit :
Vous l'aimez beaucoup, et lui de même
Vous aime ardemment à son tour ;
Faites que sans fin tout mon cœur aime
Un Dieu qui veut tout mon amour.

Gaude, prima digna frui, etc.

Réjouissez-vous, divine Amante,
A qui Jésus ressuscité,
Fait voir la splendeur toute éclatante,
De sa très-sainte humanité ;
Il se montre à vous avant tout autre,
Voulant terminer votre ennui :
Rendez mon souci semblable au vôtre,
Pour ne plus rechercher que lui.

Gaude, quæ septenis horis, etc.

Réjouissez-vous avec les Anges,
Qui vous élèvent vers les Cieux,
Chantant au Très-Haut mille louanges,
Par des concerts mélodieux ;
Sept fois chaque jour, du fond de l'antre,
Ils vous vont porter au pilier :
Elevez mon cœur jusqu'à son centre,
Pour s'y consumer tout entier.

Gaude, quæ nunc sublimeris, etc.

Réjouissez-vous, femme exaltée
Parmi les plus grands Séraphins,
Votre ame une fois ressuscitée,
Vainquit tous les esprits malins :
Régnez dans la gloire, ô femme forte !
Avec Jésus-Christ votre Epoux,
Et réglez mes pas de telle sorte,

Qu'à la fin j'y règne avec vous.
Fac nos hic sic pœnitere, etc.
Faites qu'en l'exil de cette vie,
Je ne pense plus qu'à gémir,
De peur que ma mort ne soit suivie
De la nuit qui me fait frémir ;
Remplissez mon cœur d'une tristesse
Qui purge les maux que j'ai faits,
Pour jouir enfin de l'alégresse
Du beau jour qui dure à jamais.

~~~~~~~~~~~~~~~~~~~~~~

A L'HONNEUR DE SAINTE MARTHE,

Hôtesse de Jésus-Christ.

Sur l'Air : *Petits agneaux, si vous errez, etc.*

Que Tarascon tressaille d'alégresse,
Qu'Aix et Marseille aussi soient de notre concert,
Nous chantons les vertus d'une divine hôtesse
Qui se fait admirer par Jésus qu'elle sert.
  Tout est plus grand, tout est plus admirable,
En celle à qui le ciel donne un si saint emploi ;
Dès ses plus tendres ans, Marthe est recommandable ;
Elle est noble de sang, mais bien plus par la foi.
  Marthe choisit pour fidelles suivantes,
Les plus rares vertus, sur-tout la charité ;
Elle ne se plaît point d'avoir plusieurs servantes,
Elle ne veut avoir que Marcelle au côté.
  Son cœur sait l'art d'unir la vie active
Au regard amoureux vers Dieu présent par-tout ;
C'est par le pur amour, c'est par une foi vive,
Qu'elle a, même ici-bas, du ciel un avant-goût.
  Elle est à Dieu, marchant en sa présence,
Puis elle est toute à soi par son austérité ;
Elle est à son prochain, lui donnant assistance
Sitôt qu'elle le voit dans la nécessité.
  Mais dans le temps qu'elle adoucit la peine
De tous les malheureux qu'elle peut secourir,
Elle souffre à regret l'état de Magdelène,

Qu'elle n'ose aborder et qu'elle voit périr.

Quel déplaisir pour Marthe, ce bel ange,
De voir souiller sa sœur par de sales amours !
Elle a beau la presser afin qu'elle se change ;
Magdelène rend vains tous les fervens discours.

Le Précurseur prêchant la pénitence,
Au-delà du Jourdain, dans un affreux désert,
Marthe oyant une voix, y court en diligence,
Pour voir et pour ouïr ce Prophète disert.

Ce messager de l'Auteur de la vie,
Crie, en montrant du doigt : Voici l'Agneau de Dieu.
Marthe voit le Sauveur, son ame en est ravie ;
Elle ne pense plus qu'à le suivre en tout lieu.

Ayant ouï l'éternelle parole,
L'unique du Très-Haut, ce Dieu plein de douceur,
Elle offre mille vœux, elle court, elle vole,
Et fait tous ses efforts pour lui mener sa sœur.

Ah ! lui dit-elle, ah ! ma sœur bien-aimée,
Je viens d'ouïr prêcher l'Homme-Dieu, le vrai Christ ;
Venez, venez l'ouïr, vous en serez charmée ;
Sa voix ravit d'abord et le cœur et l'esprit.

La pécheresse, apportant mille excuses,
Répond avec dédain : Je n'y veux point aller ;
Mais Marthe qui tient bon, par mille saintes ruses
Et par mille soupirs, commence à l'ébranler.

Dès qu'elle voit que son discours la touche,
Elle donne l'assaut à son cœur endurci :
Le Saint Esprit lui met la parole à la bouche,
Jamais Marthe ne fut plus diserte qu'ici.

Rentrez en vous, dit-elle, ô Magdelène !
Cessez de disputer, ouvrez, ouvrez les yeux ;
Triomphez du démon qui vous tient à la chaîne,
Et ne méprisez pas les dons du Roi des Cieux.

Hélas ! hélas ! qu'attendez vous, Marie,
De quitter vos amans qui m'ont fait tant souffrir ?
Je ne veux point sans vous retourner au Messie ;
Si vous ne me suivez, ah ! je m'en vais mourir.

Marie enfin suit sa sœur qui la presse,
Elles vont toutes deux assister au sermon ;

Jésus gagne son cœur, et soudain la tristesse
Se joint avec l'amour pour chasser le démon.
 L'esprit malin ayant quitté sa place,
Marthe embrasse sa sœur, chez elles de retour ;
Elles rendent à Dieu mille actions de graces,
Leurs cœurs sont enflammés et de zèle et d'amour.
 C'est à ce coup que Marthe est triomphante,
Et qu'on la peut nommer la mère de sa sœur ;
Elle a comme enfanté cette divine amante,
De qui le Fils de Dieu vient d'embraser le cœur.
 Lazare et Marthe, et leur sœur Magdelène,
Bénissent le Sauveur d'un même cœur tous trois ;
Ils le veulent servir, et sans reprendre haleine,
Ne plus aimer que lui jusqu'aux derniers abois.
 Félicitons notre divine hôtesse,
De ce qu'elle a vaincu tant d'affreux ennemis ;
Félicitons encor l'heureuse pécheresse,
De ce que ses péchés ont été tous remis.
 Jésus prêchant autour de Béthanie,
Choisit pour son logis de Marthe la maison ;
Il se plaît à la voir avec sa sœur Marie,
L'une dans le travail, et l'autre en oraison.
 Figurons-nous avec quelle alégresse
Marthe reçoit Jésus dans son fameux château ;
Tout prêche son respect, tout prêche sa tendresse,
Et tout fait son accueil à cet Hôte nouveau.
 Toute au-dehors et toute dans soi-même,
Elle sert avec soin et contemple son Roi ;
Les Anges sont charmés de son bonheur extrême,
Et sont presque jaloux de son divin emploi.
 Le doux repos que Marthe fait paraître,
Montre qu'elle jouit de la divinité ;
Et ses soins empressés à traiter son cher Maître,
Font voir son tendre amour pour son humanité.
 Elle ressent une douleur amère,
Tandis que Jésus meurt pour le salut de tous ;
Et lorsqu'il monte aux Cieux, elle a soin de la Mère,
Comme du vrai miroir de son divin Epoux.
 Le peuple juif expose sans clémence,

Marthe avec tous les siens à la merci de l'eau ;
Lorsqu'on les croit noyés, Dieu, par sa providence,
Conduit heureusement jusqu'à nous leur vaisseau.

 Marthe et sa sœur, Lazare et tous les autres,
Entrent au gré des flots dans le port marseillois ;
Tous ceux de ce vaisseau sont tout autant d'Apôtres,
Chacun prêche à son tour le Sauveur mort en croix.

 Le Gouverneur et sa famille entière
Renoncent aux faux dieux dès que Marthe a prêché ;
On arbore par-tout de la Croix la bannière,
Par-tout on veut, pour Dieu, ne plus vivre au péché.

 Le peuple d'Aix chérit notre amazone ;
Chacun reçoit la foi, chacun quitte l'erreur ;
Tous suivent les avis que la Sainte leur donne,
Et tous crient tout haut : Vive le Rédempteur.

 Un monstre affreux, d'une figure horrible,
Afflige Tarascon, on craint de tout côté ;
Marthe abat, par la foi, ce colosse terrible,
Et, la Croix à la main, l'amène garrotté.

 Grands et petits exultent notre Sainte ;
Tous les peuples voisins viennent voir Tarascon ;
Chacun se réjouit, on va par tout sans crainte,
Tandis qu'on foule aux pieds ce furieux dragon.

 Trois saints Prélats visitent cette hôtesse,
Qui, dans sa pauvreté, veut leur faire un festin ;
Elle n'a que de l'eau, mais Dieu lui fait largesse,
Car, dès qu'elle a prié, cette eau se change en vin.

 On lui bâtit un riche monastère,
Dans le bois qui cachait cet animal affreux ;
Elle y finit ses jours dans une vie austère,
En y faisant garder des règles et des vœux.

 Marthe est malade, et plus son mal la serre,
Plus son cœur est ardent du feu du pur amour ;
Elle fléchit encor le genou jusqu'à terre,
Cent fois durant la nuit, cent fois durant le jour.

 Son cher Epoux, une année à l'avance,
Lui fait savoir le jour de son heureux trépas ;
Il vient, au bout de l'an, terminer sa souffrance,
Et va la couronner après mille combats.

Venez, dit-il, venez, ma chère hôtesse,
Qui m'avez régalé de soir et de matin ;
Quittez ce triste exil, venez avec liesse,
Je veux vous faire asseoir à l'eternel festin.

Après sa mort, on ne voit que prodiges ;
Les peuples et les Rois viennent lui rendre honneur ;
Chacun baise ses pieds, sa robe et ses vestiges ;
Enfin, tout Tarascon lui consacre son cœur.

Veux-tu, Chrétien, avoir Jésus à table ?
Nourris quelqu'indigent, loge le pélerin ;
Mais loge bien sur-tout ton Sauveur adorable,
Le jour qu'on te permet d'aller à son festin.

Secourez-nous, héroïne fidelle ;
Domptez nos ennemis, en tout temps, en tous lieux ;
Faites-nous mériter la couronne éternelle,
Afin que nous puissions vous aller joindre aux Cieux.

~~~~~~~~~~~~~~~~~~~~~~~~~

SAINTE THÉRÈSE.

Sur l'Air : *Nos petits moutons paissent l'herbette.*

Que puis-je chanter, grande Thérèse,
Qui soit digne de vos grandeurs ?
Il n'est rien en vous qui ne me plaise,
Je suis charmé de vos splendeurs :
Illustre ornement de la Castille,
Ce que vous avez pratiqué,
Fait qu'en toute part votre nom brille,
Et qu'il est par-tout invoqué.

Qu'il vous fait beau voir, jeune amazone,
Vous dérober à vos parens,
Pour aller cueillir une couronne
Dans le royaume des tyrans !
L'amour de Jésus qui vous enflamme,
Vous fait souhaiter de mourir ;
Au lieu que la peur saisit mon ame,
Dès qu'on me parle de souffrir.

Votre cœur ardent, qui ne soupire
Que pour la croix et la rigueur,

Vous fait embrasser un doux martyre,
Mais bien fâcheux pour sa longueur ;
Ce sont les travaux d'un monastère,
Qui vous font mourir lentement ;
Et si la bonne œuvre a rien d'austère,
Je l'abandonne lâchement.

Vous vous tourmentez par des cilices
Et par des jeûnes rigoureux,
Les plus rudes croix sont vos délices,
Rien ne vous semble douloureux ;
Vous disciplinez votre corps tendre,
Bien qu'il ne soit pas criminel ;
Et moi, sans douleur, j'ose prétendre
D'avoir le royaume éternel.

Plus vos ennemis vous persécutent,
Et plus ils sont aimés de vous ;
Vous voudriez que ceux qui vous rebutent,
De leurs rebuts vinssent aux coups :
Souffrir ou mourir, c'est la devise
Que vous présentez à mon cœur ;
Mais le vieil Adam qui me maîtrise,
Me fait abhorrer la douleur.

Vous souffrez en paix les sécheresses,
Durant l'espace de vingt ans,
Malgré les dégoûts et les détresses,
Faisant l'oraison en tout temps ;
Vous cherchez Dieu seul en vos prières,
Dans les plus fâcheux abandons ;
Et je ne voudrais que ses lumières,
Sa paix, ses douceurs et ses dons.

Quand vous entendez que l'heure sonne,
Vous élevez en haut les yeux,
Et vous souhaitez que Dieu vous donne
Dès ce moment l'entrée aux Cieux ;
La mort réjouit votre ame sainte,
Elle n'a pour vous que des appas ;
Et je sens mon cœur saisi de crainte,
Sitôt que je pense au trépas.

Votre vive foi, votre espérance,

Et votre ardente charité
Vous tiennent par-tout en révérence
Devant le Dieu de vérité ;
Vous l'avez toujours dans la mémoire,
C'est lui seul qui fait votre appui :
Je veux espérer, aimer et croire,
Et ne m'occuper que de lui.
   Votre pureté toute héroïque,
Fait de vous un Ange incarné :
Vous ne ressentez rien de lubrique,
Tout est en vous bien ordonné ;
Lorsque sur ce point on vous consulte,
Vous n'entendez pas ce que c'est :
Si l'esprit impur me persécute,
Tendez-moi le bras en secret.
   Par votre ferveur toujours nouvelle,
Vous condamnez ma lâcheté ;
Je vois clairement dans votre zèle,
Combien j'ai peu de charité :
Vous voudriez aller par tout le monde,
Pour faire honorer le Seigneur,
Au lieu que mon ame est inféconde,
En tout ce qui lui rend honneur.
   Vous vous demandez souvent le compte
De vos légères vanités :
On voit votre front rougir de honte,
Dès qu'on loue vos qualités :
Quand vous commettez la moindre offense,
Vous l'osez d'abord publier ;
Et j'ensevelis dans le silence
Tout ce qui peut m'humilier.
   Vous avez le don de prophétie,
Pour pénétrer dans l'avenir ;
Toute affliction est adoucie,
Quand vous daignez y survenir :
Chacun est surpris des grands miracles
Que le ciel vous fait opérer,
Et je suis ravi de tant d'oracles,
Que je vous entends proférer.

Cantiques de l'Ame dévote.

Pour juger quelle est votre science,
Il ne faut voir que vos écrits ;
Ils sont par-dessus l'expérience
Et le savoir des grands esprits ;
Quand on goûte un peu cette lecture,
On en goûte mieux l'oraison ;
J'en veux préférer la nourriture
A ce qui trompe la raison.

Votre ame est souvent toute ravie,
Auprès du très-saint Sacrement ;
Dès qu'elle a reçu ce pain de vie,
Elle s'y perd totalement,
Et dans les ardeurs de son extase,
Morte à tous les êtres mortels,
Elle me redit que je m'embrase
Aux pieds de nos sacrés autels.

Un des Séraphins prend une flèche,
Dont il transperce votre cœur,
Pour mieux découvrir, pas cette brèche,
Quel est l'excès de votre ardeur ;
Il est convaincu par votre flamme,
Que vous l'égalez en amour :
Brûlez-moi du feu qui vous enflamme,
Afin que je brûle à mon tour.

Jésus, pour qui seul votre cœur brûle,
Fait voir qu'il vous aime en effet :
Je ferais, vous dit-il, pour toi seule,
Cet univers, s'il n'était fait.
O quelle faveur ! ô quelle gloire !
Que peut-on ouïr de si doux ?
Ne disons plus rien de votre histoire,
Ce trait tout seul les comprend tous.

Prenez soin de moi, divine amante,
Sur-tout à la fin de mes jours ;
C'est pour cet instant qui m'épouvante,
Que j'ai besoin d'un grand secours :
Demandez à Dieu, je vous supplie,
De mettre en oubli mes péchés,
Afin qu'avec vous, dans la patrie,
Je le glorifie à jamais.   SAINTE

SAINTE CATHERINE DE SIENNE.
Sur l'Air : *Rocher, vous êtes sourd*, etc.

JÉSUS.

Voici l'heureux moment, ma chaste Catherine,
Que par un sacré nœud, je dois m'unir à vous ;
Prenez ce riche anneau, je deviens votre Epoux ;
Je veux vous rendre aussi mon épouse très-digne.

Catherine.

C'est trop, Seigneur, c'est trop pour votre humble servante,
Je ne mérite pas cette insigne faveur ;
Que si cela vous plaît, je le veux de bon cœur ;
Tirez-moi toute à vous, rendez-moi toute ardente.

Réflexion.

Pécheur, depuis long-temps Jésus frappe à ta porte ;
Il veut t'unir à soi, mais tu ne le veux pas ;
Tu n'as que des rebuts pour ses divins appas,
Le plaisir d'un moment sur ses attraits l'emporte.

Catherine.

Seigneur, on me défend tout pieux exercice,
On jette sur mes bras les soins de la maison,
On tempête, on s'émeut quand je fais l'oraison,
On ne me peut souffrir dans votre saint service.

Jésus.

Dressez dans votre cœur une espèce de temple,
Où vous me prierez par amour et par foi ;
Puisque je pense à vous, pensez souvent à moi,
Et quand vous agirez, que votre cœur contemple.

Réflexion.

Dressons dans notre cœur un petit oratoire,
Contemplons-y par-tout le Dieu de majesté,
Offrons-lui mille vœux avec humilité,
Et faisons parmi nous ce qu'on fait dans la gloire.

Catherine.

Pourquoi me laissez-vous, saint Epoux de mon ame,
Parmi tous ces assauts contre la pureté ?

P

Hélas ! n'aurais-je point blessé ma chasteté ?
Seulement d'y penser mon cœur tremble et se pâme.
Jésus.
Tandis que vous chassiez toute sale pensée,
Leur fermant avec soin tous les accès du cœur,
Je combattais pour vous, et j'étais le vainqueur :
Reprenez votre paix, vous n'êtes point blessée.
Réflexion.
Pécheur, c'est de toi seul que vient tout ton désordre ;
Tu te causes ton mal, aussi bien que ta mort ;
Ce n'est que quand tu veux que le démon te mord ;
Il peut bien aboyer, mais il ne saurait mordre.
Catherine.
Grand Dieu, puisqu'il est vrai que vous êtes tout nôtre,
J'ose vous supplier que nous changions de cœur,
Afin que vous aimant de votre même ardeur,
Vous viviez seul en moi, comme enseigne l'Apôtre.
Jésus.
L'amour que j'ai pour vous est un amour extrême,
Donnez-moi votre cœur, tenez, voilà le mien ;
Il sera pour jamais votre souverain bien ;
Gardez-le chèrement au-dedans de vous-même.
Réflexion.
Chrétiens, quand nous allons à la céleste table,
Dieu nous donne son cœur en nous donnant son corps:
Donnons à notre tour, par des ardens transports,
Notre cœur tout entier à ce Dieu tout aimable.
Catherine.
Je vous demande encor les tourmens et les gênes
Que l'on fera souffrir à chaque criminel,
Pourvu qu'il n'aille point au brasier éternel,
Je m'offre d'endurer toutes sortes de peines.
Jésus.
Puisque vous choisissez la couronne d'épine
Pour souffrir les tourmens dus aux crimes d'autrui,
Je veux vous imprimer mes plaies aujourd'hui,
Et vous mettre à la croix d'une façon divine.

Réflexion.

Ayons pour le prochain de l'amour et du zèle ;
Tâchons de l'affranchir du dernier des malheurs ;
Foulons les vains ébats, embrassons les douleurs,
Pour jouir dans le ciel d'une gloire éternelle.

SAINTE MAGDELÈNE DE PAZZI.

Air : *De Madame de Ganges, etc.*

Voici la fleur de Florence,
Digne d'un culte éternel,
Qui répand dans notre France
Les parfums du Mont-Carmel ;
Voici la nouvelle amante,
Qui nous convie à son tour,
A la pratique charmante
De vivre et de mourir d'amour.

Sitôt qu'elle est parvenue
A l'usage de raison,
Sa belle ame se dénue,
Et s'adonne à l'oraison ;
C'est là que son cœur s'embrase
Du feu de l'amour divin,
C'est là qu'elle vit d'extase,
Comme un ardent Séraphin.

Quand sa mère communie,
Elle cherche avec ferveur
A lui tenir compagnie,
Pour contempler le Sauveur ;
Elle se sent embaumée
Auprès de ce sacré Pain,
Et devient toute enflammée
De le loger dans son sein.

S'étant faite Carmélite,
On observe incontinent
Que c'est une ame d'élite,
Au point le plus éminent ;
Elle est déjà si fidelle,
Qu'on voit, à ce qu'elle fait,
Un admirable modèle
Pour tendre à l'état parfait.

En tout temps elle est ravie
Au-devant de nos autels,
Adorant le Pain de vie,
Sacré banquet des mortels ;
Elle se rend si dévote
A ce divin Sacrement,
Qu'elle le va voir, sans faute,
Trente fois journellement.

Elle exalte le mystère
Qui sauva le genre humain ;
Courant par le monastère,
Le Crucifix à la main,
Elle crie à pleine tête :
Chères sœurs, voici l'Amour,
Voici Jésus qui souhaite

P 2

Que nous l'aimions nuit et jour.
Tout l'embrase et tout l'allume,
Au-dehors comme au-dedans ;
Il semble qu'on la consume
Avec des flambeaux ardens,
Elle souffre un tel martyre,
Dans un cœur tout enflammé,
Qu'à bon droit on lui peut dire :
Vous avez beaucoup aimé.
Lorsqu'elle voit, par le cloître,
Quelques-unes de ses sœurs,
Son cœur fait souvent paraître
Ses élans et ses ardeurs :
Quoi ! chères sœurs, leur dit-elle,
Vous n'usez point de retour ;
Ah ! ma douleur est mortelle,
Si vous ne mourez d'amour.
Elle va sonner les cloches,
Pour éveiller les humains ;
Les sœurs qui lui sont plus proches,
L'entendent frapper des mains ;
L'amour divin qui la blesse
De ses traits les plus perçans,
Lui cause une telle ivresse,

Qu'elle absorbe tous ses sens.
Le même amour qui l'enflamme,
La blesse pour la guérir,
C'est la flèche et le dictame,
Qui la fait vivre et mourir ;
Les ennuis qu'elle supporte,
Ses langueurs, ses feux, ses traits,
Dont elle est vivante et morte,
Ne l'abandonnent jamais.
Appelons donc Magdelène,
Bienheureuse en sa langueur ;
Elle ne souffre la gêne
Que pour le Dieu de son cœur :
Si sa douleur est cruelle,
Sans aucun allégement,
La cause est cent fois plus belle,
Que n'est rude son tourment.
Son désir pour les tortures,
La fait résoudre une fois,
A passer, pendant vingt heures,
Les bras étendus en croix ;
Elle en pâlit, elle en sue,
Elle en rend presque l'esprit ;
Mais plus cette croix la tue,
Plus vit-elle en Jésus-Christ.

Elle fait la discipline
Avec de rudes chaînons,
En hiver elle chemine
Nu-pieds dessus les gla-
  çons ;
La ceinture qui la serre,
Fait à ses reins mille trous;
Son lit est la plate terre,
Son oreiller des cailloux
  Elle passe cinq années
Dedans la fosse aux lions;
Ses passions déchaînées
A mille tentations :
Un grand désespoir la
  tente,
L'orgueil, l'infidélité,
La gourmandise insolente,
Et la sensualité.
  Tout l'enfer lui fait la
  guerre
Par l'esprit le plus impur,
Croyant la jeter par terre,
Et triompher de son cœur,
Elle se met dans la neige,
Ou sur des chardons pi-
  quans ;
Et Jésus qui la protége,
La délivre en même temps.
  Après cette longue peine,
Elle aperçoit, un matin,
St. Jean, Ste. Magdelène,
Avec St. Thomas d'Aquin :
Ils écartent ses tristesses,
Ses frayeurs, ses abandons;
Ils lui font mille caresses,
L'ornant de précieux dons.
  Son cœur frémit, lors-
  qu'un Prêtre,
Qui s'approche de l'autel,
Ose lâchement commettre
Le moindre péché mortel :
Ah ! dit alors notre Sainte,
Se tournant vers son E-
  poux,
Si la lumière est éteinte,
Comment irons-nous à
  vous ?
  Hélas ! mes sœurs, di-
  sait-elle,
Que la grille et le parloir
Rendent une ame infidelle
A bien remplir son devoir !
Je vous conjure de croire
Qu'à présent je choisirais
De brûler en purgatoire,
Autant que j'y demeurais.
  Je n'ai jamais su com-
  prendre
Cet étrange aveuglement,
Qu'une ame ose condes-
  cendre
A pécher mortellement ;
Je suis à ma dernière
  heure,
Sans avoir pu concevoir
Qu'une vile créature
Trahisse ainsi son devoir.
  Faites glorieuse Sainte,
Que j'abhorre le péché,
Et qu'en tout ma seule
  crainte
Soit d'avoir mon cœur
  taché ;
Faites que je ne respire
Que l'air de l'amour divin,
En attendant que j'expire,
Pour aimer mon Dieu
  sans fin.

SAINTE ROSE, VIERGE,
DU TIERS-ORDRE DE SAINT DOMINIQUE.
Air : *Ne sommes-nous pas heureux.*

Que chacun chante à son tour
Les vertus de sainte Rose,
Dont la belle ame repose
Dans le sein du Dieu d'amour.
Que les hommes et les anges
Par un concert ravissant,
Lui consacrent des louanges,
A l'honneur du Tout-puissant.

Célébrons avec nos vers,
Rose parmi les épines ;
Produisons ses disciplines,
Et ses instrumens divers.
Presque depuis sa naissance,
Jusqu'à son heureux trépas,
La douleur et la souffrance
Ont fait ses plus doux appas.

Elle jeûne avant le temps,
Trois jours toutes les semaines,
Domptant les forces humaines
En un âge de six ans ;
Un petit pain et l'eau pure
La nourrit cinquante jours,
Dieu faisant sa nourriture,
Par ses plus chastes amours.

Son cœur fuit la vanité,
Durant que Dieu le demande ;
Mais sa mère lui commande
D'avoir soin de sa beauté :
Elle obéit à sa mère,
En obéissant à Dieu,
Et sans désister de faire
Ce qu'il veut d'elle en tout lieu.

On la fait parer de fleurs,
Lorsqu'au travers de sa tresse,
Une aiguille qu'elle presse,
Lui cause d'âpres douleurs ;
Sa mère veut qu'elle prenne
Un riche habit et des gans ;
Mais Jésus qui voit sa peine,
L'en dépouille en même temps.

Bien loin de flatter sa chair,
Elle trouve ses délices
A l'accabler de cilices
Et de deux chaînes de fer ;
Comme une autre Catherine,
Elle ensanglante son corps,
A grands coups de discipline,
Pour les pécheurs et les morts.

Jésus couronné pour nous,
Porte cette ame parfaite
A mettre un cercle à sa tête,
Qui fait nonante-neuf trous :
La couronne étant ôtée,
Rose est rouge doublement,
Car sa face ensanglantée
Découvre à tous son tourment.
Des pièces de bois tortu,
Parmi des pierres aiguës,
Et quelques tuiles rompues,
Exercent bien sa vertu :
C'est sur ces matières dures
Que son corps brisé s'endort,
Seulement pendant deux heures,
Pour faire durer sa mort.
Le feu de l'amour divin
L'attire à se tenir seule
Dans une étroite cellule
Qu'elle a faite en son jardin;
C'est dans cette solitude
Que Jésus la voit souvent;
Il devient sa plénitude,
Et lui donne un cœur fervent.
Rose en tout temps, en tout lieu,
Ne pouvant cacher la flamme
Qui consume sa sainte ame,
Crie à tous : Aimons bien Dieu.

Elle voudrait être unie
A tous les chœurs immortels,
Pour en faire un incendie
Aux pieds de nos saints autels.
Contemplant son Bienaimé
Dans l'auguste Eucharistie,
Comme prêtre et comme hostie,
Son cœur est tout allumé :
Le jour que son ame sainte
A reçu ce Sacrement,
Son corps ne peut, sans contrainte,
Recevoir d'autre aliment.
Les promesses ni les coups
Ne peuvent rien contre Rose,
Quand sa mère lui propose
Un jeune homme pour époux :
Après que l'on l'a battue,
Sans chanceler, elle dit :
Je suis toute résolue
A n'avoir que JésusChrist.
Un Dimanche des Rameaux,
Jésus au sein de Marie,
Epouse Rose qui prie,
La comblant de dons nouveaux.
Il lui dit dans la chapelle :
Chère Rose de mon cœur,
Soyez l'Epouse fidelle

De votre aimable vain-
 queur.
  Rose estime qu'elle doit,
Pour cette faveur insigne,
Dont elle se croit indigne,
Mettre une bague à son
 doigt ;
Cet anneau lui fait entendre
Que c'est la fidélité
Qui conduit l'ame humble
 et tendre
A la déiformité.
  On ne saurait exprimer
Son humilité profonde
Qui dérobe aux yeux du
 monde
Ce qui la fait estimer :
On voit sur le front de Rose
Le dédain et la pudeur,
Dès qu'on lui dit quelque
 chose
Qui lui puisse faire hon-
 neur.
  La Reine et le Roi des
 Cieux
De temps en temps la vi-
 sitent,
L'entretiennent et l'exci-
 tent
Par les doux traits de leurs
 yeux ;
Etant aussi visitée
Par son Ange Gardien,
Elle se sent transportée
Après le souverain bien.
  Elle vaque chaque jour,
Pendant douze heures en-
 tières,
A de ferventes prières

Qui rallument son amour;
Disons plutôt qu'à toute
 heure,
Elle prie au fond du cœur,
Puisque chaque créature
L'élève à son Créateur.
  Un jour, un petit oiseau
Charmant l'oreille de Rose,
Sur-le-champ elle com-
 pose
Et chante un quatrain
 nouveau :
L'oiseau lui fait la répli-
 que,
Puis alternativement
Ils poursuivent leur Can-
 tique
D'un air doux, grave et
 charmant.
  Bien que tout lui tienne
 lieu
D'un continuel martyre,
Nuit et jour elle soupire
De verser son sang pour
 Dieu ;
Son zèle ardent la dévore,
Pendant qu'elle voit périr
Le pécheur, le Turc, le
 Maure,
Sans les pouvoir secourir.
  Rose déclare aux pé-
 cheurs,
Leurs plus secrètes pen-
 sées,
Et les offenses passées,
Qu'ils récèlent dans leurs
 cœurs ;
Cette Vierge Séraphique,
Qui leur peut tout obtenir,

Par un esprit prophéti-
que,
Se rend présent l'avenir.
 Quoiqu'elle n'ait pres-
que rien,
Il n'est pas un misérable
A qui son cœur charitable
Ne procure quelque bien :
Les pauvres tenant la
place
De son adorable Epoux,
Elle les sert, les embrasse,
Elle se rend toute à tous.
 Dieu la prive réglement
Chaque jour pendant une
heure
De la paix intérieure,
Et de tout allégement ;
Mais ces dures sécheresses,
Et ces ombres de la mort,
Lui procurent les caresses
D'un tendre et divin ren-
fort.
 Pour la faire mériter,
Le ciel permet que sa mère,
Et son aïeule sévère,
Osent la persécuter ;
L'une l'outrage et la pous-
se,
L'autre la charge de coups,
Et Rose, toujours plus
douce,
Trouve ce traitement
doux.
 Un démon d'impureté,
Trompeur, cruel et dif-
forme,
D'un jeune homme prend
la forme,

Et combat sa chasteté ;
Mais il trouve notre Rose
Au milieu de ses rigueurs,
Sa pénitence s'oppose
Aux infernales ardeurs.
 Rose appréhende une
fois
Pour le salut de son ame,
Elle se trouble et se pâme,
Sentant d'étranges effrois.
Jésus l'ayant éprouvée,
Lui dit d'un ton souverain:
Rose, vous serez sauvée,
Je vous garde dans ma
main,
 Ses parens manquent de
miel,
De pain et de quelque
somme
Que leur demandait un
homme,
Et Rose obtient tout du
ciel ;
Les yeux de la Providence,
Ses mains pleines et son
cœur
S'ouvrent à la confiance
De cette céleste fleur.
 Elle prédit le moment
Qu'il lui faudra rendre
l'ame ;
Elle s'apprête et s'enflam-
me,
Pour en subir le tourment;
L'amour pur qui la fait
vivre,
Met tout son corps à la
croix,
Et les assauts qu'il lui livre

La réduisent aux abois.
Dès qu'elle a rendu l'esprit,
Cent diverses maladies,
Qu'on voit tout-d'un-coup guéries,
Font éclater son crédit ;
Une fille assez petite,
Dont les parens sont en deuil,
Malgré la mort ressuscite.
Et sort hors de son cercueil.
Les pécheurs invétérés,
Par l'aide de notre Sainte,
Touchés d'une vive crainte,
Conçoivent mille regrets ;
A l'odeur de cette Rose,
Ils font voir, par leurs remords,
Que sans doute elle dispose
Et des ames et des corps.
Chère fleur du Roi des Rois,
Belle Rose rouge et blanche,
Devant qui mon cœur s'épanche,
Prêtez l'oreille à ma voix ;
Je demande avec instance
Une nouvelle ferveur,
La vertu de pénitence,
Et la pureté du cœur.

SAINTE EUPHROSINE, VIERGE,
SOUS UN HABIT DE RELIGIEUX.

Air : Depuis long-temps qu'en secret je vous aime.

L'homme peu tout, lorsque Dieu par sa grace
Forme et conduit ses généreux desseins,
Tout lui succède et rien ne l'embarrasse,
Il marche alors aux pas des plus grands Saints ;
Nous l'allons voir au projet glorieux
Dont Euphrosine étonna tous les Cieux ;
    Elle eut courage,
    Dans son jeune âge,
De s'habiller comme un Religieux.
  Un gentilhomme issu d'Alexandrie,
A qui le ciel n'accordait point d'enfans ;
Va voir, tout triste, un saint Moine, et le prie
D'en demander par des vœux très-ardens,
Sa chaste femme, affligée à son tour,
Qui dès long-temps fond en pleurs nuit et jour ;
    Promet sans feinte,

Pour être enceinte,
D'offrir son fruit au Seigneur pour retour.
   Ayant reçu leur petite Euphrosine,
Ils ont à cœur de la bien élever ;
A chaque jour ils lui font la doctrine,
Et prient Dieu de la leur conserver :
Sitôt qu'elle est à l'âge de douze ans,
Sa digne mère est au bout de son temps ;
         Dès qu'elle expire,
         Chacun aspire
A caresser le cher fruit de ses flancs.
   Le bon Paphnuce, homme pieux et sage,
Qui veut savoir ce qui conviendra mieux,
Avant donner sa fille en mariage,
Va prendre avis du saint Religieux :
Tandis qu'il traite avec l'humble vieillard,
Son Euphrosine est ravie à l'écart ;
         Elle médite
         D'être un Ermite,
Elle fait choix de la meilleure part.
   Pendant le temps qu'on célèbre une fête,
Et que son père offre à Dieu mille vœux,
Elle s'habille en pauvre Anachorète,
Après avoir fait raser ses cheveux :
Père du jour, des astres le plus beau,
Arrête ici, contemple ce flambeau ;
         C'est Euphrosine
         Qui s'achemine
Vers le couvent qui sera son tombeau.
   Sous cet habit, notre Vierge modeste,
Cachant son nom, prend celui d'Emerand,
Se confiant à son Père céleste,
Elle s'adresse à l'Abbé tout fervent ;
Le saint vieillard, prêt à la recevoir,
Ne manque point de lui faire savoir
         La vie austère
         Du monastère
Et les combats que l'on y peut avoir.
   Ah ! mon cher Père, ajoute notre Sainte,

J'ai préparé mon cœur et mon esprit ;
Je ne ferai la moindre plainte,
Lorsqu'il faudra souffrir pour Jésus-Christ.
Depuis long-temps mon ame a dit adieu
A ce qui peut déplaire aux yeux de Dieu ;
   Je ne désire
   Qu'un long martyre ;
Recevez-moi par grace en ce saint lieu.
 Le sage Abbé, touché de sa constance,
Sans résister, le reçoit à l'instant ;
D'abord on voit son exacte observance,
L'esprit docile et le cœur très-ardent ;
Il n'est aucun qui ne soit satisfait
De ce Novice en qui tout est parfait,
   Chacun contemple
   Son rare exemple,
Et chacun veut le suivre en ce qu'il fait.
 L'esprit malin représente au saint Moine
Combien son père a de bien et d'honneur ;
Mais Euphrosine, ainsi qu'un autre Antoine
Le foule aux pieds et chérit son bonheur :
Cet esprit fier que la Sainte a dompté,
Se venge d'elle en sa rare beauté ;
   Tous ses Confrères,
   Les plus austères,
Sont près de lui tenté d'impureté.
 Le tentateur, loin d'attraper, s'attrape :
Au lieu d'abattre, il se voit abattu.
L'Abbé commet ce Moine au grand Agape,
Sage vieillard et de haute vertu ;
La chaste fille obéit de bon cœur,
Dès qu'on l'oblige à se priver du chœur ;
   Elle se cache,
   Et sans relâche,
Dans sa cellule aime son Créateur.
 Au même instant que le saint Moine chante,
Son triste père est accablé d'ennuis ;
Tout lui déplaît, il cherche, il se lamente,
Les plus beaux jours lui sont de sombres nuits ;
         Ayant

Ayant perdu l'objet de ses désirs,
Il s'abandonne à mille déplaisirs,
  Et n'a pour aide,
  Et pour remède,
Que les sanglots, les pleurs et les soupirs.
 L'époux nouveau, Paphnuce et le beau-père,
Poussent des cris qui pénètrent les Cieux;
Tous trois outrés d'une douleur amère,
Mandent des gens en mille divers lieux;
Mais c'est en vain qu'ils font ainsi chercher
Celle que Dieu prend soin de leur cacher;
  La fille est sûre
  Dans sa clôture,
Elle s'y tient plus ferme qu'un rocher.
 Le père seul sans fermer la paupière,
Va voir l'Abbé dès long-temps son ami,
Pleure à ses pieds, implore sa prière,
Et ne lui dit sa douleur qu'à demi.
Tandis qu'il crie et serre ses genoux,
Jeunes et vieux soudain accourent tous;
  Ils compatissent,
  Ils s'attendrissent;
Paphnuce, hélas! disent-ils, qu'avez-vous?
 Ah! répond-il, l'astre qui par-tout brille,
Cache à ma vue un trésor précieux;
Je viens de perdre en mon unique fille,
La liberté de la voix et des yeux:
On l'a ravie en ma propre maison;
Fut-il jamais plus noire trahison?
  Cette aventure
  Fait ma torture.
Disant ces mots, il tombe en pâmoison.
 Le saint Abbé l'embrasse et le console,
Il lui promet qu'il priera Dieu pour lui;
Dieu l'éclairant, il lui donne parole
Qu'il verra tôt la fin de son ennui:
Il se retire après ce doux renfort;
De la tempête il se croit dans le port;
  Son ame espère

        Q

    Que ce cher Père
Lui fera voir sa fille avant sa mort.
  Toujours en peine et toujours solitaire,
Quoiqu'abattu, débile et consumé,
Il s'en retourne un jour au Monastère,
Qui lui détient cet objet bien-aimé;
Le cœur saisi d'un secret sentiment;
Il se prosterne et demande en pleurant;
    De lui permettre
    De pouvoir être
Au moins une heure avec frère Emerand.
  On le conduit à l'étroite cellule,
Où Dieu possède Euphrosine en secret,
D'abord la Sainte abaisse sa cucule,
Sur son visage extrêmement défait :
Elle reçoit son père gaiement,
Et l'entretient sur le détachement
    De tout ce monde,
    Où l'on n'abonde
En tout état qu'en mécontentement.
  Souvenez-vous Paphnuce, poursuit-elle,
Qu'en ce bas lieu rien ne peut contenter,
Qu'il faut penser à la vie éternelle,
Et que pour Dieu l'homme doit tout quitter;
Si votre fille a fait un si bon choix,
De son bonheur feriez-vous votre croix ?
    Non, au contraire,
    Tâchez de plaire,
Comme elle a fait, à Jésus, Roi des Rois.
  Secrets profonds ! Providence divine,
Qui ne veut point découvrir ce trésor !
Paphnuce voit son aimable Euphrosine,
Lorsqu'il prétend de la chercher encor;
Il voit sans voir l'objet de ses appas,
Entend sa voix et ne la connaît pas,
    Et quoi qu'il fasse,
    Dieu veut qu'il passe
Trente-huit ans à ne dire qu'hélas !
  O quel combat ! la grace et la nature

Lancent ici tous les traits de l'amour;
La fille voit son père qui la pleure,
Et le voyant, elle pleure à son tour;
Elle lui dit, en termes assurés :
Ne pleurez plus celle que vous pleurez,
   Chassez vos plaintes,
   Cessez vos craintes,
J'espère en Dieu qu'un jour vous la verrez.
 Après long temps qu'il passe en sa patrie,
Il va revoir son cher consolateur,
Ayant appris l'extrême maladie
Qui le va joindre à son doux Créateur;
On lui permet d'admirer de nouveau
Les traits mourant de son vivant tableau,
   Il l'envisage,
   Et perd courage,
Voyant qu'il est à deux doigts du tombeau.
 Notre malade arrête au Monastère
Le bon Paphnuce encore pour trois jours,
Après lesquels elle lui dit : Cher père,
Vivez en paix, je vais finir mon cours;
Ne pleurez plus et demeurez content,
Car vous avez Euphrosine devant;
   Voyez ma face;
   Dieu, par sa grâce,
Me fait passer pour Moine en ce Couvent.
 Ici Paphnuce, abattu contre terre,
Mêle sa joie avec ses déplaisirs;
Son cœur s'entr'ouvre et soudain se resserre,
Poussant et puis retenant ses soupirs.
La Sainte crie à son cher père alors :
Relevez-vous, redoublez vos efforts;
   Et quand ma vie
   Sera finie,
Ne souffrez point que l'on touche à mon corps.
 Etant enfin parvenue à son terme,
Et sur le point de rendre les abois,
Son cœur content paraît toujours plus ferme,
Et de la mort il méprise le poids;

Q 2

Sans que l'assaut d'un trépas tout certain,
Arrache d'elle un mouvement humain,
    Son ame sainte
    Passe sans crainte,
De la misère au bonheur souverain.
  Plût au Seigneur, redit cent fois Paphnuce,
Dès qu'Euphrosine a volé vers son Dieu,
Plût au Seigneur qu'après toi je mourusse
De cette mort, et dans ce même lieu !
Aimable fille, appui de mes vieux ans,
Rends-toi sensible à mes regrets cuisans;
    Fais que je meure
    Dans ta demeure;
Déjà suis mort aux plus doux sentimens.
  Je perdis tout en te perdant de vue;
J'agonisais du désir de te voir;
Et maintenant ta présence me tue,
Je te possède en cessant de t'avoir.
Mon doux Sauveur, ah ! présidez ici.
Quoi ! mon repos enfante mon souci !
    Mon alégresse
    Fait ma tristesse ;
Ma fille est morte, ah ! que je meure aussi.
  A ces grands cris, tous ceux du Monastère
Viennent trouver Paphnuce en soupirant;
S'étant instruits de ce nouveau mystère,
Chacun admire et regrette Emerand :
Paphnuce obtient de vivre au même endroit
Où sans relâche Euphrosine priait ;
    Il y soupire,
    Tant qu'il respire,
En méditant les maux qu'elle endurait.
  Chaste Euphrosine, Ermite incomparable,
Votre constance étonne les plus forts ;
Nous regardons votre vie admirable,
Bien au-dessus de nos lâches efforts :
Procurez-nous d'être au moins plus constans
A bien souffrir les fâcheux accidens,
    Et qu'à toute heure

Notre ame meure
A ce qui passe avec le cours du temps.

SAINTE PÉLAGIE, PÉNITENTE,
Racontant elle-même son Histoire admirable,
avec des réflexions morales.

Air : *Je crois en Dieu le Père tout-puissant.*

Que tout pécheur chante d'un doux accent,
Que tout pécheur se pâme d'alégresse ;
Le trois fois Saint, le trois fois Tout-Puissant
A converti mon ame pécheresse.
 Les voluptés, le monde et le démon
Me captivaient sur le bord des abymes,
Lorsqu'un grand Saint, dans un fervent sermon,
Me découvrit la laideur de mes crimes.
 Ce bon vieillard me parlant au-dehors,
Dieu me parlait au-dedans de moi-même,
Et mes péchés, par des cuisans remords,
Perçaient mon cœur d'une douleur extrême.
 Ne pouvant plus déguiser mon état,
Ni contenir des larmes l'abondance,
Je fis dès-lors paraître au saint Prélat,
De mes forfaits mon humble repentance.
 Grands et petits sont dans l'étonnement,
D'une douleur si prompte et si parfaite ;
Les gens de bien louent mon changement ;
L'enfer gémit, et le ciel fait grand'fête.
 Les yeux baissés, toute fondante en pleurs,
Sans dire mot, au sortir de l'Eglise,
Je m'abandonne aux plus vives douleurs,
Cherchant le Saint afin qu'il me baptise.
 Je foule aux pieds tous mes vains affiquets,
Mes beaux habits, mes perles, mes dorures,
Et je renonce au monde pour jamais,
En détestant mon luxe et mes parures.
 Tous mes amans, en me voyant passer,
Disent entr'eux : La voilà convertie,

Retirons-nous, il n'y faut plus penser,
C'est tout de bon qu'elle change de vie.

Le saint Prélat, quoiqu'il m'ait vu pleurer,
Craint que mon cœur ne soit encor le même ;
Il se résout de s'en mieux assurer,
En différant le jour de mon baptême.

Sur ce délai j'embrasse ses genoux,
Mon cœur brûlant d'une céleste flamme,
Et je lui dis en présence de tous :
Vous répondrez du salut de mon ame.

Plusieurs Prélats assemblés dans la cour,
Sont attendris d'une ferveur si grande,
Et convaincus de mon parfait retour,
Pressent le Saint d'accorder ma demande.

On appela Romaine à l'Evêché,
Pour me servir de marraine et de pleige,
Quand j'attendais qu'au lavoir du péché,
On me rendit plus blanche que la neige.

Tout était prêt pour noyer mes forfaits,
Dont je sentais un repentir extrême ;
Me résolvant de ne pécher jamais,
A deux genoux je reçus le Baptême.

Je dis d'abord : O le Dieu de mon cœur !
Je vous bénis de m'avoir fait Chrétienne ;
Possédez-moi, mon aimable Vainqueur,
Et qu'à jamais mon cœur vous appartienne.

Je fis donner aux pauvres tout mon bien,
Tous mes captifs furent hors d'esclavage ;
Et depuis lors, ne tenant plus à rien,
Jésus en croix me tint lieu d'héritage.

L'esprit malin, tout le long du repas,
Gronde et gémit d'avoir perdu mon ame,
Et None entend avec tous les Prélats,
Qu'il le maudit, le menace et le blâme.

Puis tout confus et tout saisi d'effroi,
Quittant le Saint il me donne une atteinte ;
Et pour tâcher de triompher de moi,
A haute voix il me fit cette plainte :

Que t'ai-je fait pour me traiter ainsi ?

Que t'ai-je fait, perle, mon espérance ?
L'insigne affront que tu fais ici,
M'est plus fâcheux que toute autre souffrance.

 Quitte au plutôt ce vieillard décrépit
Qui m'a ravi tant d'ames pécheresses,
Je fonds en pleurs, je crève de dépit,
Qu'il m'ait ôté ton cœur par ses adresses.

 Reviens à moi, ne m'abandonne pas,
N'imite point la conduite d'un traître,
N'imite point mon bien-aimé Judas,
Qui sans sujet osa trahir son Maître.

 Comme un rocher repousse tous les flots,
Lorsque les vents ont excité l'orage ;
Ainsi mon cœur chassa le vain propos,
Et s'affermit, loin de perdre courage.

 Il me cajole une seconde fois,
Me trouvant seule auprès de ma marraine ;
Mais en faisant le signe de la Croix,
Je le confonds, et son attaque est vaine.

 Ayant promis d'éviter le péché,
Et n'osant pas me fier à moi-même,
Je soupirais après un lieu caché,
Pour conserver la grace du Baptême.

 Dieu m'inspira de m'évader sans bruit,
Huit jours après que je fus baptisée ;
Sans balancer je me sauve de nuit,
Trompant Satan qui m'avait abusée.

 Lorsque le jour vint éclairer mes pas,
Romaine entra dans une nuit obscure,
Cherchant par-tout et ne me trouvant pas,
Elle gémit, elle crie, elle pleure.

 Cessez vos cris, lui dit le saint vieillard,
Ne pleurez plus notre fille nouvelle ;
Elle a fait choix de la meilleure part,
Priez bien Dieu qu'il la rende fidelle.

 Elle adoucit ses regrets et ses cris,
Elle met fin à son inquiétude,
Quand je poursuis le chemin que j'ai pris,
Pour me cacher dans une solitude.

Pour tout habit j'avais un vieux manteau,
Et sur ma chair une haire piquante ;
L'enfer, le ciel, mon Juge et le tombeau,
M'aiguillonnant à vivre en pénitente.

Mes ennemis avaient beau me tenter,
Pour m'émouvoir à regarder derrière,
Je m'avançais sans jamais m'arrêter,
Jésus étant ma force et ma lumière.

J'arrive enfin sur le Mont d'Olivet,
Où je me fais un petit ermitage ;
Je n'ai plus là que Dieu pour seul objet,
Cachant mon nom sous le nom de Pélage.

Je méditais, en pleurant nuit et jour,
Les durs tourmens du cher Fils de Marie,
Et tout mon soin, pour user de retour,
Fut de souffrir le reste de ma vie.

Envisageant sa fervente oraison,
Son triste état et sa sueur sanglante,
Je redoublais dans ma triste prison,
Toutes les croix d'une ame pénitente.

Quand du Jardin je passais aux travaux
Qu'il endura jusqu'au Mont du Calvaire,
Je ne trouvais rien de rude en mes maux,
Et mon état n'avait plus rien d'austère.

Je supportais les injures du temps,
La faim, la soif, le cilice et les veilles,
Et ces rigueurs qui mataient tous mes sens,
M'étaient pour Dieu des douceurs nompareilles.

Le corps défait, le cœur humble et contrit,
Je pressentais que ma fin était proche,
Lorsqu'un matin en frappant il me dit :
Pélage, ouvrez au Diacre d'Antioche.

N'ayant plus rien de ma rare beauté,
Je le connus sans en être connue ;
Je l'entretins par pure charité,
Puis refermant, je le perdis de vue.

Pendant trois jours, voulant me dire adieu,
Il vint frapper et prier à ma porte ;
Souple et fidelle au mouvement de Dieu,

L'ayant ouverte, il vit que j'étais morte.
 Il va d'abord à la sainte Cité,
En publiant de ma mort la nouvelle;
Le peuple accourt avec solennité,
On prend mon corps, on l'honore avec zèle.
 On est ravi quand on voit en effet
Que j'ai vécu comme un homme, étant femme;
On bénit Dieu de tout ce qu'il a fait
Pour m'embraser de sa divine flamme.
 Rien de si beau: les Vierges du Jourdain,
De Jéricho, de chaque Monastère,
Viennent d'abord, des cierges à la main,
Louant Jésus d'un si profond mystère.
 On n'oit par-tout que chants mélodieux,
On n'oit par-tout qu'hymnes et que cantiques,
En même temps que les Religieux
Sont occupés à porter mes reliques.
 Ainsi finit le cours de mes travaux;
Ainsi finit mon exil volontaire;
Mais à présent la gloire et le repos
Sont dans le ciel mon éternel salaire.

RÉFLEXION.
La Sainte au Pécheur.

 Change d'esprit, insensible pécheur,
Rends-toi, de grace, ayant lu mon histoire,
Depuis long-temps Jésus combat ton cœur,
Sans qu'il en ait remporté la victoire.
 Ne sois plus sourd à sa secrète voix;
Crains de lasser sa bonté paternelle;
Crains qu'un refus redoublé tant de fois,
Ne soit suivi de ta perte éternelle.
 Puisque tu crois son juste jugement,
Sans différer condamne tous tes vices,
Punis-les tous impitoyablement,
Pour t'affranchir des éternels supplices.
 Si le démon s'oppose à ton dessein,
Si sur ta mort ce trompeur te rassure,
Ressouviens-toi qu'elle habite en ton sein,
Et qu'elle peut te surprendre à toute heure.

La Sainte aux personnes dévotes.

Qui que tu sois qui chéris les vertus,
Et qui t'endors ou qui déchois sans cesse,
Vois les sentiers qu'une femme a battus,
Et devant Dieu rougis de ta paresse.

Fais dans ton cœur un petit cabinet,
Pour y voir Dieu, l'adorer et lui plaire,
Et sans aller sur le Mont-d'Olivet,
En conversant tu seras solitaire.

Pense aux tourmens qu'a soufferts Jésus-Christ;
Tâche en ce point d'imiter Pélagie,
Et tu pourras porter d'un ferme esprit,
Tous les travaux d'une mourante vie.

Sois tout à Dieu par de sacrés transports,
Que tout ton cœur après lui seul soupire,
Et que jamais les désirs de ton corps
Du vieil Adam ne conservent l'empire.

Dans tous tes maux et dans tous tes combats
Invoque-moi, mais d'une foi constante,
Et sois certain que tu ressentiras
Combien vers Dieu ma prière est puissante.

SAINTE ROSALIE, VIERGE SOLITAIRE.

Air : *Amarillis, vous êtes blanche et blonde.*

Allons, Chrétiens, allons voir en Sicile
Ce que nos yeux n'ont jamais découvert ;
Nous trouverons dans cette fameuse île,
Au fond d'un bois, un rocher entr'ouvert ;
Dans cet affreux rocher, nous verrons Rosalie
Toute perdue en Dieu comme un Elie.

En pleine nuit, cette Vierge prudente,
Ayant caché son entreprise à tous,
Sort de Palerme avec une ame ardente,
Comme une lampe au-devant de l'Epoux ;
Son Ange la conduit aux forêts de Quinquine,
Fidelle à l'Esprit Saint qui l'illumine.

Qu'il fait beau voir cette fille chérie,

Abandonner les plaisirs, les honneurs,
Tous ses parens, ses amis, sa patrie,
Et faire choix des soupirs et des pleurs !
Toute la cour du ciel admire son courage,
Et son fervent désir pour le bocage.

 Grands et petits gémissent dans Palerme,
D'avoir perdu ce trésor précieux ;
Mais Rosalie avance d'un pas ferme,
A conquérir le royaume des Cieux ;
Elle vole, elle court par la rase campagne,
L'amour la fait grimper sur la montagne.

 Dès qu'elle voit la grotte inaccessible
Que le Seigneur destine à ses desseins,
Elle serpente, elle fait son possible
Pour pénétrer dans des trous souterrains ;
Après mille détours, son beau corps se prosterne,
Et se glisse en rampant dans la caverne.

 Nul des mortels ne sait ce qu'elle endure
Dans le recoin qui lui sert de couvert ;
Pour son breuvage elle n'a que l'eau pure,
Et pour son pain que l'herbe du désert ;
Lorsqu'elle dort un peu, c'est sur la plate terre,
Sans crainte des éclairs ni du tonnerre.

 Dieu toutefois lui fait laisser Quinquine,
Pour mieux braver l'ennemi capital,
Elle obéit à la grace divine,
Et s'en revient en son pays natal ;
L'antre affreux et profond où son amour l'enferme,
Est au Mont-Pélerin, près de Palerme.

 Admirons-la dans cette grotte sombre,
Dont l'ouverture est faite en soupirail ;
De ses travaux, Dieu seul sachant le nombre,
Je ne saurais en marquer le détail ;
Mais je ne doute point que son amour extrême
Ne la fasse souffrir autant qu'elle aime.

 Creux de rochers, et vous, écho fidelle,
Redites-moi les doux gémissemens
Dont cette aimable et chaste tourterelle
Fait retentir son antre à tout moment ;

Répétez à mon cœur l'amoureuse complainte
Et les soupirs ardens de notre Sainte.

  Petits oiseaux, rossignolets sauvages,
Qui gazouillez sur le Mont-Pélerin,
Bénissez Dieu, par vos charmans ramages,
Et rendez-lui vos hommages sans fin :
Unissez vos frédons avec la mélodie
Du chant harmonieux de Rosalie.

  Anges du ciel, apprenez-moi, de grace,
Ce que souffrait ce bel Ange incarné
Parmi les eaux, les frimas et la glace,
De son rocher mille fois fortuné ;
L'on n'en sait presque rien, l'on ne sait qu'en écrire
Elle nous a caché son long martyre.

  Que faites-vous, glorieuse Princesse,
Dans votre grotte, et les nuits et les jours ?
Ah ! je le vois, vous contemplez sans cesse
L'unique objet de vos tendres amours ;
Vous traitez avec lui, vous chantez ses louanges
Et vous ne conversez qu'avec les Anges.

  Vos pures mains, illustre Solitaire,
Font dans le bois des couronnes de fleurs,
Dont vous ornez et Jésus et sa Mère,
Qui pour retour vous comblent de faveurs ;
Vous leur dites cent fois le Salut angélique,
Eprise d'un amour tout séraphique.

  Tout ce qu'on voit sur la terre et sur l'onde,
Est pleinement banni de votre esprit ;
Vous attendez dans une paix profonde,
L'heure qui doit vous joindre à Jésus-Christ ;
C'est pour l'éternité que votre cœur s'embrase,
Le désir de voir Dieu fait votre extase.

  O quel bonheur ! la divine Marie,
Temple vivant de la Divinité,
Vient visiter sa chère Rosalie,
Et l'entretient de sa félicité ;
Qui pourrait exprimer avec quelle tendresse
Notre Sainte est aux pieds de sa Maîtresse ?

  Les purs Esprits la couronnent de roses,

Pleins de respect pour son corps virginal;
Ils lui font part de mille belles choses,
Qu'on saura mieux au Jugement final :
Ils sont comme ravis de voir cette ame pure,
Semblable, dans un corps, à leur nature.

 Lorsque le ciel veut terminer sa vie,
Elle s'applique une croix sur son sein,
S'étant couchée avec modestie,
Le chapelet soutenu d'une main,
L'autre soutient son chef, quand une vive flamme
Enlève de son corps sa très-sainte ame.

 Après sa mort, les Anges, en musique,
Laissent son corps, l'ayant rempli de fleurs,
Dans un sépulcre illustre et magnifique,
Tout parfumé de célestes odeurs :
Dieu cache ce trésor au peuple de Palerme,
Plus de quatre cents ans, ô le long terme!

 Le pauvre peuple, affligé de la peste,
Pleure, soupire, et l'on le voit périr,
Quand le Très-Haut tout-d'un-coup manifeste
Le corps caché qui le doit secourir :
Quatre Prêtres chantant invoquent Rosalie,
Et le ciel fait cesser la maladie.

 Le même jour on creuse avec courage,
Et l'on découvre enfin dans un tombeau,
Le corps sacré de cette Vierge sage,
Orné de fleurs, avec cet écriteau :
Rosalie est mon nom, Sinibault est mon père,
J'ai chéri, pour mon Dieu, la vie austère.

 Sans différer, un grand peuple s'assemble,
Tout le Clergé, tous les Religieux;
En tressaillant ils entonnent ensemble
Des chans nouveaux les plus mélodieux,
Et le ciel, se joignant, honore la relique,
Parmi les beaux accords de la musique.

 Les appareils qu'on dresse dans la ville,
Sont estimés plus de cent mille écus;
Pour Rosalie on trouve tout facile,
Tous les esprits, tous les cœurs sont joyeux;
         R

Vive, dit-on par-tout, la nouvelle Patronne !
Et béni soit celui qui nous la donne !
   Trois cents témoins confirment les miracles
Que Rosalie a faits de tous côtés ;
Rome aussitôt prononce ses oracles,
Et met au jour sa rare sainteté :
Chacun se convertit, chacun se renouvelle,
A la céleste odeur de sa Chapelle.
   O Rosalie, obtenez que mon ame
Fuie avec soin la peste du péché,
Qu'à l'avenir mon cœur glacé s'enflamme,
Qu'il meure à tout, qu'il vive détaché :
Faites qu'en toute part j'adore et je contemple
Le trois fois Tout-puissant, à votre exemple.

SAINTE PAULE, VEUVE ROMAINE.

Sur l'Air : *En vain je veux celer.*

Quel prodige nouveau,
Je vois sur un vaisseau
Paule qui fuit,
Où le ciel la conduit :
Cette Amazone
Passe les mers,
Rien ne l'étonne,
Elle abandonne
Son corps aux dangers.
   Paule ayant tout quitté,
Patrie et parenté,
Pauvre d'esprit,
S'attache à Jésus-Christ :
Elle ne pense
Qu'à conquérir
La récompense,
Que la souffrance
Lui doit acquérir.
   Ses plus ardens désirs,
Ses vœux et ses soupirs,
Ne visent plus
Qu'au berceau de Jésus :
La sainte crèche
Est le séjour,
Où Paule prêche,
Vive la flèche
Du divin amour.
   Elle ne veut plus rien
Que le souverain bien,
Son doux Sauveur,
Vrai trésor de son cœur
Sa nourriture
Et sa boisson,
Sont la lecture
De l'écriture,
Jointe à l'oraison.
   Il n'est point de honteux,
Point de nécessiteux,
Qui n'ait toujours
Paule pour recours :

Elle est affable,
Et son air doux
La rend aimable,
Et vénérable,
A l'endroit de tous.
   Son cœur est si touché
Pour le moindre péché,
Qu'elle voudrait
En mourir de regret :
Elle aime à plaire
Au Roi des Rois,
Sans plus rien faire
Qui soit contraire
A ses saintes lois.
   En tout temps, en tout lieu,
Paule regarde Dieu,
Ce Dieu de paix
Remplit tous ses souhaits :
Elle l'adore
Profondément,
Elle l'implore,
L'aime et l'honore
Sans relâchement.
   Ses jeûnes rigoureux
Et ses maux douloureux
Mettent sa chair
Jusqu'à la dessécher :
Elle repose
Fort peu de temps,
Son cœur s'oppose,
En toute chose,
Aux plaisirs des sens.
   Sa rare charité
Et son humilité,
Sont un miroir
Qu'on ne peut assez voir :
Sa modestie
Ravit chacun,

Enfin sa vie
Très-accomplie,
N'a rien de commun.
   Les esprits envieux,
Les plus malicieux,
Loin de l'aimer,
Cherchent à la blâmer ;
Mais sa constance
Surmonte tout,
Sa patience,
Dans la souffrance,
Brille jusqu'au bout.
   Après mille travaux
Et mille divers maux,
Son divin Roi
Vient l'appeler à soi,
Son ame sainte,
Riche en vertus,
Vole sans crainte
Et sans contrainte
Vers son doux Jésus.
   Les pauvres demi-morts,
Qui pleurent sur son corps
Lui crient tous :
Hélas ! que ferons-nous ?
Notre misère
Est sans soutien,
Ah ! chère mère
Très-débonnaire,
Nous n'avons plus rien.
   O Paule, qui régnez
Dans le ciel pour jamais,
Protégez-nous
Auprès de votre Epoux.
Faites de grâce
Qu'après la mort,
Notre ame passe,
Par votre grace,
De l'orage au port.

R 2

SAINTE FRANÇOISE, VEUVE ROMAINE.

Air : Ruisseau, qui court après toi-même.

Arrête ici, femme mondaine ;
Ton ame manque à son devoir,
Je m'en vais te le faire voir,
En sainte Françoise Romaine ;
Pèse ce qu'elle a fait dès ses plus tendres ans,
Tous ses états * sont instruisans.   *bis.*

Dès le maillot elle est si pure,
Qu'à peine ose-t-on l'approcher,
Même l'on craint de la toucher ;
Pour lui donner sa nourriture :
Prends garde à tous tes sens avec fidélité ;
Si tu chéris * la pureté.

Plus son corps croît, plus l'ame avance
En toutes sortes de vertus ;
Vois les sentiers qu'elle a battus,
Au temps de son adolescence :
Et toi, loin d'avancer, tu recules toujours,
Et tu ne fais * rien qu'à rebours.

Cette ame pure s'épouvante,
Lorsqu'elle voit que ses parens
Veulent la donner à Laurens ;
Elle est pourtant obéissante ;
On voit soudain briller, dans son nouvel état,
Plusieurs vertus * avec éclat.

Si les devoirs du mariage
La tirent de son train dévot,
Elle obéit sans dire mot,
Et sans faire mauvais visage :
Ne mets pas en oubli les soins de la maison,
Pour t'attacher * à l'oraison.

Etant un jour dans une Eglise,
Son mari la fait appeler,
Et quatre fois sans chanceler,
Elle s'interrompt sans remise ;

Mais le verset laissé, qu'elle reprend encor,
Se trouve écrit * en lettres d'or.

 Elle n'applique son étude,
Qu'à bien élever ses enfans,
Elle veut qu'ils soient triomphans
De toute mauvaise habitude :
Emploie tous tes efforts à bien soigner les tiens,
Afin qu'ils soient * de vrais Chrétiens.

 Quelle faveur, quel privilège,
Elle voit de jour et de nuit,
Son saint Ange qui la conduit,
Comme un enfant plus blanc que neige :
Tu ne vois pas le tien; mais tu ne doutes pas
Qu'il ne te voie * à chaque pas.

 Au seul éclat de sa lumière,
En pleine nuit près de son lit,
Elle dit l'office, elle lit,
Ou bien elle fait sa prière :
Profite des clartés que tu reçois du tien,
Quitte le mal * et fais le bien.

 Lorsqu'elle fait la moindre faute,
Soit au-dehors, soit au-dedans,
Cet Ange saint en même temps,
En s'éloignant la lui dénote :
Combien de fois le tien prend soin de t'avertir
Que ton cœur doit * se convertir.

 Pendant qu'elle prête l'oreille
A je ne sais quel vain caquet,
Elle reçoit un grand soufflet
De ce tuteur qui toujours veille :
S'il fallait te frapper pour un tel manquement,
Il le faudrait * bien fréquemment.

 Quand les démons lui font la guerre,
Par leurs efforts les plus fâcheux,
En remuant ses beaux cheveux,
D'abord il les abat par terre :
Si ton saint défenseur ne te tendait la main,
Tu combattrais * souvent en vain.

 Elle use bien de ses richesses;

Tout ce qu'elle reçoit de Dieu,
Est pour les pauvres de son lieu,
Elle fait à tous des largesses :
Donne et Dieu te rendra ; n'adore point l'argent,
Car Dieu te peut * rendre indigent.

 Ses pleurs amers avec l'eau pure,
Un pain plus dur que du biscuit,
Et quelque légume mal cuit,
Sont de son corps la nourriture :
Et tu voudrais avoir divers mets délicats,
Soir et matin * à tes repas.

 Elle se noircit la poitrine,
A coups de poing, cent fois le jour ;
Son dos aussi sent à son tour,
Jusques au sang, la discipline :
Et toi, pour épargner et caresser ton corps,
Tu fais jouer * mille ressorts.

 Cette Dame, humble, charitable,
Coupe du bois, fais des fagots,
Et puis les porte sur son dos,
Au pauvre le plus misérable ;
Elle montre par-tout un fond d'humilité,
Pour condamner * ta vanité.

 On bannit son mari de Rome,
On lui confisque tout son bien,
Sans qu'elle se plaigne de rien,
Semblable à Job, ce très-saint homme :
Pour le moindre accident tu relâches, tu crains,
Tu fuis la croix * et tu te plains.

 Par sa douceur incomparable,
Elle tient en paix ses parens,
Et vient à bout des différens
Que cause une haine implacable :
Tiens ton cœur bien en paix pour apaiser de tous,
Les différens * et les courroux.

 La Reine du ciel la visite,
Lui donne à baiser le Sauveur,
Et par un surcroît de faveur,
La guérit du mal qui l'agite :

Mais laissons ces faveurs qui la font éclater,
Et ne pensons * qu'à l'imiter.
 Secourez-nous, illustre Sainte,
Sur-tout à l'heure de la mort,
Où le démon fait son effort
Pour jeter l'ame dans la crainte :
Faites que nous vivions après notre trépas,
Par ce dernier * de nos combats.

LA BELLE JUDITH.

Sur l'Air : *Je suis un Prince bienheureux.*

HOLOFERNE.

Quel est ce peuple plein d'orgueil,
Qui se prépare à se défendre ?
Je m'en vais le mettre au cercueil,
S'il ne se dispose à se rendre.
Quel est son Dieu, quelle est sa loi,
Pour ne point céder à mon Roi ?

 Alchior. Ce peuple adore un Dieu puissant,
Qui fit de rien tout ce grand monde ;
Un seul d'entr'eux en défait cent,
Lorsque la grace le seconde ;
Ils sont gens pour vous renverser,
Si vous tentez de les forcer.

 Holoferne. Tu parles comme un insolent,
Je veux sans merci qu'on te lie ;
Va m'attendre au combat sanglant
Qui doit tout perdre en Béthulie ;
Je jure qu'avec les Hébreux,
Tu souffriras des maux affreux.

 Alchior. Ah ! pauvre peuple, il faut mourir
Des mains cruelles d'Holoferne ;
Priez Dieu de vous secourir,
Que chacun de vous se prosterne :
Il a juré d'un ton altier,
Que vous n'auriez point de quartier.

 Judith. Dieu de bonté, Roi tout-puissant,

Ayez pitié de ma patrie,
Ne souffrez pas que l'innocent
Soit conduit à la boucherie ;
Frappez tous ces Assyriens,
Comme les fiers Egyptiens.

 Leurs lances et leurs javelots
Bravent le ciel, la terre et l'onde ;
J'en pousse de tristes sanglots,
Dans une humilité profonde ;
Je vous prie, exaucez mes pleurs,
Et détournez tant de malheurs.

 Voudriez-vous que ces inhumains
Vinssent profaner votre temple ?
Faites-les tomber sous vos mains,
Pour servir à jamais d'exemple ;
Vous n'avez plus besoin de fer,
Pour les abymer dans l'enfer.

 Que ce superbe Colonel,
Qui met son espoir en ses forces,
Nage dans son sang criminel,
Par mes innocentes amorces ;
Mon Dieu, mon tout, protégez-moi,
Pour être fidelle à ma loi.

 Qu'au sortir de quelque repas,
L'excès du vin fumeux l'entête,
Et que son propre coutelas
Me serve à lui trancher la tête ;
Vous pouvez de ma faible main,
Exécuter ce grand dessein.

 Donnez le conseil à mon cœur,
Donnez la parole à ma bouche,
Donnez à ma main la vigueur,
Puisque cette affaire vous touche ;
Faites enfin connaître à tous,
Qu'il n'est point d'autre Dieu que vous.

 Servante, apporte mes bouquets,
Mes parfums, mes pendans d'oreilles,
Mes beaux habits, mes affiquets,
Je veux me parer à merveille :

Le Seigneur sait que j'ai pour but
De tout son peuple le salut.

 Mets dans un sac tous nos besoins,
Pour vivre au camp une semaine,
Laissons à Dieu nos autres soins,
Allons où son esprit nous mène :
Quand on ne cherche rien que lui,
On l'a pour guide et pour appui.

 O grand-prêtre! à quoi pensez-vous?
Changez d'avis, je vous supplie;
Voudriez-vous livrer à des loups,
Le cher troupeau de Béthulie?
Il faut préférer l'ame au corps,
Et pour Dieu souffrir mille morts.

 Vous proposez qu'après cinq jours,
Il faudra céder et vous rendre,
Si Dieu ne vous donne secours
Contre ceux qui veulent vous prendre;
Quelle est votre témérité?
Dieu ne veut point être tenté.

 Pour mettre à bas vos ennemis,
Prenez la haire pour vos armes,
Priez avec un cœur soumis,
Jeûnez et répandez des larmes :
Vous les vaincrez en peu de temps,
Si vous êtes vrais pénitent.

 Eliacim, consolez-vous,
Prêtres sacrés, prenez courage;
Je vais, pour le salut de tous,
Entreprendre un petit voyage :
Adieu donc, mon cher peuple, adieu :
Prosternez-vous tous devant Dieu.

   Les Prêtres et les Magistrats.
Nous allons offrir au Très-Haut
Mille vœux pour votre entreprise.
Hélas! si l'on donnait l'assaut,
La ville serait bientôt prise.
Brave Judith prenez-en soin;
Nos ennemis ne sont pas loin.

Les sentinelles des ennemis.

D'où venez-vous, rare beauté ?
Quel sujet pressant vous engage
A prodiguer votre santé
Dans un si pénible voyage ?
Vous pourriez vivre sans souci ;
Que venez-vous chercher ici ?

Judith. Je viens chercher à me sauver
Du désastre qui nous menace ;
Mon peuple pense à vous braver,
Et moi je cherche à trouver grace.
Pourrai-je bien, sans prendre mal,
Parler à votre Général ?

Les Soldats. Madame ne vous troublez pas,
Personne n'osera vous nuire :
Marchez sans crainte sur nos pas,
Nous allons tous vous y conduire ;
Dès qu'Holoferne vous verra,
Votre beauté le charmera.

Judith à Holoferne. Bras de Nabuchodonosor,
Rempart de toute la Syrie,
Je voudrais une bouche d'or,
Pour vous louer sans flatterie ;
Mais l'éclat vif de vos splendeurs
M'abat aux pieds de vos grandeurs.

Holoferne. Rassurez-vous, ne tremblez pas ;
Mes yeux vous ayant aperçue,
J'ai trouvé sur vous tant d'appas,
Que mon cœur s'est pris par la vue :
De grace donc, relevez-vous ;
C'est moi qui dois être à genoux.

Belle Judith, déclarez-moi
Le sujet qu'ici vous amène ;
Je vous proteste sur ma foi,
Que je vous tirerai de peine :
Mon cœur est devenu captif ;
Le vôtre sera-t-il craintif ?

Judith. Grand Général, dès que j'ai vu
Le crime noir de Béthunie,

Bien loin d'y donner mon aveu,
Ma fuite a blâmé sa folie ;
Et j'ai cru que votre bouté
Mettrait ma vie en sureté.
   Je sais quelle est votre voleur,
Et votre invincible puissance,
Je sais quel serait mon malheur,
Si je manquais d'obéissance ;
Mais je sais que les gens de bien
Trouvent en vous un prompt soutien.
   Cependant je vous fais savoir
Que notre nation rebelle,
Manquant vers vous à son devoir,
Dieu même s'irrite contr'elle,
Grands et petits sont aux abois,
Ils n'ont ni cœur, ni main, ni voix.
   Ils sont à la soif, à la faim,
Ils vont boire le sang des bêtes ;
Je pourrais vous prêter la main,
Pour les unir à vos conquêtes,
Je sais les endroits du pays,
Et comme ils seront envahis.
   Holoferne. Madame, je suis tout charmé
De votre éloquence profonde ;
Vous avez seule désarmé
Celui qui brave tout le monde ;
De grace, sans appréhender,
Commencez à me commander.
   Judith. Mon cher Seigneur, accordez-moi
Que je vive avec ma servante,
Des viandes que permet ma loi,
J'en serai beaucoup mieux portante,
Qu'on me laisse aller en tout lieu,
Lorsque j'irai prier mon Dieu.
   Holoferne. Allez, et de jour et de nuit,
A travers toute mon armée ;
Vous portez votre sauf-conduit ;
Régnez, ô beauté bien-aimée !
Qui vous fera le moindre tort,

Soudain sera puni de mort.

 Entrez, Madame, entrez ici,
Venez voir mes trésors immenses,
Ce seront vos trésors aussi,
Gardez la clef de mes finances,
Je m'en vais dresser un Edit,
Qu'on laisse aller par-tout Judith.

 Vagao, prépare un banquet
Pour tous les plus grands de l'armée ;
J'espère que par ton caquet,
Judith sera bientôt charmée ;
Va lui dire, dépêche-toi,
De venir souper avec moi.

 Vagao à Judith. Madame, vous avez gagné
Les bonnes graces de mon maître ;
Vous avez vu qu'il a daigné
Jusqu'ici le faire paraître,
Son cœur ne vous refuse rien,
Vous avez en main tout son bien.

 Il faut donc user de retour,
Pour marque de reconnaissance ;
Il faut répondre à son amour,
Par une prompte obéissance ;
Il vous veut à souper ce soir,
Je viens vous le faire savoir.

 Judith. Monsieur, ce que vous m'apprenez,
Surpasse toutes mes attentes ;
J'irai, puisque vous l'ordonnez,
Me joindre au rang de ses servantes ;
Ce sera pour moi trop d'honneur,
Que de servir un tel Seigneur.

 Vagao. Gardez-vous de placer si bas
Votre vertu, votre noblesse ;
Mon maître entend qu'en ce repas,
Vous lui teniez rang de maîtresse ;
Pour bien obliger sa bonté,
Prenez un siége à son côté.

    Judith à Holoferne.
Je n'attendez pas, Monseigneur,

        D'être

'être ce soir à votre table ;
e vois bien clair que votre cœur
rûle d'un amour véritable ;
e vais donc m'asseoir sans façon,
ntre vous et votre échanson.

Holoferne. Je prends un singulier plaisir
e vous voir prendre cette place,
C'était-là mon plus grand désir ;
Vous m'obligez de bonne grace ;
Mangez, buvez à votre goût,
Je m'en vais vous servir de tout.

Judith. Il ne faut point de compliment,
Pensez à faire bonne chère,
Mangez, buvez gaillardement,
Vous entendez à le bien faire ;
Mais trouvez bon qu'en ce festin,
Je ne goûte point votre vin.

Holoferne. Nous allons du moins boire à vous,
Avec tous nos braves gens d'armes,
Jusqu'à ce que nous soyons soûls ;
Il faut faire fête à vos charmes :
Buvons, Messieurs, à la santé
De cette charmante beauté.

Judith. Voici, Vagao, le vrai temps
D'aller reposer votre maître ;
Mes vœux sont à demi-contens,
J'en bénis l'Auteur de mon être :
Couvrez-le bien de ses linceuls,
Et nous laissez ici tous seuls.

C'est à présent, Dieu de mon cœur,
Que j'attends de vous la victoire ;
Rendez, rendez mon bras vainqueur,
Je ne prétends que votre gloire ;
Si vous n'affermissez mon bras,
En vain je prends ce coutelas.

J'ai mis en vous tout mon espoir,
Et ma foi n'est point chancelante ;
Montrez votre divin pouvoir,
En votre chétive servante ;
Tranchez d'un seul coup par ma main,

La tête à ce monstre inhumain.
— Chère servante, approche-toi,
Cache dans ton sac cette tête ;
Ne tremble point, viens après moi,
Dieu seul conduit cette défaite ;
Laissons ces pourceaux endormis,
Le passage nous est permis.

Ouvrez, mes chers frères, ouvrez,
Le Tout-puissant a fait merveilles,
Sa vertu nous a délivrés
Par des adresses nompareilles,
Il a fait voir qu'un pur néant
Peut avec lui vaincre un géant.

Sa main puissante a contenté
De tous mes désirs l'étendue,
Le fier Holoferne est dompté,
Voyez sa tête ici pendue ;
Voyez le pavillon brillant
Du lit pompeux de ce vaillant.

J'appelle les Cieux à témoin,
Que mon Ange m'a gardé pure,
Et qu'il m'a conduit avec soin,
Sans qu'on m'ait fait aucune injure ;
Rendons-lui tous, d'un tel bonheur,
Gloire, louange et tout honneur.

Ozias. Judith, vous êtes aujourd'hui,
Des femmes la plus glorieuse ;
Le ciel s'est rendu notre appui,
Par votre main victorieuse :
Tous les hommes vous loueront,
Tant que les siècles dureront.

Judith. Mon cher Alchior, reconnais-tu
Cette tête sanglante et pâle ?
Elle est d'Holoferne abattu,
De ce brutal Sardanapale :
Ne veux-tu pas rentrer en toi,
Et te soumettre à notre loi ?

Alchior. Madame, je crois votre Dieu,
Tout bon, tout saint, tout adorable ;

e le crois présent en tout lieu ;
ui seul est le Dieu véritable ;
e n'ai garde de m'endurcir,
Je suis prêt à me convertir.

Judith. Jetons-nous sur nos ennemis ;
Allons poursuivre ma conquête.
Ils sont presque tous endormis,
Eveillons-les par la trompette :
Feignons de vouloir les bloquer,
Pour avoir lieu de les choquer.

Dès qu'ils verront le coutelas
Qui du sang de leur chef dégoutte ;
Les cris terribles des soldats
Mettront tout leur camp en déroute ;
Trompette, sonne le combat,
Que chacun se montre soldat.

Les Sentinelles. Vagao, va-t-en réveiller
Le Général de notre armée ;
Dis-lui qu'il nous faut batailler,
Que l'avant-garde est alarmée ;
Dis-lui qu'on n'est prêt qu'à demi
Pour faire tête à l'ennemi.

Vagao. Grand Colonel, réveillez-vous,
Il est temps de donner bataille ;
Voici l'ennemi dessus nous,
Qui nous défie et qui nous raille ;
Hélas ! que vois-je, justes Cieux !
Je n'ai qu'un tronc devant les yeux.

Ah ! chers amis, quel coup fatal !
Judith, par sa fine conduite,
A décollé mon Général ;
Tout est perdu, prenons la fuite ;
Sauvons-nous du Dieu d'Israël,
Qui nous remplit d'un deuil mortel.

Le Pontife et les Prêtres de Jérusalem.
Vive Judith, qu'on crie Amen ;
Vive cette chaste Princesse,
La gloire de Jérusalem,
De tout Israël l'alégresse !

Vive son bras victorieux,
Par qui Dieu se rend glorieux.
　Judith. Montons à la sainte Cité,
En chantant un nouveau Cantique;
Louons le Dieu de Majesté;
Offrons-lui nos vœux en musique;
Il faut le servir désormais
Avec ferveur plus que jamais.

LA CHASTE SUZANNE.

Air : *Amarillis, vous êtes blanche et blonde.*
L'UN DES VIEILLARDS.

C'EST trop cacher mon amoureuse flamme;
C'est trop cacher de mon mal la rigueur,
Je veux t'ouvrir le secret de mon ame,
Et déclarer les tourmens de mon cœur :
Suzanne m'a blessé, j'ai honte de le dire,
Ses attraits ravissans font mon martyre.
　L'autre. J'en suis épris aussi-bien que toi-même,
Tant de beauté excite mes soupirs;
Puisque ton cœur chérit celle que j'aime,
Efforçons-nous d'apaiser nos désirs;
Entrons dans son jardin, allons tous deux l'attendre;
Nous nous tiendrons cachés pour la surprendre.
　　　Suzanne à ses Suivantes.
Sortez d'ici, mes fidelles suivantes,
Allez quérir de l'huile et du savon;
Fermez la porte, et soyez diligentes,
Je vous attends dessous ce pavillon;
Je veux laver mon corps dans ce bain toute seule,
Et modérer un peu le chaud qui brûle.
　　　Les deux Vieillards.
Nous voici seuls, Suzanne bien-aimée,
Nous voici seuls en toute liberté;
Sois sans regret, chaque porte est fermée,
Soumets ton cœur à notre volonté;

Si tu ne condescends à nous tôt satisfaire,
Nous allons t'accuser comme adultère.
 Suzanne. O justes Cieux, à quoi suis-je réduite !
De toute part je ne vois que danger ;
Je ne puis plus me sauver par la fuite ;
Ces deux vautours ont fermé le verger ;
Je n'ai que mes sanglots et mes pleurs pour remède ;
Je veux pourtant crier : à l'aide, à l'aide.
 Les Vieillards. Tous tes sanglots et toutes tes alarmes
Ne te saurait délivrer de nos mains ;
Retiens tes cris, ne verse plus de larmes,
Nous prétendons d'accomplir nos desseins.
A quoi bon s'opposer ? pèse notre puissance,
Et préfère à la mort l'obéissance.
 Suzanne. Si je m'oppose à vos désirs infâmes,
Je le vois bien, vous tramerez ma mort ;
Si j'y consens, je mérite les flammes
Qui des damnés font le funeste sort ;
Mais malgré vos fureurs, je veux vivre sans crime ;
Que chaste aux yeux de Dieu, je sois victime.
 Les Vieillards. Ah! serviteurs, venez tous, courez vite,
Votre maîtresse a souillé ce jardin ;
Garrottez bien cette femme hypocrite ;
Elle a trompé son époux Joachim :
Nous tenions son galant en demandant main-forte,
Mais il s'est échappé par cette porte.
    Les Serviteurs.
 Qui l'eût pensé qu'elle eût commis ce crime ?
Nous confessons à vos pieds qu'elle a tort ;
Nous en avions une si haute estime,
Et cependant elle est digne de mort.
Mais, de grace, Messieurs, donnez une sentence
Qui signale aujourd'hui votre clémence.
 Les Vieillards. Que sans délai cette femme infidelle
Soit lapidée à cinq cents pas d'ici ;
Faites-là donc paraître en criminelle,
Et que pas un ne la prenne à merci ;
Montrez-la tous au doigt, l'adultère publique,
Et ne l'appelez plus qu'une impudique.

Ses Parens. Hélas! hélas! qu'avez-vous fait, Suzanne?
Vous diffamez toute notre maison ;
L'autorité des Juges vous condamne,
Chacun nous dit qu'ils ont juste raison ;
Quelle honte pour nous qu'on vous traîne au supplice,
Au milieu des archers de la justice.

Suzanne. Dieu de mon cœur, qui voyez toute chose,
Et de qui seul j'attends tout mon appui,
Si j'ai commis le crime qu'on m'impose,
Me voici prête à mourir aujourd'hui ;
Mais vous savez, grand Dieu, quelle est mon innocence,
Et que je ne perds point votre présence.

Daniel. Grands et petits, oyez ma voix tonnante,
En quel péché vous précipitez-vous ?
Vous condamnez une femme innocente,
Au seul rapport de ces avides loups.
Allons les séparer, pour voir dans un quart d'heure,
Que tout ce qu'ils ont dit n'est qu'imposture.

Les plus sages du peuple à Daniel.
Mon cher enfant, nonobstant ton bas âge,
Nous te croirons plus que des hommes faits ;
Fais-nous donc voir, par leur faux témoignage,
De ces vieillards les horribles forfaits ;
Confonds ces imposteurs, et délivre Suzanne,
Que l'on tenait déjà pour courtisane.

Daniel à un des Vieillards.
Tison d'enfer, engeance de vipère,
Sale imposteur, dis-nous en quel endroit
Cette innocente a commis l'adultère,
Déclare-nous sous quel arbre elle était :
Réponds sans chanceler, abominable juge ;
Tu n'as plus que la mort pour ton refuge.

Le Vieillard. Elle a commis ce détestable crime,
Au côté droit, sous un gros cérisier ;
Si je vous mens que le démon m'abyme
Au plus profond de l'éternel brasier ;
Je suis digne de foi, croyez ce que j'avance,
Mes propres yeux ont vu son impudence.

Daniel. Ah! faux vieillard, exécrable parjure,

es saletés ne te suffisent pas ;
Tu joins encor le mensonge à l'ordure,
Et veux noircir ton cœur jusqu'au trépas :
Ministre de Satan, tes noires calomnies
Et tes impuretés seront punies.

Le même à l'autre Vieillard.

Et toi, brutal, tout rempli de malice,
Juge pervers, infame chicaneur,
En quel endroit Suzanne et son complice,
Et sous quel arbre ont-ils perdu l'honneur ?
Tu ne sais, malheureux, tu ne sais que répondre,
Lorsque tu me vois prêt pour te confondre.

Le Vieillard.

Un prunier vert, tout contre une cabane,
Au côté gauche, est cet horrible lieu
Où j'ai surpris le complice et Suzanne,
Lorsqu'en plein jour tous deux offensaient Dieu :
Je jure avec serment, comme juge équitable,
Que tout ce que je dis est véritable.

Daniel. Tu mens, cruel, tu mens, juge perfide ;
Chacun connaît ton infidélité :
Va, méchant juge, il faut qu'on te lapide,
Pour bien punir ton impudicité.
Chers enfans d'Israel, assommez ces infames ;
Suzanne est le miroir des chastes Dames.

Tout le Peuple.

Louange, honneur, vertu, salut et gloire,
Soit au Seigneur, en terre et dans le ciel ;
Que de Suzanne on chante la victoire,
Et la vertu du jeune Daniel :
Réjouissons-nous tous avec cette Amazone,
Et cherchons des lauriers pour sa couronne.

Réflexion.

Instruisons-nous par cette illustre femme,
A respecter Dieu présent dans nos cœurs,
A résister à ce qui souille l'ame,
A bien souffrir de nos persécuteurs ;
Mais apprenons sur-tout au fort de nos souffrances,
De fonder en Dieu seul nos espérances.

L'HISTOIRE ADMIRABLE
DE SAINTE GENEVIÈVE DE BRABANT.
Sur l'Air : *La Bergère que je sers.*

Adorons du Tout-puissant
La divine providence,
Qui prend soin de l'innocent,
Et fait voir son innocence;
Geneviève de Brabant
En fait voir l'expérience :
Suivons-la depuis son berceau,
Jusqu'à son sacré tombeau.

Mon cœur, parlez par mes yeux,
Si vous n'êtes marbre et souche,
Faites paraître en tous lieux,
Que cette histoire vous touche ;
Les larmes parleront mieux
Que les discours de ma bouche ;
Le récit de tant de malheurs
Ne demande que des pleurs.

Geneviève en sa maison,
Encore tendre et petite,
S'accoutume à l'oraison,
Et s'y tient comme un Ermite ;
Hélas ! elle a bien raison,
Puisqu'il faudra qu'elle habite
Au milieu des vastes forêts,
Avec son enfant auprès.

Les vertus et la beauté
De cette charmante fille,
Attirent de tout côté,
De l'honneur à sa famille ;
Mais, par son humilité,
Plus son beau visage brille,
Plus son cœur méprise au-dedans
Tout ce qui flatte les sens.

Elle a de si doux attraits,

Qu'on se charme en sa présence ;
Chacun joint, dans son palais,
L'amour à la révérence ;
Plusieurs portent leurs souhaits
A cette noble alliance ;
Mais bien peu veulent hasarder
De la faire demander.

 Siffroi, Seigneur Palatin,
Avec un bel équipage,
Ose se mettre en chemin,
Pour l'avoir en mariage ;
Le ciel secondant sa fin,
Geneviève est son partage ;
Les voilà tous deux bien contens ;
Mais ce n'est que pour deux ans.

 Martel, homme de valeur,
Dresse une puissante armée ;
Le Comte y va par honneur,
Jaloux de sa renommée ;
Mais ce n'est pas sans douleur
Qu'il quitte sa bien aimée,
Lui tenant ce triste propos,
Entrecoupé de sanglots :

 Golo prendra soin de vous.
A ces mots, la chaste Dame
Tombe aux pieds de son époux,
Sur le point de rendre l'ame ;
Par trois fois aux yeux de tous,
Elle blêmit, elle pâme,
Pressentant que ce favori
Sera traître à son mari.

 Il laisse donc, en partant,
De son palais l'intendance
A Golo son confident,
Sans prévoir son impudence.
Ah ! misérable Intendant,
Que l'abus de ta puissance
Causera de tourmens divers
A la Dame que tu sers !

Geneviève avec Siffroi,
Font une lettre effective,
Qu'ils se mandent par Lanfroi,
Témoin de leur douleur vive :
Chacun d'eux conserve en soi
Une espérance craintive,
De pouvoir être assez heureux
Que de se revoir chez eux.

Golo se trouve tenté
Par la douceur ravissante
Et par la rare beauté
De sa colombe innocente ;
Mais pour n'être rebuté,
Il admire, et se contente
D'exprimer ses mauvais désirs
Par des languissans soupirs.

Un jour jugeant du portrait
Qu'il voyait de notre Sainte,
Il lui marque son souhait
Par une amoureuse plainte ;
Geneviève, à ce seul trait,
Sent son cœur saisi de crainte,
En tremblant, sans dire un seul mot,
Elle s'enfuit aussitôt.

Ce brutal le lendemain,
Brûlant d'un amour profane,
Lui dit tout net son dessein,
Et la traite en courtisane.
Sache que le Palatin,
Lui répond notre Suzanne,
Apprendra ton déréglement,
Si tu ne vis autrement.

Il tente encore à l'écart,
Cette illustre et sainte femme,
Sans que son discours mignard
Puisse rien sur sa belle ame ;
Il tire ensuite un poignard
Et lui dit : Tenez, Madame,
Enfoncez ce fer dans mon sein,

Puisque je vous aime en vain.
 Ce ministre de Satan,
Rebuté par la Comtesse,
Lui reproche que Drogan
Est l'auteur de sa grossesse ;
Et comme un cruel tyran,
Il les brave, il les oppresse,
Il les met tous deux en prison,
Dans l'enclos de la maison.
 Drogan, les larmes aux yeux,
Ne sachant point le mystère,
Jure par le Roi des Cieux,
Qu'il est exempt d'adultère ;
Mais Golo tout furieux,
Le maltraite et le fait taire,
L'assurant qu'il mourra bientôt
Dans son horrible cachot.
 Geneviève jour et nuit,
Dans sa prison très-obscure,
Recommande à Dieu son fruit,
Plaint, gémit, soupire et pleure ;
L'Intendant qui la poursuit,
La sollicite à toute heure,
Il lui dit : Déterminez-vous
A m'avoir pour votre époux.
 Je viens tout présentement
De recevoir une lettre,
Qui nous marque assurément
La mort de notre cher maître :
La Princesse le dément,
Et le tançant comme un traître,
Le renvoie avec un soufflet,
Tant son discours lui déplaît.
 Golo, sans se rebuter,
A recours à la nourrice,
Pour l'aller solliciter,
Et la plonger dans le vice ;
Mais on a beau la tenter
Par ce dernier artifice,

L'Esprit Saint qui soutient le choc,
La rend plus ferme qu'un roc.
   Juste Arbitre des humains,
C'est ici que je me pâme,
En adorant vos desseins,
Aux couches de cette Dame :
Faut-il que ses propres mains
Lui serve de sage-femme ?
Ah ! grand Dieu, que vos jugemens
Surpassent nos sentimens !
   Elle nomme Benoni,
Son cher fils qu'elle baptise ;
Le voyant ainsi banni
Des sacrés fonts de l'Eglise :
Bon Dieu, soyez vous béni ;
Ce bel Ange sans chemise
Est couché sur de vieux drapeaux,
Qu'on a laissé par lambeaux.
   Pauvre enfant, que tes douleurs,
Lui dit la mère dolente,
Me feront verser des pleurs !
Ah ! que j'en serai souffrante !
Mais parmi tous nos malheurs,
Mon ame sera contente,
Sachant bien qu'on m'accuse à tort
D'un crime digne de mort.
   Golo ce méchant esprit,
Enragé contre la Dame,
Mande au Comte par dépit,
Un exprès qui la diffame ;
Dans la lettre qu'il écrit,
Il ne dit rien qui la blâme,
Aimant mieux la perdre d'honneur,
Par la bouche du porteur.
   L'exprès s'explique amplement
Sur le secret de la lettre ;
Siffroi répond sagement,
Que cela ne peut pas être.
L'exprès en vient au serment ;
Et Siffroi voulant connaître

Qui des siens a fait le forfait,
L'oblige à dire quel est.
 Seigneur votre cuisinier,
Qui feignait avec adresse
D'être un fidelle Officier,
A débauché la Comtesse;
Golo l'a fait prisonnier,
Aussi bien que sa Maîtresse.
Donnez-moi, Prince malheureux,
Vos ordres sur tous les deux.
 Ah ! s'écrie alors Siffroi,
Tout transporté de colère,
Je n'ai point faussé ma foi,
Et ma femme est adultère.
Il revient ensuite à soi :
Je n'en veux, dit-il, rien croire ;
Et malgré l'infame imposteur,
Il protége son honneur.
 Etant enfin trop léger
A croire la calomnie,
Il commande au Messager
Que Drogan perde la vie,
Et qu'on n'ait qu'un corps de fer
Pour sa perfide partie,
Jusqu'à ce qu'il soit au château,
Pour en être le bourreau.
 Golo reçoit par l'exprès,
Du Palatin l'ordonnance,
Et par une fausse paix,
Il feint d'user de clémence;
Mais, hélas ! bientôt après,
Lorsque personne n'y pense,
Il étouffe avec du poison,
L'innocent dans la prison.
 Aussitôt qu'il a le vent
Que le Comte se retire,
Il lui va vîte au-devant,
Et par grimace il soupire;
L'esprit malin l'émouvant,

T

Il a le front de lui dire :
Ah ! Seigneur, je suis bien faché
Que la Comtesse ait péché.
 J'ai fait tout ce que j'ai su,
Pour empêcher le scandale,
Quand je me suis aperçu
Que son commerce était sale ;
Mais elle cachait son feu
Et sa passion brutale,
Méprisant son autorité,
Ma rigueur et ma bonté.
 Si vous doutez de ma foi,
Une femme fort savante
Vous apprendra mieux que moi
L'état de cette impudente :
Notre crédule Siffroi
Va chez la vieille méchante,
Pour savoir si Golo lui ment,
Ou s'il parle rondement.
 La sorcière lui fait voir
Que Drogan est un lubrique,
Et qu'il trahit son devoir
Avec sa femme impudique :
Le Comte est au désespoir,
Et trompé par l'art magique,
Il résout d'aller brusquement
Perdre la mère et l'enfant.
 L'Intendant fourbe et rusé,
Dit au Prince avec audace :
Il vaut mieux tout bien pesé,
Que sans vous je m'en défasse.
Le Seigneur mal-avisé
Ajoute : Allez donc, de grace ;
Egorgez, sans faire aucun bruit,
La Comtesse avec son fruit.
 Golo voulant mettre à mort
L'innocente criminelle,
Le communique d'abord
A la nourrice cruelle :

Dieu, par un secret ressort,
Fait que sa fille apprend d'elle,
Le complot que l'Intendant croit
Etre tenu bien secret.

Cette fille fait savoir
A notre illustre captive,
Que l'Intendant a pouvoir
De l'égorger toute vive ;
Elle alors sans s'émouvoir,
Lui dit d'une voix plaintive :
Pour mon Dieu je veux bien souffrir
Que l'on me fasse mourir.

Golo dit à deux valets :
Menez l'enfant et la mère,
Et sans crainte égorgez-les
Dans quelque endroit solitaire ;
Noyez leurs corps, et coupez
La langue de l'adultère,
Sans manquer, apportez-la-moi,
Pour la montrer à Siffroi.

On dépouille en la prison,
Notre Princesse dévote ;
On la vêt d'un vieux haillon,
On l'outrage, on la garrotte,
La chassant de sa maison,
On lui dit : Traître, bigote,
Va périr sous un coutelas,
Avec l'enfant dans tes bras.

Elle dit au Palatin,
Dans une lettre touchante :
Cher Siffroi, voici ma fin,
Je vais mourir innocente ;
Votre fils tendre et bénin,
Me rend doublement mourante,
Puisqu'on va verser tout le sang
Qu'il a puisé dans mon flanc.

Ah ! vous avez eu grand tort
De ne pas voir en personne,
Si j'étais digne de mort,
Ou digne d'une couronne ;

Mais puisque tel est mon sort,
De bon cœur je vous pardonne,
Aussi bien que mon persécuteur
Qui s'en prend à mon honneur.
 Adieu donc, triste séjour,
Dit ici notre Comtesse;
Adieu, jardins, adieu, cour,
De bon cœur je vous délaisse;
Le ciel fera voir un jour,
A l'auteur de ma grossesse,
Qu'il a cru trop légèrement
Golo en son emportement.
 Etant parvenue au bois,
La Sainte obtint par prière,
Pour ne pas mourir deux fois,
Qu'on l'égorgeât la première :
Les valets, à l'humble choix
De leur chaste prisonnière,
Sont soudain beaucoup attendris,
Et tous deux bien entrepris.
 Cher compagnon, dit l'un d'eux,
Nous n'avons point vu de crimes;
Laissons dans ce bois affreux,
Ces innocentes victimes :
Nous mériterions tous deux
De tomber dans les abymes,
Si nos cœurs n'étaient point touchés,
De faire de tels péchés.
 Après un court entretien,
Dieu confirmant leur envie,
Ils exposent, sans soutien,
L'enfant et la mère en vie;
La langue d'un petit chien,
Trompant Golo, certifie
Qu'ils ont fait tous deux leur devoir,
Sans qu'on le puisse savoir.
 La Sainte avec son petit,
S'enfoncent dans le bocage;
Tout le ciel lui compatit,

Et lui donne du courage.
Le bois touffu retentit
De son douloureux langage,
Et des cris qu'elle adresse à Dieu,
Dans cet effroyable lieu.

 Ah ! dit-elle, me voici
Triste, faible et toute seule,
Avec un enfant transi,
Sans eau, sans lait, sans cellule :
Si vous n'accourez ici,
Grand Dieu, pour qui mon cœur brûle :
Nous serons bientôt dévorés
Par les bêtes des forêts.

 Pendant qu'elle est dans l'effroi,
Une voix du ciel lui crie :
Ne crains rien, espère en moi,
Porte ta croix, aime et prie ;
Je te fournirai de quoi
Pour l'entretien de ta vie,
Et ton fils ne sera pas moins
Le cher objet de mes soins.

 L'enfant l'accable d'ennuis,
Il fait sa plus grande peine,
L'ayant fait coucher deux nuits
Dessus l'herbe auprès d'un chêne ;
Mais entendant le doux bruit
Que fait l'eau d'une fontaine,
Elle voit que le Tout-puissant
Aide au besoin l'innocent.

 Son ame adore d'abord
La Providence divine,
Voyant son fils demi-mort,
Remis par l'eau cristalline ;
Elle prend quelque renfort,
Mangeant un peu de racine,
Et buvant à son gré de l'eau,
Que sa main puise au ruisseau.

 Elle cherche en la forêt
Quelque coin pour sa demeure ;

Et Dieu la mène tout droit
Dans une caverne abscure;
Son sein n'ayant plus de lait,
Par faute de nourriture,
Sur-le-champ Dieu donne à son fils
D'une biche le doux pis.

La biche, deux fois le jour,
Vient aux pieds de la Comtesse,
Et la Sainte pour retour,
La mignarde et la caresse.
Son cher enfant à son tour,
Pour marque de sa tendresse,
Lui départ quelque herbe à manger,
A dessein de l'engager.

Arrêtons un peu nos pas
Au milieu de notre course.
Siffroi, qui ne dit qu'hélas,
Se croit perdu sans ressource;
Il souffre mille combats,
Ayant découvert la source
Des malheurs qui de son château
Ont fait un triste tombeau.

Il trouve en son cabinet,
Cette lamentable lettre,
Qui lui déclare assez net,
Que l'Intendant est un traître;
C'est trop tard qu'il reconnaît
Qu'il ne devait point permettre
Qu'on versât le sang innocent,
Pendant qu'il était absent.

Golo redoutant Siffroi,
Se retire de sa suite;
Il croit d'éviter l'effroi,
Par le moyen de la fuite;
Mais le ver qu'il a dans soi,
Lui reproche sa conduite,
Il lui fait craindre le poteau,
Et son crime est son bourreau.

Drogan apparaît de nuit,
Chargé d'une grosse chaîne;

Cantiques de l'Ame dévote.

Siffroi, troublé de ce bruit,
Est dans une étrange peine;
Ce mort par-tout le poursuit,
Met son esprit à la gêne,
Il l'embrasse, il le fait blêmir,
Et l'empêche de dormir.

Notre Prince infortuné
Sent un remords qui l'accable,
De ce qu'il a condamné
Sa femme, son fils aimable ;
Il semble être forcené,
Voyant cette ombre effroyable :
Dieu permet qu'il tremble de peur,
Et que tout lui fait horreur.

Il s'abandonne aux regrets,
Il plaint et gémit sans cesse,
Ses pleurs vont jusqu'à l'excès,
Il veut mourir de tristesse ;
Laissons-le dans son palais,
Retournons à la Comtesse,
Admirons ce cœur triomphant,
Dans l'état le plus souffrant.

Sa tresse lui sert d'habit,
Ses pleurs amers de breuvage;
Elle a la terre pour lit,
Pour son pain l'herbe sauvage ;
Pour courtisan son petit,
Et les bêtes du bocage ;
Pour palais le bois ténébreux,
Et pour chambre un antre affreux.

Jésus lui mande une Croix,
Qui l'anime et la conforte ;
Dès qu'elle va dans le bois,
Cette même Croix l'escorte :
Elle se plaint une fois,
Des travaux qu'elle supporte,
Et son cœur semble se lasser
De toujours recommencer.

Pèse mes tourmens divers,
Lui dit Jésus, son doux Père,

Pese aussi ceux qu'a soufferts,
A mes pieds ma digne Mère :
Tous tes maux seront légers,
Si tu nous suis au Calvaire ;
Mais si tu ne nous y suis pas,
Nuit et jour tu te plaindras.

 O quel spectacle nouveau !
Notre Princesse modeste,
Regardant nu son agneau,
L'offre à son Père céleste ;
Un loup apporte une peau,
Dont elle fait une veste,
Pour couvrir le corps tendrelet
De l'innocent agnelet.

 Elle s'envisage un jour,
Dans la source du bocage,
Faisant quelque vain retour
Sur l'état de son visage,
La Mère du bel amour
La reprend et l'encourage,
Et lui dit : Pense à la beauté
Qui dure une éternité.

 Parmi ces rares faveurs,
Geneviève se console,
Et bénit Dieu des rigueurs
De l'impitoyable Golo :
Elle souffre ses douleurs,
Sans plus dire une parole ;
Son esprit ne réfléchit plus
Sur les maux les plus aigus.

 L'enfant âgé de sept ans,
Flatte un jour sa bonne mère,
Et lui dit par passe-temps :
Qui, de grace, est mon cher père ?
Vous m'ordonnez qu'en tout temps
Je l'aime et je le révère :
Le moyen que j'en fasse cas,
Si je ne le connais pas.

 Ah ! mon fils, que dites-vous ?

Répond la mère éplorée ;
Votre père, mon époux,
Habite au ciel empyrée ;
Il est pourtant avec nous,
Il nous garde, il nous récrée ;
C'est en lui que nous nous mouvons,
Que nous sommes et vivons.

Mais pendant qu'elle l'instruit
Sur notre sainte créance,
Une fièvre la détruit,
Elle tombe en défaillance ;
Benoni fait un tel bruit,
Voyant que la mort s'avance,
Qu'à ses cris la mère revient,
Le console et l'entretient.

Adieu, lui dit elle, adieu,
Pendant qu'il crie et qu'il pleure,
Je rends graces à mon Dieu,
S'il veut qu'à présent je meure ;
Enterrez-moi dans ce lieu,
Qui m'a servi de demeure ;
Et si Dieu veut vous y laisser,
Souffrez-y sans vous lasser.

S'il vous appelle au château,
Allez-y, soyez y sage ;
Siffroi verra son tableau,
Aux traits de votre visage ;
Le plus délicat pinceau
N'en ferait pas mieux l'image ;
Soyez sûr qu'il vous connaîtra,
Dès qu'il vous apercevra.

Lorsqu'elle croit de mourir,
Deux pures Intelligences
Soudain la viennent guérir
De toutes ses défaillances ;
Sa belle ame a beau s'offrir
A de nouvelles souffrances,
Le Seigneur veut qu'au premier jour
Elle paraisse à la cour.

En ce temps on va brûler

La sorcière détestable,
Et son cœur ne peut celer
Son forfait abominable ;
Elle dit sans chanceler :
Je me confesse coupable
De la mort et des maux divers
Que Geneviève a soufferts.

Le Comte ici plus prudent,
Ayant appris ce mystère,
Rappelle son Intendant,
Dissimulant sa colère ;
Il commande cependant
Que ce monstre sanguinaire
Soit jeté dans une prison,
Pour sa noire trahison.

C'est par un juste retour
Que Golo frémit de crainte,
Au fond de la même tour
Où fut autrefois la Sainte.
Grands et petits de la cour
Sont joyeux de sa contrainte,
Sans qu'aucun daigne dire un mot
Pour le tirer du cachot.

Siffroi, pour faire un banquet
A tous ceux du parentage,
Va chasser dans la forêt,
Suivi d'un grand équipage ;
Et la biche dont le lait
Nourrit son fils au bocage,
Le conduit vers le saint rocher,
Que Dieu ne veut plus cacher.

Il découvre un antre affreux,
Au fond duquel il discerne
Un corps couvert de cheveux,
Qui se cache et se prosterne ;
Bien qu'il soit fort courageux,
Il craint devant la caverne,
Incertain s'il avancera,
Ou s'il s'en retournera.

La Sainte lui dit alors,

En baissant toujours la vue :
Monsieur, tenez-vous dehors,
Car je suis tout-à-fait nue ;
J'avais fait tous mes efforts
Pour n'être jamais connue ;
Mais je vois que le Saint des Saints
A sur moi d'autres desseins.

 Ce grand Dieu, plein de bonté,
A fait que ma chevelure
Couvre un peu ma nudité,
Dans cette sombre demeure ;
Jetez-moi, par charité,
Un manteau, je vous conjure,
Pour pouvoir répondre à loisir
A votre pieux désir.

 Tous deux restent ébahis ;
Siffroi dit alors : Ma mie,
Dites-moi votre pays,
Et votre nom, je vous prie.
Oh ! que je me réjouis
D'être en votre compagnie !
Nonobstant mon indignité,
Dites-moi la vérité.

 Monsieur, je suis de Brabant,
D'une maison renommée ;
Mon cher époux est un grand,
Qui de Martel suit l'armée :
Son déloyal Intendant,
Après m'avoir diffamée,
Ordonna, pour mieux se venger,
Que l'on me vint égorger.

 J'ai vu sept fois la saison
Dont la froideur est extrême,
Seule avec mon enfanton,
Que j'aime plus que moi-même :
Geneviève fut le nom
Que je reçus au baptême ;
Le Seigneur m'a fait triompher
Des puissances de l'enfer,

A ces mots, notre chasseur,
Reconnaissant la Comtesse,
Et tressaillant dans son cœur,
Lui saute au cou d'alégresse ;
Geneviève, avec candeur,
Lui témoigne sa tendresse,
Et soudain tout son entretien
Ne tend qu'au souverain bien.

Ah! ma fille, dit Siffroi,
Je t'ai fait un tort insigne ;
De grace, pardonne-moi,
Bien que je n'en sois pas digne :
Chaste épouse, hâte-toi
De me donner quelque signe,
Que ton cœur tout doux et tout bon
M'accorde un entier pardon.

Vivez en paix, cher époux,
Et ne craignez aucun blâme ;
Dieu, qui dispose de nous,
A conduit seul cette trame ;
Le ciel s'est servi de vous,
Pour sanctifier mon ame :
Oublions ce que j'ai souffert
Nuit et jour dans ce désert.

Siffroi déjà fort content,
Sent sa douleur adoucie,
Et demande, en sanglottant,
Si son cher fils est en vie :
Ah! dit-il, mon pauvre enfant,
Pardonne à ma barbarie ;
Mais, hélas! qu'es-tu devenu ?
Je ne t'ai pas reconnu.

A peine a-t-il dit ce mot,
Qu'il voit parmi les épines,
Son fils chargé d'un fagot
De fougère et de racines ;
Ses deux yeux sont aussitôt
Deux sources d'eau cristalline,
Et les gris qu'ils poussent tous trois,

Font

Font retentir tout le bois.
　　Geneviève offre des vœux
Pour les oiseaux du bocage,
Pour son antre ténébreux,
Pour chaque animal sauvage ;
Puis ayant pris congé d'eux,
Elle quitte l'ermitage,
Désirant que le Dieu de paix.
Les bénisse pour jamais.
　　A mesure qu'elle part,
Le désert perd sa lumière,
Les oiseaux de toute part
La plaignent à leur manière ;
Le tigre et le léopard
Sont en deuil dans leur tannière ;
On ne voit dans la gaieté,
Que la biche à son côté.
　　Le Palatin triomphant,
Mène au château sa conquête ;
La Comtesse et son enfant
Sont dans une paix parfaite ;
Hormis l'infame Intendant,
Tout le monde est de la fête,
Et l'on voit pendant plusieurs jours,
Un admirable concours.
　　Oh ! que le Seigneur est bon,
Quand on l'aime avec tendresse,
Et qu'on commet son renom
A sa divine sagesse !
En égorgeant un poisson,
La bague de la Comtesse,
Qui flottait dans le fond de l'eau,
Brille par tout le château.
　　La nuit cède à la clarté,
Le soleil sort de la nue ;
Chacun voit la vérité,
L'innocence est reconnue ;
On n'entend de tout côté,
Que salut et bien-venue ;

Les sanglots, les pleurs, les soupirs,
Se changent en doux plaisirs.

 Golo sort de la prison,
Pour recevoir sa sentence;
Désespérant du pardon,
Il n'attend que la potence;
Honteux de sa trahison,
Son cœur tombe en défaillance,
Et Siffroi prononce d'abord
Le juste arrêt de sa mort.

 Geneviève a si bon cœur,
Qu'elle veut sauver la vie
A son calomniateur,
Oubliant sa perfidie;
Mais cet insigne imposteur
La conjure et la supplie
De vouloir le laisser mourir,
Sans daigner le secourir.

 Ah! dit-il, irritez-vous,
Bien loin de m'être indulgente;
Permettez que votre époux
Me confonde et me tourmente:
Je déclare devant tous,
Que vous êtes innocente,
Et que j'ai cent fois attenté
Sur votre pudicité.

 Quatre bœufs sont accouplés,
Pour servir à son supplice;
Ses membres écartelés,
Mettent fin à sa malice.
Chacun dit dans le palais,
Que la divine justice
A bon droit punit l'attentat
De ce domestique ingrat.

 Lorsque l'on veut bien traiter
La Princesse vénérable,
Il ne lui faut présenter
Que des racines à table;
On ne peut rien apprêter

Qui ne lui soit dommageable ;
Elle ne trouve rien de bon ,
Ni pain, ni chair, ni poisson.
 Siffroi, ne vous vantez pas
De votre réjouissance ;
Vous direz bientôt, hélas !
Dans l'excès de la souffrance :
Je vois proche du trépas ,
Votre miroir d'innocence :
Tout le ciel, pour la posséder ,
La convie à décéder.
 C'est la Mère du Sauveur,
L'incomparable Marie ,
Qui la remplit de ferveur,
Et l'appelle à la patrie ;
Geneviève à ce bonheur,
Par un doux transport s'écrie :
Tirez-moi, Marie, après vous,
Pour m'unir à mon époux.
 Elle instruit son Benoni
Sur l'unique et grande affaire ;
Après qu'elle l'a béni ,
Elle en charge son cher père :
Le Comte est si fort uni
A sa sainte Solitaire,
Qu'il la pleure et s'y tient auprès
Jusqu'à son heureux décès.
 Sentant approcher sa fin,
Elle prend le Viatique ;
Ayant fait au Palatin
Un discours tout angélique,
L'excès de l'amour divin,
Par un sommeil extatique,
Fait voler sa belle ame aux Cieux ,
Et rend son corps lumineux.
 Siffroi souffre mille morts,
Dès que la Comtesse est morte ;
Son cher fils endure alors
Un tourment de même sorte :
La biche suit le saint corps,

Quelque part qu'on le transporte,
Et pour mieux témoigner son deuil,
Elle expire à son cercueil.

Six mois s'étant écoulés,
Un Ermite vénérable,
Se présentant au palais,
Siffroi le fait mettre à table;
Dès qu'ils se sont accolés,
Notre Prince inconsolable,
Lui fait part, en fondant en pleurs,
Du sujet de ses douleurs.

Ce prudent Religieux
Compatit à son martyre;
Il a les larmes aux yeux,
Il s'attendrit, il soupire;
Et puis, d'un air sérieux
Il commence par lui dire :
Cher Seigneur, c'est trop lamenter,
Cessez de vous tourmenter.

A quoi pensez-vous, Siffroi?
Lui dit-il sans flatterie;
Croyez-vous pas que la Foi
Nous promet une autre vie?
Je vous prie, écoutez-moi,
En souffrant que je vous dise
Qu'il est temps que tous vos regrets
Cèdent aux divins décrets.

Vous pleurez mal à-propos
Le bonheur de votre femme;
Elle jouit du repos,
Dieu la possède et l'enflamme;
Contentez-vous de ses os,
Laissez au ciel sa belle ame,
Et pensez sérieusement
A vivre plus saintement.

Après ce doux entretien,
Siffroi, fidelle à la grace,
Pense à quitter tout son bien,
Un jour qu'il est à la chasse;

Son cœur ne tenant à rien,
Un cerf craintif qu'il pourchasse,
Le conduit à l'antre sacré
Où la Sainte a tant pleuré.
   Dieu, pour le rendre parfait,
Au milieu du vert bocage,
Lui donne un puissant attrait
D'y bâtir un ermitage;
Siffroi consulte en secret
Hidulphe, saint personnage;
Le Prélat secondant ses vœux:
Allez, dit-il, je le veux.
   Il construit sans différer,
Une Eglise magnifique,
Puis il y fait transférer
Les os par un doux cantique;
Et pour les mieux révérer
Dans l'état érémitique,
Il résout d'aller dire adieu
A tout ce qui n'est pas Dieu.
   Jésus détache sa main
De la Croix miraculeuse
Que reçut d'un Séraphin
La Princesse glorieuse;
Il bénit le Palatin,
Et d'une œillade amoureuse,
Il remplit tout-à-coup son cœur
D'une céleste liqueur.
   Pour l'amour du Crucifix,
Siffroi veut charger son frère
De ses biens, de son cher fils,
Et se rendre solitaire;
Mais l'enfant d'un sens rassis,
Lui répond: Hélas! cher père,
Voudriez-vous me laisser un bien
Que j'estime moins que rien?
   Tout ce qu'on voit ici-bas
Est plus frêle que le verre;
Le désert fait mes appas,
Et non les biens de la terre;

Je ne crains point les frimas,
Les éclairs, ni le tonnerre ;
J'ai souffert dans le bois sept ans
Toutes les rigueurs du temps.

Donnez à qui vous voudrez
Tout votre riche héritage ;
Je ne prétends désormais
Que Dieu seul pour mon partage ;
Je préfère les forêts,
Et le coin d'un ermitage,
A l'éclat de votre château,
Fût-il mille fois plus beau.

L'air de la cour me fait peur ;
Fuyons à la solitude,
Où Dieu vidant notre cœur,
En fera la plénitude :
Nous goûterons la faveur
D'une sainte quiétude,
Attendant d'aller voir un jour,
Ma mère en l'heureux séjour.

Siffroi, qui n'attendait pas
Un succès si favorable,
Baise et serre entre ses bras,
Son Benoni très-aimable ;
Et sans plus faire un seul pas
Après leur bien périssable,
Ils s'en vont au désert heureux
Pour s'y rendre saints tous deux.

Sainte, l'honneur du Brabant,
Glorieuse Anachorète,
Votre époux et votre enfant
Ont choisi la voie étroite ;
Faites qu'en vous imitant,
Je me plaise à la retraite,
Et qu'en tout je n'aie pour but,
Que Dieu seul et mon salut.

Vivez, grande Sainte, en paix,
Dans le séjour de la gloire,
Et n'abandonnez jamais

Ceux qui liront votre histoire ;
Je veux l'avoir désormais
Empreinte dans ma mémoire,
Pour marcher d'un plus ferme esprit,
Sur les pas de Jésus-Christ.
  Apprends ici, cher lecteur,
A souffrir avec constance,
Lorsque quelque détracteur
Noircira ton innocence ;
Tâche d'être le vainqueur
Du démon de la vengeance,
Si tu veux qu'après ton trépas,
Dieu couronne tes combats.

LA SAMARITAINE.

Sur l'Air : *Hélas mes yeux, quel changement.*

JÉSUS.

O Femme, que mon corps est las !
Accorde-moi quelque soulas,
Encor que je sois Juif et toi Samaritaine :
Je suis fatigué du chemin,
J'ai marché pour toi bien matin ;
Ne me refuse pas de l'eau de ta fontaine.
La Samaritaine. Seigneur, quel est votre dessein ?
Le Juif et le Samaritain
Ne se fréquentent point, ils n'ont aucun commerce,
Qu'il vous plaise me pardonner,
Si je n'ose pas vous donner
A boire de cette eau que sur mes mains je verse.
  Jésus. Si tu savais le don de Dieu,
Tu ne me dirais pas adieu,
Et ton ame serait à ma voix attentive ;
Si tu savais bien qui je suis,
Tu quitterais l'eau de ton puits,
Tu me demanderais à boire de l'eau vive.
  La Samaritaine. Seigneur, vous n'avez rien en quoi
Vous puisiez de l'eau comme moi,

Le puits est trop profond, comment pourriez-vous
Jacob, ses enfans, ses troupeaux,   [faire?]
N'ont bu que de ces claires eaux;
Etes-vous donc plus grand que Jacob notre père?

  Jésus. Tous ceux qui boivent de cette eau,
Auront encor soif de nouveau,
Mais on n'a jamais soif quand on boit à ma source,
Mon eau de tous maux peut laver,
Sans elle on ne peut se sauver;
Quiconque n'en boit point, est perdu sans ressource.

  La Samaritaine. Seigneur, ce m'est un fort grand soin
D'aller puiser de l'eau si loin;
Donnez-moi de cette eau qui seule désaltère:
Je sens un mouvement profond,
Qui m'illumine et me confond;
Mon cœur est tout à vous; qu'est-ce que je dois faire?

  Jésus. Va-t-en appeler ton mari,
Qui du grand Dieu n'est point chéri,
Vu que dans son bourbier, sans rien craindre, il se
    vautre;
Ne me dis pas, je n'en ai point;
Je vais te démêler ce point:
On t'a vu cinq maris, mais cet homme est d'une autre.

  La Samaritaine. Vous m'avez dit la vérité
Avec beaucoup de charité.
Non, je n'en doute plus, vous êtes un prophète:
Dites-moi, devant que finir,
Un mot du Messie à venir,
Qui doit manifester toute chose secrète.

  Jésus. Le Messie est déjà venu,
Tu ne l'as pas encor connu,
Il est devant tes yeux, en un mot, c'est **moi-même**;
Laisse donc ta cruche à ce puits,
De mes discours porte les fruits,
Va publier partout qu'on me cherche et qu'on m'aime.

  La Samaritaine. Venez voir un homme parfait,
Qui m'a dit tout ce que j'ai fait;
Vous en serez ravis, c'est le Sauveur des **hommes**;
Il a rendu mon cœur contrit,
Ayant éclairé mon esprit;

Allons nous joindre à lui tous autant que nous sommes.

Les Samaritains. Aimable Arbitre des humains,
Qui nous avez faits de vos mains,
Nous vous reconnaissons pour le Sauveur du monde;
Nous ne voulons aimer que vous;
De grace demeurez chez nous,
Car ce n'est qu'en vous seul que notre espoir se fonde.

Femme, plusieurs sont enflammés
Par tes entretiens animés;
Mais nous venons d'ouïr sa parole divine;
Nous croyons fermement en lui,
Et nous voulons dès aujourd'hui,
Ne nous plus attacher qu'à suivre sa doctrine.

Réflexion. Benin Sauveur, par le passé,
Je vous ai si souvent lassé,
Et je vous lasse encor bien plus que cette femme;
Vous avez soif d'être vainqueur
De mon esprit et de mon cœur,
Et moi je n'ai point soif du salut de mon ame.

Bon Dieu! que je reconnais mal
Combien vous m'êtes libéral!
Vous me donnez toujours, jamais je ne m'acquitte;
Je forme d'insolens projets,
Je n'aime que les vains objets,
Je préfère à votre eau, l'eau bourbeuse d'Egypte.

Cette femme, par sa ferveur,
Triomphe d'abord du Sauveur,
Tandis que je croupis dans ma lâche paresse;
Elle veut promptement savoir
Toutes les lois de son devoir,
Et moi je m'en remets à ma seule faiblesse.

Pécheur, tu te crois bien caché,
Quand tu commets quelque péché;
Mais les yeux du Très-Haut pénètrent les abymes.
Il voit le passé, l'avenir,
Rien n'échappe à son souvenir;
Tu verras devant lui le moindre de tes crimes.

Que dirai-je de ma tiédeur,
Si je l'oppose à cette ardeur?

Cette femme fait tout pour attirer ses frères ;
Hélas ! et moi je ne fais rien,
Ni pour autrui, ni pour mon bien ;
Je m'accable de soins qui ne sont que chimères.
 Quelle honte pour les Chrétiens !
Après tant de saints entretiens,
Ils ne se rendent point à l'Auteur de leur être.
Mon ame, prends soin d'écouter,
Et puis tâche d'exécuter
Tout ce que te dira dans le cœur ton doux Maître.

LA CANANÉE.

Sur l'Air : *Allez, Bergers, dessus l'herbette.*

LA CANANÉE A JÉSUS.

Ah ! Fils de David débonnaire,
De grace, ayez pitié de moi,
C'est en vous que mon ame espère,
Avec une constante foi :
Il est vrai, je suis Cananée,
Mais j'ai quitté Tyr et Sydon,
Et je suis bien déterminée
De n'obéir plus au démon.

 Ma fille est grandement souffrante,
Elle a le démon dans le corps,
Qui sans relâche la tourmente,
L'affligeant dedans et dehors ;
Ah ! Seigneur, rendez vous sensible
A la douleur qu'elle ressent ;
Je sais que tout vous est possible,
Étant le Fils du Tout-puissant.

 Vous avez beau ne me rien dire,
Je ne m'en offenserai pas,
J'allégerai mon dur martyre,
Vous suivant par-tout pas à pas :
Je veux espérer, sans rien craindre,
Que ma longue importunité
Pourra tôt ou tard vous contraindre

A guérir son infirmité.

La même aux Apôtres.

Je vous conjure, ô saints Apôtres,
De vouloir prier votre Roi,
Que puisqu'il en guérit tant d'autres,
Il daigne avoir pitié de moi ;
Il n'a point voulu me répondre,
Il m'a toujours tourné le dos ;
Il ne se plaît qu'à me confondre,
Bien loin de soulager mes maux.

Les Apôtres. Jésus vous dit par son silence,
Qu'il ne veut rien vous accorder ;
Ne lui faites plus violence,
A force de lui demander.
Vous vous rendez digne de blâme
Par tant de discours superflus ;
Laissez-nous en paix, bonne femme ;
Allez-vous en, ne criez plus.

La Cananée. Mon affliction est trop grande,
Pour pouvoir cesser de crier ;
Ne croyez pas que j'appréhende
De le suivre et de le prier ;
Si vous n'appuyez ma prière,
Et si vous n'êtes mes adjoints,
Je lui serai toujours derrière,
En lui demandant mes besoins.

Les Apôtres à Jésus.

Seigneur, cette femme importune
Qui pleure et qui crie après nous,
Et dont la foi n'est point commune,
Attend une faveur de vous ;
Le démon tourmente sa fille,
Elle en est aux derniers abois ;
Faites voir à cette famille
Que tout l'enfer craint votre voix.
Plus nous lui disons de se taire,
Et de vous laisser en repos,
Plus elle, en sa douleur amère,
Pousse des cris et des sanglots ;

Elle nous prie, elle nous presse,
Elle fait tout ce qu'elle peut
Pour exciter notre tendresse,
Afin d'avoir ce qu'elle veut.
 Vous lui faites la sourde oreille,
Vous l'accablez par vos refus;
Mais elle n'a point sa pareille
A supporter tous vos rebuts.
Sauveur, dont le cœur est si tendre,
Laissez-vous toucher à ses pleurs;
Exaucez-la sans plus attendre,
Nous sommes las de ses clameurs.
 Voyez avec quelle constance
Elle demande la santé;
Voyez sa foi, son espérance,
Son amour, son humilité;
Voyez sa ferveur et son zèle,
Voyez en quel état elle est;
Nous demandons grace pour elle,
Accordez-la-nous, s'il vous plaît.

    Jésus aux Apôtres.
 Je suis envoyé de mon Père,
Vers mon cher peuple d'Israël,
Bien qu'en tout il me soit contraire,
Ingrat, infidelle et cruel;
L'heure n'est pas encore venue
D'aller vers le peuple gentil;
Je cherche ma brebis perdue,
Pour la tirer de tout péril.

    La Cananée à Jésus.
 Seigneur, que tout mon cœur adore,
En qui je crois comme je dois,
Souffrez que je vous presse encore
D'avoir compassion de moi;
Vous pouvez me sauver la vie,
Et mettre fin à mon malheur;
Aidez-moi, je vous en supplie,
Autrement je meurs de douleur.
 Hélas! une Samaritaine

A reçu de vous le pardon,
L'Hémorroïsse et Magdelène
Ont vu combien vous êtes bon ;
Serai-je seule abandonnée
A la merci de Lucifer,
A cause qu'étant Cananée,
Je ne mérite que l'enfer ?

Jésus. Femme, ta fille est possédée,
L'ayant justement mérité :
Je dois penser à la Judée
Avant qu'à la Gentilité,
Je ne veux la mort de personne ;
Je fais part à tous de mes biens ;
Mais est-il juste que je donne
Le pain de mes enfans aux chiens ?

La Cananée. Ah ! mon Seigneur, je vous l'accorde,
Je ne dois pas avoir ce pain ;
Mais, par pure miséricorde,
Soûlez de vos miettes ma faim ;
Permettez-moi, quoique païenne,
Que je m'abaisse devant vous,
Ainsi qu'une petite chienne,
Sous votre table, à deux genoux.

Je ne demande que les miettes
Que vos enfans, en leur banquet,
Laissent tomber de leurs serviettes,
Pendant que vous les nourrissez ;
Mon doux Jésus, je veux m'abattre
D'esprit et de corps à vos pieds,
Et j'y veux être opiniâtre,
Jusqu'à ce que vous m'exauciez.

Jésus. O femme ! ta foi plus que grande,
Tes cris, tes pleurs et tes soupirs,
Me font octroyer ta demande ;
Qu'il soit fait selon tes désirs :
Je désirais plus que toi-même,
De voir la fin de ton tourment ;
Mais je prends un plaisir extrême,
Quand quelqu'un me prie humblement.

Je te parlais d'un air sévère,
Afin de te mieux éprouver,
Tandis que comme un bénin père,
Je ne pensais qu'à te sauver :
Je t'humiliais pour ta gloire,
Et pour rehausser ta vertu,
Montrant qu'on n'obtient la victoire
Qu'après avoir bien combattu.

Plusieurs délaissent leur prière,
Sitôt que j'éprouve leur foi,
Et que je soustrais ma lumière,
Afin qu'ils n'y cherchent que moi ;
Tu leur serviras de modèle
D'une profonde humilité,
D'une ferveur toujours nouvelle,
Et d'une ardente charité.

Je n'aime point une ame lâche,
Qui néglige de s'avancer,
Et qui me quitte ou se relâche,
Dès que je tarde à l'exaucer ;
Demande, cherche, sollicite,
Quand tu voudras quelque faveur ;
C'est par-là qu'on croît en mérite,
Et qu'on vient à bout de mon cœur.

Va-t-en en paix, sois hors de peine,
Et fais profiter mes trésors ;
Ta fille est parfaitement saine
De l'ame aussi-bien que du corps ;
Vous êtes toutes deux en grace,
Par un effet de mes bontés ;
Fuyez sans délai votre race,
Et leurs fausses divinités.

La Cananée.

Je vous rends graces, mon doux Maître,
De tous vos insignes bienfaits ;
J'ai désir de les reconnaître,
En ne vous offensant jamais :
Que toutes les troupes des Anges,
Tous les hommes jeunes et vieux,

Vous donnent par-tout des louanges,
Dessus la terre et dans les Cieux.

La Fille. Réjouissez-vous, chère mère,
De ma parfaite guérison;
Je ne crains plus mon adversaire,
On l'a chassé de la maison:
Apprenez-moi, je vous conjure,
Quel est mon libérateur;
Je veux l'aimer dès à cette heure,
Et le servir avec ferveur.

La Mère. C'est le véritable Messie,
Qui, par son pouvoir souverain,
Vous a pleinement affranchie
Du pouvoir de l'esprit malin.
Oh! que la prière a des charmes,
Quand on la fait en s'abaissant!
Il n'est point de plus fortes armes,
Pour triompher du Tout-puissant.

Consacrons nos corps et nos ames
A ce grand Roi de l'Univers;
Brûlons nuit et jour de ses flammes,
Souffrons pour lui nos maux divers;
Soyons fidelles à sa grace,
Tâchons d'accomplir ses desseins,
Afin de voir au ciel sa face,
Miroir des Anges et des Saints.

DE L'HEURE TERRIBLE DE LA MORT.

Sur l'Air: *Soupirs ardens, esprit de flamme.*

Tout n'est que mort, tout n'est que cendre;
De tous côtés tu peux apprendre
Que tu t'approches du trépas.
Veux-tu faire une heureuse vie?
Meurs à tous les mortels appas
Qui tiennent ton ame asservie.   *bis.*
On n'a rien cru de plus terrible,
De plus affreux, de plus horrible,

Que l'heure qui finit nos jours ;
Elle est, en effet, bien affreuse ;
Puisqu'elle laisse pour toujours
L'ame contente ou malheureuse.

Quand tu verras, à l'agonie,
Que ta course sera finie,
Tu chercheras à reculer ;
Mais Dieu qui sait tes inconstances,
Lassé de tant dissimuler,
Se moquera de tes instances.

Le médecin, l'apothicaire,
N'auront alors plus rien à faire,
Qu'à s'entretenir de la mort ;
Tes yeux répondront par les larmes,
Tu voudras faire quelque effort,
Mais il faudra rendre les armes.

Ton confesseur, d'une voix ferme
Te redira : Voici le terme,
Il faut enfin rendre l'esprit ;
Çà, cher ami, çà, bon courage,
Espère en Dieu, sois bien contrit,
Je viens t'aider en ce passage.

Tandis qu'il soignera ton ame,
Tous tes enfans avec ta femme,
Fondront en pleurs de tous côtés ;
Ton cœur souffrira des pressures,
Ton esprit des anxiétés,
Et tout ton corps d'âpres tortures.

Les fleurs de ta course passée,
Ne produiront, dans ta pensée,
Qu'épines pour te déchirer ;
Toutes tes diverses délices,
Te feront plaindre et soupirer
Sous le poids d'autant de supplices.

Tu seras dans un labyrinthe,
Noyé du fiel et de l'absinthe
De tes crimes les plus cachés.
Tu ne verras plus que fantômes,
Et que montagnes de péchés,

Où tu ne voyais rien qu'atomes.

Adieu grandeurs, adieu richesses,
Adieu plaisirs, adieu caresses,
Dira ton cœur gros de soupirs ;
Adieu mondanités de verre,
Je souffre mille repentirs,
Pour n'avoir aimé que la terre.

Pécheur tu combattrais sans cesse,
Ton avarice et ta paresse,
Si tu pensais à ton cercueil :
Tu ne serais pas si colère,
Tu mettrais à bas ton orgueil,
Pour embrasser la vie austère.

Tes passions et leurs amorces,
Dans peu de temps perdraient leurs forces,
Et changeraient même d'objet ;
Tu foulerais la vaine pompe,
Et tu ne serais plus sujet
Au monde flatteur qui te trompe.

Pense donc, mais pense à toute heure,
Qu'il faut quitter cette demeure,
Et rendre compte à Dieu de tout :
Accepte la mort par avance,
Et fais, en l'attendant par-tout,
De dignes fruits de pénitence.

Porte l'esprit dans ce lieu sombre,
Séjour d'horreur, région d'ombre,
Où devant Dieu tu seras seul ;
Entre souvent au cimetière,
Où tu seras dans un linceul,
Parmi les vers et la poussière.

Préviens l'effroi, préviens la honte
Du jour où tu dois rendre compte
Du mal et du bien sans détour :
Donne bon ordre à tes affaires,
Et n'attends pas ce dernier jour,
Ou comble ou fin de tes misères.

Fais au vice une rude guerre,
Détache ton cœur de la terre,

Pour l'amour seul de Jésus-Christ,
Conçois du mépris pour toi-même,
Et supporte d'un ferme esprit,
L'adversité la plus extrême.

 Emploie bien, je t'en sollicite,
Le temps d'amasser un mérite
Qui fait vivre après le trépas :
Voici les momens favorables,
Amasse, et ne te lasse pas,
Les trésors qui sont perdurables.

LE MORIBOND.

Sur l'Air : *Hélas ! cruelle amante*, etc.

LA MORT.

Mortel, voici ton heure,
Je viens finir tes jours, malgré tous tes efforts,
Je te viens enfermer dans une sépulture,
Où, par les vers, je détruirai ton corps ;
Mortel, voici ton heure,
Délaisse les vivans, et viens te joindre aux morts,
Aux morts, Et viens te joindre aux morts.

 Le Moribond. Faut-il quitter la vie,
Sans avoir entrepris de bien vivre un seul jour ?
Quand je pense à l'arrêt dont tu seras suivie,
J'ai de la peine à quitter ce sejour.
Faut-il quitter la vie,
Sans avoir commencé d'aimer Dieu tout amour,
Amour, D'aimer Dieu tout amour ?

 La Mort. Je suis une trompeuse ;
Tu me croyais bien loin, et j'étais près de toi ;
Tu croyais de vieillir, mais je t'en désabuse ;
Il faut mourir, sans me dire pourquoi :
Je suis une trompeuse,
Mais je ne trompe point ceux qui pensent à moi,
A moi, Ceux qui pensent à moi.

 Le Moribond. Bon Dieu ! quelle détresse,
J'aperçois dans mon fond plusieurs vices secrets ;

Les honneurs, les plaisirs et les fausses-richesses,
Percent mon cœur de mille et mille traits.
Bon Dieu! quelle détresse,
Il ne me reste plus que de cuisans regrets,
Regrets, Que de cuisans regrets.

La Mort. Je ris de tes alarmes,
Et des fâcheux remords qui déchirent ton cœur;
Lorsque Dieu te pressait de te rendre à ses charmes,
Tu méprisais sa grace et sa rigueur.
Je ris de tes alarmes,
Je me moque à mon tour d'un insolent moqueur,
Moqueur, D'un insolent moqueur.

Le Moribond. Hélas! un jour de trêves
Serait bientôt passé, ne le refuse pas,
Laisse-moi repentir avant que tu m'enlèves,
J'ai du regret d'avoir pris mes ébats.
Hélas! un jour de trêves
Me peut faire gagner le ciel à mon trépas,
Trépas, Le ciel à mon trépas.

La Mort. Je suis impitoyable,
Tu devais en tout temps faire ce que tu dis;
Qui ne fait ce qu'il peut dans le temps favorable,
Met au hasard sa part du Paradis:
Je suis impitoyable,
Tu ne jouiras plus des plaisirs de jadis;
Jadis, Des plaisirs de jadis.

Le Moribond. Ah! ah! que tu me presses,
Laisse-moi recevoir les derniers Sacremens;
Je prétends m'acquitter de mes justes promesses,
Par le meilleur de tous les testamens.
Ah! ah! que tu me presses,
Veux-tu pas m'accorder encor quelques momens,
Momens. Encor quelques momens?

La Mort. Le temps que tu demandes,
Et que tu n'as perdu que par respect humain,
Tu l'avais par emprunt, il faut que tu le rendes,
Même aujourd'hui, sans attendre à demain.
Le temps que tu demandes
N'est pas en mon pouvoir, non plus que dans ta main,

Ta main, Non plus que dans ta main.

 Le Moribond. Du moins, dis-moi, de grace,
Où doit-on me loger au sortir de ce lieu ?
Aurai-je dans le ciel ou dans l'enfer ma place,
Quand j'aurai dit au monde mon adieu ?
Du moins, dis-moi, de grace,
Serai-je pour jamais, ou proche ou loin de Dieu ?
De Dieu, Ou proche ou loin de Dieu ?

 La Mort. Avant que l'heure sonne,
Tu sauras le séjour de ton éternité ;
Cependant sois certain que ton Juge ne donne
Que justement ce qu'on a mérité.
Avant que l'heure sonne,
Tu verras ou l'enfer, ou la sainte Cité,
Cité, Ou la sainte Cité.

 Le Moribond. Je n'ai plus rien à dire,
Je ne veux point savoir quel doit être mon sort ;
Tel que Dieu le voudra, tel mon cœur le désire,
Dussé-je bien faire naufrage au port ;
Je n'ai plus rien à dire,
Je souscris de bon cœur à mon arrêt de mort,
De mort, A mon arrêt de mort.

DES PEINES DE L'ENFER.

 Sur l'Air : *Laissez-moi mourir en repos,* etc.

Descendons vivans * en esprit,   *bis.*
Dans le funeste lieu des peines,
Dont on n'a jamais bien décrit
Tous les maux ni toutes les gênes ;
Méditons la rigueur des tourmens des enfers,
Pour en gémir * à jamais sous les fers. *bis.*

 Dans cet abyme * de malheur,
Dans cet océan de misère,
Chaque puissance a sa douleur,
Chaque sens souffre son contraire ;
Sans relâche et sans fin, les malheureux damnés
Sont, sans pitié, * mortellement gênés.

Dans ce puits de feux enfoufrés,
Ces réprouvés n'oient que blasphêmes,
Que pleurs, que soupirs, que regrets,
Que sanglots, que cris, qu'anathêmes;
O fureur! ô transport! ô désespoir!
Si le pécheur pouvait * vous concevoir.

Ils sont abymés * dans le fiel,
Par cette pensée importune,
Qu'ils ont pour rien perdu le ciel,
Dont les Saints ont fait leur fortune;
Ils s'efforcent toujours de perdre ce penser,
Sans que jamais * ils puissent l'avancer.

Ils souffrent le froid * et le chaud,
Qui les tourmentent sans mesure;
Par un ordre exprès du Très-Haut,
Tous les deux causent leur torture:
De l'ardeur des brasiers, sont soudain enfoncés
Dans des bourbiers * et des étangs glacés.

Les yeux sont remplis * dans ces creux,
De mille et mille objets difformes,
De mille fantômes hideux,
Et de mille monstres énormes,
De crapauds, de lions, de tigres, de serpens,
Qui font souffrir * leur vue et tous leur sens.

Ils souffrent la soif * et la faim,
Ils ne touchent que feu, que soufre;
Ils tâchent toujours, mais en vain,
De sortir du fond de ce gouffre;
La justice de Dieu les y tient attachés,
Pour châtier * leurs énormes péchés.

Ils désirent tous * le trépas,
Pour voir la fin de leur détresse;
Mais dans l'enfer on ne meurt pas,
Encor qu'on y meure sans cesse;
Sans y vivre on y vit, on y meurt sans mourir,
O vive mort! * qui pourra te souffrir?

Ils ne peuvent point * rejeter,
Des maux futurs la prévoyance;
Tant plus ils veulent l'écarter,

Et tant plus leur esprit y pense ;
Chacun voit le passé, le présent, l'avenir,
Sans en pouvoir * perdre le souvenir.

 Ils sont repentans, * mais trop tard,
De n'avoir pas fait pénitence ;
Ils souffrent avec le Richard,
Le remords de leur conscience ;
Et ce ver immortel leur fait toujours sentir,
Sans aucun fruit, * un cruel repentir.

 Le plus dur tourment * des damnés,
N'est point d'avoir perdu leurs ames,
Ni de se voir abandonnés
Pour toujours à de vives flammes ;
C'est la perte d'un Dieu qui dans cet antre obscur,
Leur fait souffrir * le tourment le plus dur.

 Ah ! quel crève-cœur, * quel tourment !
Souffrir sans trève et sans limite,
Etre à la gêne incessamment,
Sans pouvoir jamais être quitte !
Pourras-tu, supporter ce jamais douloureux ?
Le pourras-tu, * libertin malheureux ?

 Craignons, ô Chrétiens, * nuit et jour,
Craignons cette mort immortelle ;
Employons la crainte et l'amour
Pour gagner la vie éternelle ;
Endurons, dans le temps, toute calamité,
Pour ne souffrir * durant l'éternité.

LE MAUVAIS RICHE.

Sur l'Air : *Jésus, plein d'amour extrême.*

Venez ouïr avec crainte,
 La complainte
D'un Richard infortuné ;
N'ayant aimé que la pompe
 Qui nous trompe,
Par sa faute il s'est damné.

Ecoutons parler Lazare,
 Qui déclare
Ses douleurs à des valets ;
Gravons bien dans la mémoire
 Cette histoire,
Afin de souffrir en paix.

Lazare.

Serviteur d'un riche maître,
Fais paraître
Quelque pitié pour ma faim,
Et va dire à cet avare,
Que Lazare
Lui demande un peu de pain.
Les seules miettes qu'on roule,
Et qu'on foule,
Suffiraient à mon besoin ;
Je ne cherche pas à faire Bonne chère,
Le Seigneur m'en est témoin.
Remarquez mes meurtrissures,
Mes blessures,
Et ma grande pauvreté ;
Il ne se trouve personne
Qui me donne
Un denier par charité.
Ayant bien vu mes misères
Mes ulcères,
Et mes maux plus douloureux,
Allez voir si votre maître
Voudrait être
Le soutien d'un malheureux.

Les Serviteurs.

Notre maître est si sévère,
Si colère,
Qu'on n'ose pas l'aborder :
Lorsqu'il voit faire la quête,
Il tempête,
Il ne veut rien accorder.
Il fait un dieu de son ventre ;
Son vrai centre,
C'est d'être dans le festin :
Son habit et sa parure,
A toute heure,
C'est la pourpre et le fin lin.
Ce glouton insatiable
N'est affable
Que parfois au cuisinier ;
Mais il est toujours horrible
Et terrible
Aux pauvres, pour un denier.
Nous allons pourtant lui dire
Ton martyre,
Ta faim, tes nécessités ;
Prie Dieu qu'il nous écoute,
Car sans doute,
Nous en serons rebutés.

Les Serviteurs à leur Maître.

Monseigneur, souffrez de grace,
Qu'on vous fasse
Le récit d'un pauvre gueux ;
Il gémit à votre rue,
Tête nue,
Accablé de maux affreux.
Ce qui se perd sous la table,
Est capable
De le garder de périr :
Nous vous supplions, cher maître,
De permettre

Que nous l'allions secourir.
Le mauvais Riche.
Ne parlez pas davantage,
Car ma rage
Commence de prendre feu.
Que ce vilain pauvre endure,
Ou qu'il meure,
Cela m'importe fort peu.
Que tant de miséricorde,
On accorde
Trop de bien à l'indigent ;
Je ne veux point qu'on raisonne
Sur l'aumône,
Je sais user de l'argent.
Si ce pauvre est à ma porte,
Qu'on l'emporte,
Et qu'on l'en chasse bien loin :
Je défends sur toute chose,
Qu'aucun n'ose
Examiner son besoin.
Que si j'entends qu'il résiste,
Et persiste
A sans cesse lamenter,
Par mes chiens faites-le mordre ;
C'est mon ordre ;
Il vient ma porte infecter.

Reflexion.
Admirons cette merveille
Sans pareille,
Les chiens ne lui font point mal ;
Au contraire, ils le dessèchent,
Ils le lèchent,
Malgré ce Riche brutal.
C'est la souffrance pénible,
Mais paisible,
De Lazare dans la faim,
Et c'est la vie animale
Et brutale,
De ce Richard inhumain.
Voyons la fin consolante
Et brillante,
De Lazare couronné ;
Voyons la fin malheureuse
Très affreuse,
Du mauvais riche damné.

Le mauvais Riche.
Abraham, je désespère,
Ah ! bon père ;
Allége un peu mon fardeau;
La faveur que je demande,
N'est pas grande,
Ce n'est qu'une goutte d'eau.
Si je fus envers Lazare,
Trop avare,
Ne le sois pas envers moi :
Considère mes souffrances
Et mes transes,
Dans ce lieu rempli d'effroi.
J'enrage dans ces abymes,
Pour les crimes
Que sans cesse j'ai commis :
Je maudis et ciel et terre,
Père et mère,
Mes parens et mes amis.
Je laisse la mer entière,
La rivière,
La fontaine et le ruisseau :
Pourvu que Lazare m'aide,
Mon

Mon remède,
C'est son doigt trempé
  dans l'eau.
Abraham.
Souviens-toi que ce Lazare,
  Homme rare,
A ta porte n'avait rien,
Lorsque tes mains inhu-
  maines
  Etaient pleines
De toute sorte de bien.
  Il est juste que l'on donne
  La couronne
A ce pauvre rebuté :
Il est juste que tu souffres,
  Dans ces gouffres,
Une extrême pauvreté.
  Lazare souffrait des pei-
    nes
  Et des gênes
Qu'on ne saurait conce-
  voir,
Lorsque parmi les délices
  Et les vices,
Tu manquais à ton devoir.
  Maintenant Dieu récom-
    pense
  Sa souffrance,
Et tout ce qu'il eut d'amer,
Tandis qu'un feu de bitume
  Te consume,
Sans jamais te consumer.
  L'abyme qui te sépare
    Du Lazare,
L'empêche d'aller vers toi;
C'est vainement que tu
  cries,
  Que tu pries,
Ne t'adresse plus à moi.

Le Richard.
Fais au moins dire à mes
  frères
  Les misères
Et les maux de ces bas
  lieux :
Je crains beaucoup leur
  venue
  Et leur vue ;
Fais qu'ils aillent droit
  aux Cieux.

Abraham.
  Tes cinq frères ont
    Moyse,
    C'est sottise
De les aller avertir ;
Ils ont aussi des Prophètes,
  Grands trompettes,
S'ils veulent se convertir.

Le Richard.
Je ne crois pas qu'ils s'y
  rendent,
  Ni prétendent
De quitter leurs vains tré-
  sors ;
Pour toucher leur ame
  dure,
  Sur l'usure,
Il leur faut quelqu'un des
  morts.

Abraham.
S'ils ne foulent leurs pis-
  toles,
  Aux paroles
De ces grands hommes de
  bien,
Encor qu'un mort ressus-
  cité,
  Sa visite

Ne leur servira de rien.
Le Richard.
Mais enfin, cette torture,
Que j'endure,
Ne doit-elle point finir ?
Pour quel temps, par ce supplice,
La Justice
Prétend-elle me punir ?
Abraham.
Tu n'as point quitté l'envie,
Dans ta vie,
De ta noire iniquité ;
Il faut donc que tu subisses
Ces supplices
Pour toute une éternité.
Réflexion.
Qui que tu sois qui m'écoutes,
Prends les routes
Qui conduisent à bon port.
Ce glouton vient de l'apprendre
Qu'il faut rendre
Un grand compte après la mort.
Fuis de ce Richard le vice
D'avarice ;
Donne aux pauvres largement ;
Fuis les excès de la bouche,
Et ne touche
A tes mets que sobrement.
Fais grand cas de tes misères,
Salutaires,
Ainsi que Lazare a fait ;
Et supporte avec constance,
Ta souffrance,
Si tu veux être parfait.

SUR LA PROSE DES MORTS.

Sur l'Air : *Mons de Gange, l'arrière-garde.*

DIES IRÆ, DIES ILLA, etc.

Prêtons l'oreille à la Sibylle,
Ecoutons le Berger royal,
Ou bien lisons notre Evangile,
Traitant du Jugement final ;
De tous les trois on peut apprendre
Que ce jour d'ire et de fureur,
En réduisant le monde en cendre,
Nous doit faire transir d'horreur.

Quantus tremor est futurus, etc.

Quel tremblement, quelle épouvante
S'emparera de mon esprit,
Lorsque nous serons dans l'attente

D'avoir pour Juge Jésus-Christ !
Juge éclairé, Juge implacable,
Qui doit peser au même poids,
Le mal léger, le mal notable,
Tant des Bergers, comme des Rois !

Tuba mirum spargens sonum, etc.

L'horrible son de la trompette
Ayant éveillé tous les morts,
Parmi la foudre et la tempête,
Chacun d'eux reprendra son corps ;
On les verra tous comparaître
Devant le divin Tribunal ;
Les uns pour suivre leur doux Maître,
Les autres le monstre infernal.

Mors stupebit et natura, etc.

La mort et toute la nature,
Verront avec étonnement,
Sortir la pâle créature
Du sombre creux du monument,
Il faudra que chacun réponde
A ce Juge de l'Univers,
En présence de tout le monde,
Sur mille et mille cas divers.

Liber scriptus proferetur, etc.

Alors, ce redoutable Arbitre,
Aux yeux duquel tout est connu,
Nous produira le grand registre
Qui contient tout par le menu :
Selon la teneur de ce livre,
Il jugera le genre humain,
Sans que personne se délivre
De son Tribunal souverain.

Judex ergo cùm sedebit, etc.

Ce Juge assis fera paraître
Tous les plus horribles péchés
Que l'on a bien osé commettre,
Croyant qu'ils seraient bien cachés :
Tout passera par la balance,
On n'y verra rien d'impuni ;

Le bien aura sa récompense,
Le mal son supplice infini.

Quid sum miser tunc dicturus, etc.

Hélas ! et que pourrai-je dire,
Pauvre malheureux que je suis,
En ce grand jour de trouble et d'ire,
Qui doit nous accabler d'ennuis ?
Si le juste a de la crainte
Et si ce jour le fait pâmer,
Quel saint Patron, ou quelle Sainte,
Oserai-je alors réclamer ?

Rex tremendæ Majestatis, etc.

O Roi de Majesté suprême !
Je reconnais à deux genoux,
Que vous nous sauvez par vous-même,
N'ayant aucun besoin de nous.
O Dieu très-haut ! seul impeccable,
Vive fontaine de pitié,
Sauvez cette âme misérable,
Qui vous recherche d'amitié !

Recordare, Jesu pie, etc.

Doux Jésus, ayez en mémoire
Les maux que vous avez soufferts,
Pour m'unir à vous dans la gloire,
Vous étant chargé de mes fers :
Puisque j'ai causé votre course,
Vos seins et vos âpres douleurs,
Ne me perdez pas sans ressource,
Dans ce jour de cris et de pleurs.

Quærens me sedisti lassus, etc.

Ne permettez point que vos peines
Et vos bontés qui m'ont cherché,
Restent pour moi tout-à-fait vaines,
Et que je meure en mon péché :
Je suis, Seigneur, votre conquête,
Je dois ma vie à votre mort,
Préservez-moi de la tempête,
Et faites-moi surgir au port.

Juste Judex ultionis, etc.

Juste vengeur de mon offense,
J'ose vous prier humblement
De me traiter avec clémence,
Avant le jour du jugement ;
Ayez pitié de ma misère,
Je ne suis qu'un faible roseau,
N'exercez pas votre colère
Sur un si chétif vermisseau.

Ingemisco tamquam reus, etc.

La larme à l'œil, au front la honte,
Au cœur mille cuisans regrets,
Je crois qu'il me faut rendre compte
De mes crimes les plus secrets ;
Oyez mon cœur qui vers vous crie,
O Dieu pitoyable et tout bon !
Et m'accordez, je vous supplie,
De mes péchés l'entier pardon.

Qui Mariam absolvisti, etc.

Vous avez absous Magdelène,
Vous avez sauvé le voleur ;
Ils sont garantis de la gêne,
Comble éternel de tout malheur.
O Dieu d'éternelle clémence !
Vous me donnez la liberté
De mettre en vous mon espérance,
Car vous êtes tout charité.

Preces meæ non sunt dignæ, etc.

Aimable Père des lumières,
De qui j'adore les splendeurs,
Je confesse que mes prières
Sont indignes de vos grandeurs ;
Aussi n'entends-je point par elles,
D'éviter les feux éternels,
Mais par vos bontés paternelles,
Unique espoir des criminels.

Inter oves locum præsta, etc.

Lorsque vos troupes angéliques
Sépareront aux yeux de tous,

Les boucs orgueilleux et lubriques
D'avec vos agneaux les plus doux ;
Faites, mon Dieu, que j'aie place
Au côté droit parmi vos Saints,
Couronnez en moi votre grace,
Selon vos éternels desseins.

    Confutatis maledictis, etc.

Ayant, d'une voix de tonnerre,
Précipité les malheureux
Dans les brasiers cachés sous terre,
Pour y souffrir des maux affreux ;
Conviez mon ame tremblante,
A voler sous votre drapeau,
A la demeure triomphante,
Avec votre béni troupeau.

    Oro supplex et acclinis, etc.

Je sens mon cœur prêt à se fendre,
Réfléchissant sur le passé ;
Je voudrais le réduire en cendre,
Pour vous avoir tant offensé :
Soyez mon Père et non mon Juge,
Et ne m'ayez pas à rebut ;
Je n'ai que vous seul pour refuge,
Prenez le soin de mon salut.

    Lacrymosa dies illa, etc.

O jour d'effroi ! jour lamentable !
Qu'on craint et qu'on prévoit si peu ;
Tu feras sortir le coupable
De la poussière tout en feu.
O jour d'horreur ! ô jour terrible !
Que tu causeras de remords,
Quand devant le Juge inflexible,
Tu feras assembler les morts !

    Huic ergo parce Deus, etc.

Jésus, dont la bonté surpasse
La malice de nos forfaits,
Donnez aux vivans votre grace,
Aux morts le repos et la paix :
O Roi des hommes et des anges !

Sauvez-nous par votre bonté,
Pour aller chanter vos louanges,
Durant toute une éternité.

SUR LES SEPT PÉCHÉS CAPITAUX.

Air : *Si vous voulez savoir le secret de mon ame.*

AU PÉCHEUR ORGUEILLEUX.

Pécheur, si le néant est ta vraie origine,
Si ton cœur ne peut rien sans la grace divine,
Si d'esprit et de corps tu n'es qu'infirmité,
Si la foule des vers te doit réduire en cendre,
D'où te vient tant d'orgueil et tant de vanité ?
Pourquoi t'élèves-tu, lorsqu'il faudrait descendre ?

A l'Avaricieux.

Le désir d'amasser, après quoi tu t'empresses,
La crainte d'amoindrir, ou perdre tes richesses,
La douleur que tu sens, sitôt que tu les perds,
L'erreur qui te fait voir tes gains légitimes,
Changent tes biens en maux, t'attirent aux enfers ;
Prends garde que trop tard tu n'abhorres tes crimes.

Au Luxurieux.

Un tas d'hommes brutaux fait ta réjouissance,
Tu ne suis que le poids de ta concupiscence,
Tous les objets des sens ont chez toi libre accès ;
Tes regards sont lascifs, ton langage est lubrique :
Tu manges, bois et dors, sans dire c'est assez,
Tu vis abandonné, tu mourras impudique.

A l'Envieux.

L'affliction d'autrui produit ton alégresse,
Son trouble fait ta paix, son plaisir ta tristesse,
Tu crèves de dépit de sa prospérité,
Tu noircis son honneur, tu censures sa vie,
Tu rencontres ta joie en ton adversité ;
Crains le sort d'un Caïn dont tu nourris l'envie.

Au Gourmand.

Aimant les bons morceaux, et soignant la cuisine,
Tu ne fais de ton corps qu'un mets pour la vermine.

Tu songes seulement à vivre pour manger ;
Tu te ris de ton Dieu, tu fais Dieu de ton ventre,
Tu te soûles parfois jusques à regorger.
Qu'un homme est malheureux quand son corps es[son centre!

Au Colère.

Quelle étrange fureur domine sur toi-même !
Tes rigueurs ne sont plus qu'un horrible blasphême
Tu tires vanité de contredire à tout ;
D'un accident léger tu fumes de colère ;
Quand quelqu'un t'a choqué, tu le pousses à bout ;
Dieu te sera-t-il doux, te trouvant si sévère ?

Au Paresseux.

Pour le moindre travail ton ame s'effarouche ;
Un Dieu te promet tout, et sans que rien te touche,
Tu veux et ne veux point t'approcher des Autels,
Tu chéris ta langueur, tu nourris ta mollesse,
Tu comptes pour petits de gros péchés mortels ;
Tu mourras assoupi dans ta lâche paresse.

Au Pécheur qui se justifie.

Tu dis que tu n'as pas cette grace efficace,
Qui triomphe de tout, qui peut fondre ta glace,
Et délivrer ton cœur de vice et de défaut,
Que tous tes sens te font une guerre éternelle,
Que tu n'as pas toujours tout le secours qu'il faut ;
C'est l'excuser en vain, le Seigneur est fidelle.

Que dans tous tes péchés ton cœur s'ensevelisse,
Dieu n'en est point l'auteur, Dieu n'en est point complice,
Ta chute est seulement l'ouvrage de ta main ;
Tout noirci de forfaits, tu te noircis sans cesse,
Méprisant ton salut, à toi-même inhumain,
Tu foules sous tes pieds la grace qui te presse.

Au Pécheur abandonné.

Plus Dieu te vient offrir la grace et l'assistance,
Plus ton cœur s'endurcit et lui fait résistance,
De toutes ses faveurs tu fais tarir le cours ;
Mais cette grace enfin trop long-temps rejetée,
Ne trouvant dans ton cœur que mépris tous les jours,
S'éloigne fort de toi quand tu l'as rebutée.

DE L'ENFANT PRODIGUE.

Air : *Un jour le Berger Tircis*, etc.

Le Prodigue débauché.

Je suis enfin résolu
D'être en mes mœurs absolu :
Donnez-moi vite, mon père
Ce qui revient à ma part.
Vous avez mon autre frère,
Consentez à mon départ.

Le Père.

Pourquoi veux-tu, mon enfant,
Faire ce que Dieu défend ?
Veux-tu désoler mon ame,
Nos parens et nos amis ?
Je serais digne de blâme,
Si je te l'avais permis.

Le Prodigue.

Je veux, en dépit de tous,
M'éloigner d'auprès de vous ;
En vain vous faites la guerre
A ma propre volonté,
Je ne crains ni ciel ni terre
Je veux vivre en liberté.

Le Père.

Mais, hélas! quelle raison
Te fait quitter la maison ?
Ne te suis-je pas bon père ?
De quoi te plains-tu de moi ?
Et qu'est-ce que je puis faire,
Que je ne fasse pour toi ?

Le Prodigue.

Vous me traitez en barbet,
Et je veux vivre en cadet ;
Vous condamnez à toute heure
Le moindre déréglement ;
Je veux changer de demeure,
Sans retarder un moment.

Le Père.

Adieu donc cœur obstiné,
Adieu, pauvre-infortuné ;
Ton égarement me tue,
J'en suis accablé d'ennuis,
Je vois ton ame perdue,
Et ne sais plus où j'en suis.

Le Prodigue.

Venez à moi, libertins,
Prenez part à mes festins ;
Venez à moi, chers lubriques,
Consumons nos courts momens.
Dans les infames pratiques
Des plus noirs débordemens.

Pensons à boire, à manger,
Dans ce pays étranger ;
Je n'ai plus de peur d'un père
Qui me suivait pas à pas ;
Songeons à nous satisfaire
Dans l'ordure et les ébats.

Contentons tous nos désirs,
En nageant dans les plaisirs,

Et vivons de cette sorte,
Tant que l'argent durera,
Nous irons de porte en
 porte,
Sitôt qu'il nous manquera

Réflexion.

Pécheur, remarque en
 ce lieu,
Le tort que tu fais à Dieu.
Tu t'en fuis de sa présence
Afin de boire à longs traits
Le venin de ton offense,
En dépit de ses attraits.
Sa clémence jour et nuit,
Te recherche et te pour-
 suit ;
Son cœur ne veut pas ta
 perte,
C'est toi-même qui la veux
Car sa grace t'est offerte,
Mais tu dédaignes ses vœux.
Tu crois ton Juge bien
 loin,
Et tu l'as pour ton témoin:
Sa justice met en nombre
Toutes tes méchancetés,
Malgré la nuit la plus
 sombre,
Il voit tes impuretés.

Le Prodigue pénitent.

O le triste changement,
Après un train si charmant!
Je ne vois plus à ma suite
Ceux qui me faisaient la
 cour ;
Tout le monde a pris la
 fuite,
Pas un n'use de retour.
Je me trouve sans appui,
Dans la honte et dans l'e-
 nui.
Ma conduite toute impure
M'a mis au rang des pour-
 ceaux,
Il est juste que j'endure
Autour de ces animaux.
Je rougis de mes forfaits
Et des crimes que j'ai faits
Je fonds en pleurs, je
 soupire,
Je sens de cuisans remords
Je souffre un cruel mar-
 tyre,
De cœur, d'esprit et de
 corps.
Je meurs même ici de
 faim,
Faute d'un morceau de
 pain ;
Tandis que chez mon bon
 père,
Où jamais rien ne défaut,
Le plus chétif mercenaire
En a plus qu'il ne lui faut.
Je voudrais bien me
 nourrir
Des fruits qu'on laisse
 pourrir,
Je voudrais bien sous ce
 chêne,
Les écosses des pourceaux;
Mais j'ai mérité la peine
Qu'attirent les bons mor-
 ceaux.
Je vais pourtant me lever,
Pour penser à me sauver ;
Il est temps que je détourne
Mon cœur de l'iniquité,

Et qu'enfin je m'en re-
   tourne
Vers celui que j'ai quitté
   Réflexion.
  Voici, pécheur, les effets
De tes horribles forfaits,
Tu n'as plus rien dans le
   monde,
Le péché t'a tout ôté,
Et ton ame n'est féconde
Qu'en misère et pauvreté.
  T'étant séparé de Dieu,
Sa grace t'a dit adieu,
Toutes tes œuvres sont
   mortes,
Le démon te tient aux fers,
Tu n'es qu'à deux doigts
   des portes
De la prison des enfers.
  Lève-toi donc promp-
   tement,
Pense à vivre saintement.
Retourne au Père céleste,
Qui t'attend à bras ouverts,
Sors de ton état funeste,
Et fuis les hommes pervers.
  *Le Prodigue de retour
   chez son Père.*
  Voici, cher père, à ge-
   noux,
Un fils indigne de vous:
Si vous daignez me per-
   mettre
D'entrer en votre Palais,
Ce me sera trop que d'être
Comme l'un de vos valets.
  J'ai péché contre les
   Cieux,
Je n'ose y lever les yeux;

J'ai péché contre vous-
   même.
Je crains de vous regarder;
Ma douleur en est extrême;
Je suis prêt de m'amender.
Je me soumets de bon
   cœur
A votre juste rigueur;
Je ne veux plus vous dé-
   plaire,
Oubliez ce que je fis,
Vous êtes encor le père
De ce misérable fils.
  Le Père.
  Cher enfant, embrasse-
   moi,
Je brûle d'amour pour toi,
Mes entrailles sont émues,
Et de joie et de pitié,
Par ton retour tu remues
Tout ce que j'ai d'amitié.
  Laquais, cherchez des
   souliers,
Et les mettez à ses pieds;
Prenez dans ma garde-robe
Une bague pour son doigt,
Avec sa première robe,
Puisqu'il revient comme
   il doit.
  Qu'on prépare le veau
   gras,
J'ai mon fils entre mes
   bras;
Il avait perdu la vie,
Mais il est ressuscité :
Chers amis, je vous convie
A cette solemnité.
  Réflexion.
  C'est ainsi que le Seigneur

Reçoit le pauvre pécheur ;
Il l'embrasse il le console,
Il l'aime plus que jamais,
Et d'une simple parole,
Il remplit tous ses souhaits.
　Fais donc, pécheur, par amour,
Vers Dieu ce parfait retour,
Tu recouvreras la grace,
Et les dons du S. Esprit,
L'ennemi rendra la place
De ton cœur à Jésus-Christ.
　Tes mérites suspendus,
Te seront enfin rendus ;
Ta paix en sera parfaite,
La terre t'en bénira,
Tout le ciel en fera fête,
Et l'enfer en rugira.

DIALOGUE entre un Libertin et son Ami.

Sur l'Air : *Cessez de vous plaindre.*

LE LIBERTIN.

Je suis encor jeune, Je me ris de la mort ;
Quand on m'en parle, on m'importune,
De l'oublier je suis bientôt d'accord ;
Je me plais à la bonne chère,
J'aime à ne rien faire, Par-tout où je suis ;
Je fuis la détresse, L'ennui, la tristesse,
　Autant que je puis.

L'Ami.

Tu meurs à toute heure, Et tu n'y penses pas ;
Mais l'oubli de ta sépulture
Ne te saurait garantir du trépas ;
Tu peux, chétif vase d'argile,
Caduc et fragile, Par-tout te briser ;
Conçois quelque envie De changer de vie,
　Sans temporiser.

Le Libertin.

En vain tu me presses De me tôt convertir,
Tu ne saurais par tes adresses
Me détourner de m'aller divertir ;
Je veux nager dans les délices,
Et parmi les vices, Vivre en libertin.
Jésus est bon Père, Il veut que j'espère
　Jusques à la fin.

L'Ami

L'Ami.
Si ta pénitence Ne prévient ton départ;
 En vain tu vis dans l'espérance
 D'avoir un jour du ciel l'heureuse part;
 Si tu n'abandonnes le crime,
Avant qu'on t'abyme Comme un Lucifer,
Les transports de rage Seront ton partage
 Dans le feu d'enfer.

Le Libertin.
Le Seigneur accorde Au cœur humble et contrit,
 En tout temps sa miséricorde,
 Par la vertu du sang de Jésus-Christ;
 Je ne doute point de sa grace,
Ni de l'efficace De nos Sacremens,
La Bonté suprême Est encor la même,
 Aux derniers momens.

L'Ami.
Dieu promet sa grace, Mais non pas le demain;
 Souvent une insolente audace
 Met tout-à-coup les carreaux en sa main;
 Que si tu tombes dans l'offense,
Avec arrogance, Parce qu'il est bon,
Soudain tu l'irrites, Et tu ne mérites
 Qu'un juste abandon.

Le Libertin.
Mille et mille choses Me dérobent le temps;
 Bien que ce que tu me proposes,
 Puisse en effet rendre mes vœux contens;
 Il faut que je m'en débarrasse,
Avant que je fasse Ce parfait retour;
Laissons cette affaire, Quoique nécessaire,
 Pour un autre jour.

L'Ami.
Etrange folie! Tu fais tout pour rien,
 Tandis que ton ame s'oublie
 De son salut et du souverain bien;
 S'il faut rouler la terre et l'onde,
Pour les biens du monde, Tu n'as point d'arrêt;
Et rien ne t'enflamme A sauver ton ame.
 Z

Tu n'es jamais prêt.
Le Libertin.
J'ai bien de la honte De me voir si pervers ;
　Sitôt que je pense à mon compte,
　Ah ! je me vois à deux doigts des enfers ;
　Mais aussi quand je me figure
Tout ce qu'on endure Pour gagner le ciel,
Un si long ouvrage M'abat le courage,
　Tout n'est plus que fiel.
L'Ami.
Mets ta confiance En celui qui peut tout,
Tu pourras par son assistance
　Voir de tes maux en peu de temps le bout ;
　Conçois cependant pour tes crimes,
Des regrets intimes, Soupire et gémis ;
Dieu met bas les armes, Dès qu'il voit nos larmes,
　Comme il l'a promis.

LE COMBAT DE L'ESPRIT AVEC LE CORPS.

Air : *Les plus beaux de mes jours, etc.*

POUR LA VIE PURGATIVE.

L'Esprit.

JE suis las de gémir sous le joug de tes lois,
Il faut que de tes sens je vainque l'insolence,
Et qu'au lieu d'adhérer à tes concupiscences,
Je t'attache avec moi (désormais *bis*) à la Croix.

Le Corps.

Traite-moi doucement, et ne m'accable pas.
Si je suis révolté quand le manger me gâte,
Je deviens languissant quand le jeûne me mate,
Je te laisse ta Croix, (laisse-moi *bis*) mes ébats.

L'Esprit.

Tu serais moins brutal et beaucoup moins charnel,
Si tu contentais moins l'œil, l'oreille et la bouche,
Et si tu prévoyais un malheur qui te touche :
Mais tu veux assouvir (tout désir *bis*) criminel.

Le Corps.
Je ne prends mes plaisirs qu'autant que tu le veux:
Si je me porte au mal, c'est par ton adhérence:
Si je laisse le bien, c'est par ta négligence;
Ne t'en prends donc qu'à toi (si je suis *bis*) tous mes feux.

L'Esprit.
Je ne veux plus t'aimer, je veux rompre avec toi,
Tu ne cueillera plus de roses sans épines,
Je te serai plus dur que tu ne t'imagines,
Tu seras en tout temps (dépendant *bis*) de ma loi.

Le Corps.
Esprit, tu n'oserais me faire jamais tort;
Tu n'as pas plutôt pris la qualité de Juge,
Que soudain tu deviens contre toi mon refuge,
L'avocat de mes sens, (le guide *bis*) et le support.

L'Esprit.
Je ne puis plus souffrir tes violens assauts;
Si tu ne te soumets aux lois de mon empire,
Et si tu ne te rends à ce que je t'inspire,
Je m'en vais t'accabler (de mille *bis*) et mille maux.

Le Corps.
Détruisant ma santé, tu détruiras ton bien;
Les forces me manquant, tu resteras sans aide;
Si ton zèle indiscret à me mater excède,
Tu ne peux exercer (les vertus *bis*) d'un Chrétien.

L'Esprit.
Les plus longues douceurs de tes plus grands péchés,
Auront, dans les enfers, les plus amers supplices,
Et pour chaque plaisir de tous tes divers vices,
Mille traits infernaux (te seront *bis*) décochés.

Le Corps.
Je voudrais sans combat des vices triompher,
Dompter mes appétits sans travail et sans peine,
Etre bien avec toi sans me mettre à la gêne,
Et ne point éprouver (le jamais *bis*) de l'enfer.

L'Esprit.
Tu ne peux éviter ce jamais douloureux,
Ne vivre avec moi de bonne intelligence,
Si tu ne te résous de faire pénitence,

Pour tâcher d'adoucir (un Juge *bis*) rigoureu
Le Corps.
Je conçois dans mon cœur un regret général
Pour les maux que j'ai faits par ma pure malic
Crois-tu bien que mon Dieu daigne m'être pro
Maintenant que je veux (m'éloigner *bis*) de tout
L'Esprit.
Tu n'en dois point douter, notre Dieu n'est qu'am
Il ne veut point ta mort, sans cesse il te convie
A vouloir travailler pour l'éternelle vie ;
Ne dispute donc plus, (il attend *bis*) ton reto

~~~~~~~~~~~~~~~~~~~~~~~~~~~~~~

POUR LA VIE ILLUMINATIV

Même Air que le précédent.

LE CORPS.

Montre-moi les sentiers que les Saints ont battu
Je veux faire valoir du Très-haut la lumière,
Et toujours m'avancer, sans regarder derrière,
Pour me faire un trésor (de toutes *bis*) leurs vertu

L'Eprit.

Tous les Saints ont suivi de Jésus le chemin
Tu dois mouler comme eux tous tes pas sur ses trace
Si tu veux t'attirer le trésor de ses graces,
Et l'avoir à jamais (dans le ciel *bis*) pour ta fin.

Le Corps.

Dans le train que j'ai pris, je sens mille combats,
Tantôt de tout quitter, tantôt de tenir ferme ;
Déjà de mes travaux je voudrais voir le terme,
Je demande la paix, (et la paix *bis*) ne vient pas.

L'Esprit.

Pour trouver le repos du corps et de l'esprit,
Il te faut sans délai renoncer à toi-même,
Charger sur toi la Croix, et d'un courage extrême,
Captiver tous tes sens (et suivre *bis*) Jésus-Christ.

Le Corps.

On se rit bien souvent de mes plus saints exploits,
On blâme mes desseins, on m'appelle hypocrite ;

Quand j'entends ces railleurs, soudain mon cœur s'irrite,
Et je voudrais lever (et la main *bis*) et la voix.

L'Esprit.

Ne fais point consister ta gloire ni ta paix,
En ces discours en l'air qu'un indévot profère;
Ce n'est pas aux mondains qu'il faut tâcher de plaire,
Mais à Dieu qui te voit (en tout ce *bis*) que tu fais.

Le Corps.

Les plaisirs d'ici-bas chatouillent tous mes sens,
Chacun d'eux fait son coup, sitôt que tu sommeilles,
Et sur-tout les objets des yeux et des oreilles,
Font d'abord dans mon cœur (des projets *bis*) insolens.

L'Esprit.

Tu te dois rendre exact à te mortifier,
Et craindre à tout moment de tes sens les amorces;
Quand même ils sembleraient avoir perdu leurs forces,
Tu ne dois pourtant pas (follement *bis*) t'y fier.

Le Corps.

Je me vois devant Dieu plein d'un orgueil secret;
On ne peut supporter le flux de mes paroles,
Par-tout je suis trompé de mille objets frivoles,
Et par-tout on voit bien (que je suis *bis*) indiscret.

L'Esprit.

Pour dompter ton orgueil, soumets-toi promptement;
Pour perdre le caquet, observe le silence;
Pour être moins surpris, use de vigilance,
Et rends-toi circonspect (pour agir *bis*) prudemment.

Le Corps.

Peu de chose m'abat, je ne fais que tomber;
Je sens de tous côtés mille épreuves diverses,
Et ne me plaisant plus à toutes ces traverses,
Ce n'est pas sans sujets (que je crains *bis*) succomber.

L'Esprit.

Dieu se plaît à nous voir bien petits devant lui,
Si nous vivons tous deux dans l'humble défiance,
Il nous fera marcher avec persévérance,
Et dans tous nos besoins (il sera *bis*) notre appui.

POUR LA VIE UNITIVE.
Même Air que le précédent.
LE CORPS.

JE voudrais les moyens de m'unir au Très-haut ;
Mais, hélas ! tous mes sens me font encor la guerre,
Par mes divers besoins, je rampe encor sur terre,
Où tout n'est que combat, [que trouble *bis*] et que
   défaut. *L'Esprit.*

Pour t'unir au Seigneur, pense à lui fréquemment;
Les besoins du sommeil, du manger et du boire,
Ne sauraient t'empêcher d'en avoir la mémoire,
Si tu sais rafraîchir [sa vue *bis*] à tout moment.
      Le Corps.

Je suis tout au-dehors, en tout temps, en tout lieu;
Etant ainsi distrait, il n'est aucune chose
Qui trouve de mon cœur jamais la porte close,
Et j'ai bien du travail [à penser *bis*] à mon Dieu.
      L'Esprit.

Ne te lasse jamais de faire des retours,
L'habitude se vainc par une autre habitude;
Si tes retours vers Dieu font un peu ton étude,
Tu pourras y penser [mille fois *bis*] tous les jours.
      Le Corps.

Ne puis-je pas aussi, quand tu fais oraison,
Comme toi m'élever au-dessus de moi-même,
Pour ne voir en aimant que la Bonté suprême,
Et prier par la foi, [sans suivre *bis*] ta raison ?
      L'Esprit.

Ce regard amoureux vers Dieu, par pure foi,
Sans aucun acte exprès, sans discours, sans matière,
Surpasse ma raison et ta frêle poussière ;
C'est un pur don du ciel [tiens-toi bas *bis*] avec moi.
      Le Corps.

Tout me viens dissiper, et dedans et dehors ;
A prier un long temps ma faiblesse s'oppose,
Je ne puis me remplir d'aucune bonne chose,

Et malgré tous tes soins [j'arrête *bis*] tes transports.
L'Esprit.
Ces objets différens qui viennent t'affaiblir,
Ne sauraient du Seigneur me ravir la présence ;
De t'unir avec lui ne perds pas espérance,
Si tu sais te vider, [il saura *bis*] te remplir.
Le Corps.
Ne puis-je pas enfin, au banquet de l'Autel,
Tâcher de n'être qu'un avec mon divin Maître,
Puisque m'y transformant, j'y prends un nouvel être,
Et que bravant la mort [j'y deviens *bis*] immortel?
L'Esprit.
Tu le peux, tu le dois ; mais pèse mûrement,
Que dans cette action, de toute la plus sainte,
Il te faut du respect, de l'amour, de la crainte,
Pour avoir part au fruit [de ce grand *bis*] Sacrement.
Le Corps.
Je voudrais bien avoir une humble netteté,
Pour être de mon Dieu l'agréable demeure ;
Mais son abaissement ne trouve en moi qu'enflure,
Et son corps virginal, [que toute *bis*] impureté.
L'Esprit.
C'est au seul Roi des Cieux, par un soin paternel,
A nous bien préparer à cette auguste Table,
Où nous nous repaissons de son Corps adorable,
Pour tous deux parvenir [au festin *bis*] éternel.

PARAPHRASE DU SYMBOLE DES APOTRES.

Air : *Depuis long-temps qu'en secret je vous aime.*
SAINT PIERRE.
Je crois en Dieu le Père tout-puissant, Créateur du Ciel et de la Terre.

JE crois en Dieu, dont le sein nous enserre,
Le Créateur, le Père tout-puissant,
Qui d'un seul mot fit le Ciel et la Terre,
Et qui leur donne un ordre ravissant ;
J'adore en lui l'immuabilité,

Je rends hommage à sa paternité ;
Tout mon cœur aime Ce Roi suprême,
En révérant sa haute Majesté.
S. ANDRÉ.
Et en Jésus-Christ son Fils unique notre Seigneur.
Je crois encore en Jésus-Christ mon Maître,
Egal en tout à son Père Eternel,
Dieu comme lui, l'image de son Etre,
Son Fils unique et consubstantiel,
Son beau miroir, son verbe, sa splendeur,
Dont tous les Saints adorent la grandeur :
Je veux sans cesse, Que l'on connaisse
Qu'il est par-tout mon souverain Seigneur.
S. JACQUES LE MAJEUR.
Qui a été conçu du Saint Esprit, est né de la Vierge Marie.
Ce même Fils, toujours au sein du Père,
Ayant été conçu de l'Esprit Saint,
Au sein très-pur de la Vierge sa Mère,
Naquit pour nous, l'amour l'ayant contraint ;
Tenant là-haut d'un Dieu Trin le milieu,
Il se fit voir sur la terre Homme-Dieu :
Il faut renaître, Et tâcher d'être
D'esprit au ciel, de corps en ce bas lieu.
S. JEAN.
Qui a souffert sous Ponce-Pilate, a été crucifié, mort et enseveli.
Il meurt en croix d'une mort très-cruelle,
Ponce-Pilate en prononce l'arrêt,
Pour nous tirer de la mort éternelle,
Et satisfaire à l'éternel décret :
Après qu'on l'eut descendu du poteau,
Son sacré corps fut mis dans le tombeau ;
Mourons aux crimes, Soyons victimes,
Morts et vivans aux pieds de cet Agneau.
S. PHILIPPE.
Il est descendu aux Enfers, et le troisième jour il est ressuscité des Morts.
Le Verbe uni parfaitement à l'ame,

Étant au corps uni parfaitement,
Tout embrasé d'une amoureuse flamme,
Va voir les siens aux Limbes promptement;
Après trois jours, il sort victorieux
Du monument malgré ses envieux :
Il ressuscite, Et nous invite
A nous tirer des actes vicieux.

S. BARTHELEMI.

Il est monté aux Cieux, il est assis à la droite de
Dieu son Père tout-puissant.

Il monte aux Cieux tout brillant de sa gloire,
Son seul pouvoir l'élève au plus haut lieu ;
Il y fait voir sa sanglante victoire,
Et prend son trône à la droite de Dieu ;
Ceux qui vivaient dans la captivité
Recouvrent lors leur pleine liberté :
Chrétien, espère Qu'un jour ton Père
T'introduira dans la sainte Cité.

S. THOMAS.

De-là viendra juger les vivans et les morts.

Au jour dernier, à ce jour lamentable,
Qui rejoindra nos ames à nos corps,
Ce Juge saint, bénin et redoutable,
Viendra juger les vivans et les morts;
Il donnera les biens du ciel aux bons,
Aux réprouvés les tourmens du démon :
Que ces délices, Et ces supplices,
Soient de nos cœurs le nord et le timon.

S. MATTHIEU.

Je crois au Saint Esprit.

Je crois de plus à l'Esprit adorable,
Lien du Fils et du Père Eternel ;
Source d'amour et l'amour ineffable,
Source des dons et le don personnel,
Qui procédant et du Père et du Fils,
Veut animer nos cœurs et nos esprits :
Esprit de flammes, Brûlez nos ames,
Esprit d'amour, rendez-nous bien contrits.

S. Jacques le Mineur.
La Ste. Eglise Catholique, la Communion des Saints.

Je crois aussi l'Eglise Catholique,
Maison de Dieu, le bercail de la Foi,
Vraie en tout point, unique, apostolique,
Ferme colonne et flambeau de la Loi,
Troupe des Saints, dont les cœurs et les biens
Sont en commun par des sacrés liens :
Aimons l'Eglise ; Qui la divise,
Renonce au Pape, et suit les faux Chétiens.

S. Jude ou Thadée.
La rémission des péchés.

Je suis certain que cette Eglise sainte
A du Sauveur reçu l'autorité
De pardonner à qui le veut sans feinte,
Cent et cent fois sa noire iniquité ;
Quelques péchés que nous ayons commis,
Par ce pouvoir ils nous sont tous remis:
O ! quelle grace ! Un Dieu m'embrasse,
Dès le moment que pour lui je gémis.

S. Simon.
La Résurrection de la chair.

Je crois encor que nos corps en poussière,
Au dernier jour ressusciteront tous,
Pour recevoir la sentence dernière,
Aux pieds d'un Juge allumé de courroux ;
Les uns seront agiles et luisans,
Les autres noirs, horribles et pesans ;
Jamais merveille Ne fut pareille,
Nous serons tous en la fleur de nos ans.

S. Matthias.
La vie éternelle.

Je crois enfin une vie éternelle,
Dont le bonheur n'est qu'au ciel bien compris ;
Là, notre corps et notre ame immortelle
Auront Dieu même et pour gloire et pour prix ;
Là, tous les Saints, pendant l'éternité,
Contempleront l'auguste Trinité :
O belle gloire ! Que ta mémoire

M'applique tout à la Divinité.
  Voilà les points que j'apprends des Apôtres,
Je les crois tous d'une constante foi ;
Mais je me perds comme cent et cent autres,
Si je ne vis selon ce que je crois.
Dieu veut mon cœur, mon esprit et mes mains,
Tous mes désirs, sans les œuvres, sont vains ;
Car la foi morte   Ferme la porte
Du beau Palais où régneront les Saints.

PARAPHRASE DES COMMANDEMENS
DE DIEU ET DE L'EGLISE.

Sur l'Air : *La feuille morte a des appas.*

UN SEUL DIEU TU ADORERAS, etc.

CHRÉTIEN, n'adore qu'un seul Dieu,
Fais que sa flamme   Brûle en ton ame,
    Sans cesse en tout lieu ;
Reconnais en sa seule essence,   Une Trinité ;
Consacre-lui ta foi, ton espérance
    Et ta charité.

Dieu en vain tu ne jureras, etc.

Ne prends jamais son Nom en vain :
Sois véritable,   Sage, équitable,
    En levant la main ;
Ne profère point de blasphème,   Ni de reniment ;
Si tu promets au Monarque suprême,
    Rends-lui promptement.

Les Dimanches tu garderas, etc.

Dimanche et Fête garde-toi
D'œuvre servile,   En tout tranquille,
    Sers ton divin Roi ;
Préfère les divins Offices   A tes vains ébats,
Aux cabarets, aux jeux, sources de vices,
    Et de cent débats.

Tes père et mère honoreras, etc.

Si tu veux vivre longuement,
Suis de ton père   Et de ta mère

   Le commandement ;
Joins au secours l'obéissance, l'amour et l'honneur,
Afin d'avoir un jour, pour récompense,
   L'éternel bonheur.

   Homicide point ne seras, etc.
  Ne te laisse point emporter
A la colère Contre ton frère,
  Pour le maltraiter :
Car Dieu te défend l'homicide De l'ame et du corps,
Et veut aussi, qu'avec soin, ton cœur bride
   Ses fougueux transports.

   Luxurieux point ne seras, etc.
  Demande à Dieu la chasteté,
Crains à toute heure, De la luxure
   La brutalité ;
Garde les yeux, la main, l'oreille, Aime l'action,
Reçois Jésus, sois sobre, prie et veille,
   Fuis l'occasion.

   Le bien d'autrui tu ne prendras, etc.
  Ne vole point le bien d'autrui
A la sourdine, Ni par rapine,
  Te moquant de lui ;
Fais le poids et la mesure, Vends au juste prix,
Et rends l'argent provenu de l'usure,
   Si ta main l'a pris.

   Faux témoignage ne diras, etc.
  Quand on détracte du prochain,
Bien loin d'en rire, Ni de médire,
  Tais-toi par dédain ;
Abhorre le faux témoignage, Dis la vérité,
Et montre en tout du cœur, par ton langage,
   La sincérité.

   L'œuvre de la chair ne désireras, etc.
  Fais la guerre aux sales plaisirs ;
Une pensée, trop tard chassée,
   Produit les désirs ;
Eteins au plutôt l'étincelle De ce feu d'enfer,
De peur qu'enfin l'esprit ne se rebelle,
   Vaincu par la chair.

Biens d'autrui ne convoiteras, etc.

Puisqu'en tout la cupidité
Est la racine   Qui t'achemine
　　A l'iniquité,
Loin d'avoir le bien de personne,   Ni le convoiter,
Contente-toi de ce que Dieu te donne,
　　Sans te tourmenter.

LES COMMANDEMENS DE L'ÉGLISE.

Les Dimanches Messe ouïras, etc.

Entends la Messe entièrement,
Dimanche et Fête,   Et ni caquette
　　Scandaleusement ;
Une Messe bien entendue   T'acquiert mille biens,
Sois-y dévot, n'y perds pas Dieu de vue,
　　Fuis les entretiens.

Tous tes péchés confesseras, etc.

Confesse, au moins une fois l'an,
Tous tes noirs crimes,   Sors des abymes
　　Où te tient Satan ;
Déclare le nombre et l'espèce,   Contrit et confus,
Fuis avec soin l'occasion sans cesse,
　　Et ne pèche plus.

Ton Créateur tu recevras, etc.

Reçois à Pâques, ô mortel,
Ton divin Maître,   Hostie et Prêtre
　　Pour toi sur l'autel ;
Tu n'auras point en toi de vie,   Sans ce pain vivant,
Cours au banquet, le Seigneur t'y convie,
　　Sois humble et fervent.

Les Fêtes tu sanctifieras, etc.

Laisse le travail de tes mains,
Sois bien fidelle,   Et plein de zèle,
　　A l'honneur des Saints ;
Chômant les Fêtes commandées,   Avec piété,
Mille faveurs te seront accordées,
　　Pour ta sainteté.

Quatre-temps, vigiles jeûneras, etc.

Ayant atteint trois fois sept ans,

Jeûne en Carême, Et fais de même
  Tous les Quatre-temps :
Ajoutes-y toutes les veilles, Et tu recevras
De ton Seigneur des graces sans pareilles,
  Tant que tu vivras.

  Vendredi chair ne mangeras, etc.

Abstiens-toi, chaque Vendredi,
De toute viande, Quoique friande,
  Et le Samedi ;
Mais en gardant cette abstinence, Qui matte la chair,
Ne garde plus dans ton cœur la licence
  De toujours pécher.

  Hors le temps noces ne feras, etc.

Au temps que l'Eglise défend
Le mariage, Sois souple et sage
  Comme un humble enfant ;
Souviens-toi qu'un Chrétien fidelle
  Est toujours soumis,
Et qu'il se perd, s'il est rebelle
  A ses saints avis.

  Les excommuniés tu fuiras, etc.

Fuis l'excommunié par-tout,
Et lui dénie Ta compagnie,
  Si l'on ne l'absout ;
Refuse à ce monstre exécrable, Sans aucun regret,
Ton entretien, le salut et la table ;
  Dieu te maudirait.

  Quand excommunié tu seras, etc.

Si l'on a lancé contre toi
Ce coup de foudre, Fais-t-en absoudre,
  Tout tremblant d'effroi ;
Qu'à l'avenir ta seule crainte Soit de n'être pas
Dans le giron de l'Eglise très-sainte,
  Lors de ton trépas.

Voilà les saintes lois d'amour,
Garde-les toutes, Ce sont les routes
  De l'heureux séjour ;
Quand tu n'en transgresserais qu'une,
  Chrétien, sois certain

Que c'est assez pour perdre la fortune
 Du bien souverain.

SAINT VICTOR, MARTYR,
un des Patrons de Marseille.

Sur l'Air : *Petits oiseaux, rassurez-vous, etc.*

Aimable Saint, enflammez-moi,
 Pour célébrer votre victoire,
 Pour faire éclater votre gloire,
 Et pour augmenter notre foi ;
 Vous êtes l'honneur de Marseille,
 Votre saint corps est un trésor pour nous ;
Nous venons redoubler nos devoirs envers vous,
Votre martyre n'est qu'amour et que merveille.

 Vous serviez vos maîtres païens,
 Prudent, obéissant, fidelle,
 Et vous instruisiez avec zèle,
 Secrétement plusieurs Chrétiens :
 Mais quand on vous voulut soumettre
 A révérer des idoles d'enfer,
Vous dîtes hardiment, parlant à découvert :
Jésus est le vrai Dieu, Jésus est mon vrai Maître.

 Ils firent d'efforts impuissans
 Par leurs menaces, leurs alarmes,
 Pour vous faire prendre les armes
 Contre les Chrétiens innocens :
 Je commettrais des parricides ;
 Les vrais Chrétiens, frères en Jésus-Christ,
Ont tous un même cœur, ont tous un même esprit,
Vos dieux sont des démons, ils sont des homicides.

 Je ne veux plus être soldat,
 Ni servir un Prince idolâtre ;
 C'est pour Dieu que je veux combattre ;
 Je veux mourir dans ce combat :
 Dieu me remplit d'un grand courage,
 Et je ne crains ni le fer ni le feu ;
Si je meurs bon Chrétien, je jouirai de Dieu ;

Je me sens embrasé, son grand amour m'engage.
 Il est d'abord mis en prison,
Il commence là son martyre:
Déjà pour le ciel il soupire,
Et rien ne trouble sa raison ;
On a beau le charger de chaînes,
Il est très-doux au fort de ses travaux ;
Il souffrirait en paix les dents des animaux ;
Il bénit son Sauveur parmi toutes ses peines.
 A chaque nuit un Ange vient,
Qui secrétement le retire,
Afin d'enflammer au martyre
Les Marseillais dans l'entretien ;
Aux saintes maisons qu'il visite,
Il fait sentir sa force et son amour ;
Chacun attend encor son amoureux retour,
Chacun voudrait aller à la prison qu'il quitte.
 Mais le Préfet plus irrité,
Lui fait tordre les bras derrière,
Et puis d'une horrible manière,
On le traîne les pieds liés,
Par les rues de cette ville,
Sur des pavés piquans et raboteux :
Son sang coule par-tout, ses membres sont rompus;
Victor marche joyeux, plus ardent, plus agile.
 Il est cruellement battu
D'un bâton, à forces reprises ;
Ses épaules presque démises,
Il est à l'instant suspendu ;
D'un nerf de taureau l'on tourmente
Un corps qu'on a déjà tant fait souffrir ;
Mais le tyran voulait, avant qu'il pût mourir,
Qu'il prosternât son corps au dieu qu'on lui présente.
 Victor, saisit de tremblement
A ce commandement impie,
Aime plutôt perdre la vie,
Que voir cette idole un moment ;
Du pied il repousse le prêtre
Qui de sa main lui présente un autel ;

Il confesse sa foi pour Jésus immortel :
On lui coupe le pied ; il sent son amour croître.
 On le met sur un chevalet,
 Où tout son saint corps se disloque ;
 On harangue, Victor s'en moque ;
 Dans la prison il se refait :
 Trois soldats, voyant sa constance,
 Sont convertis ; ils reçoivent la foi,
Et tous trois baptisés, confessent Jésus Roi :
Tous trois meurent martyrs sans nulle résistance.
 Dieu, quel plaisir en sent Victor !
 De tout son cœur il les veut suivre,
 Il veut pour Dieu cesser de vivre :
 A souffrir plus constant, plus fort,
 Le tyran commande qu'il sorte :
 Il nous fera, dit-il, d'autres martyrs :
Tous les tourmens pour lui ne sont que des plaisirs,
Le tyran est confus des palmes qu'il remporte.
 Par les tourmens plus animé,
 Il veut de nouvelles souffrances,
 Certain des grandes récompenses ;
 Malgré le prêtre envenimé,
 Il méprise tyrans, idoles ;
 D'une voix ferme il prêche le Sauveur ;
Sur des Chrétiens cachés il répand sa ferveur ;
Ils sont presque martyrs entendant ses paroles.
 Le Préfet rentre en sa fureur,
 Absolument il veut qu'il meure :
 Victor attend cette belle heure ;
 Cent fois il offre à Dieu son cœur.
 La pierre d'un moulin rapide,
 Froisse son corps et casse tous ses os ;
Tout Victor est moulu, sans perdre son repos ;
C'est un froment bénit, le ciel en est avide.
 Son très-saint cœur palpite encor,
 Et par son mouvement il prie :
 Victor consacre à Dieu sa vie,
 Le cœur palpitant veut la mort ;
On lui tranche aussitôt la tête.

Le Préfet craint encor après sa mort,
Qu'un troupeau de martyrs ne le suive d'abord ;
Car toute la prison, pour Victor est en fête.
 On voit paraître un jeune enfant
 Au tombeau du Saint ; il demande
 Qu'il le protége, et qu'il le rende
 Du monde avec lui triomphant :
 On découvre l'enfant qui prie ;
 Soudain il rend l'esprit sur le tombeau ;
Le tyran est chagrin d'un martyre si beau,
Qui de plusieurs Chrétiens cause la sainte envie.
 Victor, vous faites des martyrs,
 Tant votre amour est exemplaire ;
 Vous êtes devenu le père
 De quatre Saints par vos soupirs :
 Obtenez à nos faibles ames,
 Un grand désir de servir le Seigneur ;
Nous le bénissons tous de votre grand bonheur ;
Animez notre foi, brûlez-nous de vos flammes.
 Allez au ciel victorieux,
 Chargé de palmes et de gloire ;
 Conservez, grand Saint, la mémoire
 De nos besoins et de nos vœux ;
 Que pour la très-sacrée Eglise,
 Où votre corps éclate, et votre nom,
Nous gardions en tout temps un respect très-profond,
Qu'au service de Dieu Marseille soit soumise.
 Saints Longin et Féliciant,
 Saint Alexandre et saint Deutère,
 Tout notre peuple vous révère
 Et se prosterne en suppliant ;
 Puisqu'un Marseillais, par sa grace,
 Vous a tirés de la Gentilité,
Priez Jésus qui fait votre félicité,
D'oublier nos péchés, que son sang les efface.
 Plusieurs par Victor exaucés,
 Recevaient des faveurs célèbres ;
 Des corps, les esprits de ténèbres,
 A son sépulcre étaient chassés.

Marseille fréquente en misère,
Viens implorer ton Citoyen puissant;
Quand tu perds tout espoir au mal le plus pressant,
En lui tu trouveras un protecteur, un père.

PARAPHRASE DE L'ORAISON DOMINICALE.

Air : *Rendez-vous, Beauté cruelle.*

Père Saint, dont la puissance,
D'un seul mot * fit l'Univers,   *bis.*
Vous êtes par votre essence,
Dans tous les êtres divers ;
Vous habitez dans votre gloire,
Au milieu de tant d'esprits purs,
En même-temps que la foi nous fait croire } *bis.*
Votre grandeur présente dans nos cœurs.   }

Qu'à jamais par tout le monde,
Votre Nom * soit honoré ;
Que sur la terre et sur l'onde,
Il soit toujours adoré ;
Faites que chacun le connaisse,
Qu'on ne l'ose plus blasphémer,
Et que par-tout on ne pense sans cesse } *bis.*
Qu'à le bénir et qu'à le faire aimer.   }

Détruisez l'horrible empire,
Les desseins * et les autels
De Lucifer qui n'aspire
Qu'à perdre tous les mortels ;
Chassez, Seigneur, par votre grace
Notre propre amour loin de nous,
Faites régner votre amour en sa place, } *bis.*
Afin qu'au ciel nous régnions avec vous. }

Votre volonté soit faite,
Comme aux Cieux, * en tous les lieux,
Et que l'homme vous soumette
Son cœur, sa langue et ses yeux ;
Que sur la mer et sur la terre,
Nous ayons toujours ce désir,

De déclarer à tous nos sens la guerre, } bis.
Pour ne vouloir que votre bon plaisir.

 Donnez-nous la nourriture
Pour l'esprit * et pour le corps ;
Pour notre esprit, l'Ecriture,
La grace, et le pain des forts ;
Pour notre corps, Père adorable,
Nous vous demandons seulement
Ce qui suffit chaque jour sur la table ; } bis.
Pour le pouvoir nourrir frugalement.

 Pardonnez-nous nos offenses,
Comme nous * les pardonnons ;
Nous déposons nos vengeances,
Nous vous les abandonnons ;
Pour être enfans d'un si bon Père,
Nous voulons suivre votre Fils.
Et dans son sang noyant notre colère, } bis.
Nous aimerons nos plus grands ennemis.

 Les démons nous font la guerre,
Notre corps * est contre nous ;
Le monde, et ce qu'il enserre,
Nous veut séparer de vous ;
Tout nous poursuit, et tout nous tente,
Nous craignons la domination ;
Préservez-nous par votre main puissante, } bis.
De succomber à la tentation.

 Délivrez enfin nos ames
Du plus grand * de tous les maux,
Qui seul mérite les flammes,
Et les éternels cachots :
Mais quant aux diverses souffrances,
Qui nous font gémir nuit et jour,
Faites, grand Dieu, malgré nos répugnances, } bis.
Que nous veuillions les porter par amour.

~~~~~~~~~~~~~~~~

PARAPHRASE DE LA SALUTATION ANGÉLIQUE.
Sur le même Air.

Dieu vous garde, pleine de grace,
Le Seigneur * est avec vous ;   bis.

Après Jésus, votre place
Reluit au-dessus de tous :
Bénie entre toutes les femmes,
Béni soit Jésus votre fruit,
Qui veut, par vous, combler de biens nos ames, } bis
Et nous garder de tout ce qui nous nuit.

 Souvenez-vous, ô Marie !
De prier * pour nous pécheurs,
Durant le cours d'une vie
Où l'on ne voit que malheurs ;
Mère de Dieu, Mère très-sainte,
Accompagnez-nous jusqu'au port ;
Chassez de nous la faiblesse et la crainte, } bis
Quand nous serons à l'heure de la mort.

RÉGLEMENS DES SENS EXTÉRIEURS.

Sur l'Air : *Vous êtes charmante et blonde.*

LA VUE.

Si les yeux te font la guerre,
Prends bien soin de les garder,
Et travaille à te vider
De ce que le monde enserre,
T'abstenant de regarder
Les vains objets de la terre.
 Mortifie en tout ta vue,
Et ne t'idolâtre plus ;
Tous tes regards superflus
Et ton peu de retenue,
Te feront rester confus,
Quand ta fin sera venue.
 Un regard du Roi Prophète,
Mit son cœur dans le cercueil ;
Appréhende cet écueil ;
L'Esprit Saint t'en admonète ;
Bien souvent un seul coup-d'œil
Fait soulever la tempête.

L'Ouïe.

Eve tombe en esclavage ;
En écoutant le démon :
Ce malicieux dragon
Cause en elle un tel orage,
Que la grace et la raison
A l'instant y font naufrage.
 Crains une chute pareille,
Si tu veux tout écouter ;
N'aime point à caqueter ;
Ferme soudain ton oreille,
Dès qu'on ose te tenter ;

Car l'ennemi toujours veille.
Ecoute bien ton saint Ange,
Et seconde son dessein ;
Rends-toi sourd au discours vain,
N'écoute point ta louange,
Ni le blâme du prochain,
De peur que Dieu ne s'en venge.

Le Goût.

Lorsque tu te mets à table,
Résiste à l'avidité ;
Chéris la frugalité ;
Et loin d'être insatiable,
Fais que la nécessité
Soit ta règle inviolable.
Mange seulement pour vivre,
Et ne vis pas pour manger ;
Garde-toi de te ranger
Avec celui qui s'enivre,
Et qui périt au danger
Où son appétit le livre.
Fais en mangeant quelque pause,
Et sois sobre jusqu'au bout ;
Goûte le Seigneur en tout.
Le priant qu'il te dispose
A mortifier ton goût,
A l'égard de toute chose.

L'Odorat.

L'odorat aura sa peine,
Comme tous les autres sens :
Dans le plaisir que tu prends,
En sentant quelque odeur vaine,
Considère en même temps
De ce sens l'horrible gêne.
Ne te poudre plus la tête
Que des cendres de ta fin ;
Laisse le musc le plus fin,
L'ambre gris et la civette,
Et l'essence du jasmin,
Aux Dames que l'on muguette.
La fleur odoriférante
Te dit dans le fond du cœur :
Exhale la bonne odeur
D'une vie édifiante,
Pour mériter la senteur
De la Cité permanente.

L'Attouchement.

Bien des choses donnent prise
Au sens de l'attouchement :
Se coucher trop mollement,
Des habits de mignardise,
Et de toucher follement
Ceux avec qui l'on devise.
Ne te rends pas si sensible
Aux saisons, dans la rigueur ;
D'une légère douleur,
Suit un plaisir indicible,
Qui te dispose au bonheur
Qui te doit rendre impassible.
Dompte ta chair criminelle,
Cesse de tant flatter,
A force de la mater,

Rends-la souple et moins rebelle, |Si tu prétends remporter Une couronne immortelle.

EXERCICE SPIRITUEL
DURANT LA SAINTE MESSE.

Sur l'Air : *La feuille morte a des appas.*

Chantons au trois fois Immortel
L'humble exercice Du sacrifice
    Qu'on offre à l'Autel ;
Chantons les diverses manières D'y bien assister,
En contemplant, ou lisant les prières,
    Pour les méditer.
  Si Dieu t'attire par la foi,
Durant la Messe, Aime, t'abaisse,
    Contemple et tais-toi ;
Fais une seule et même hostie Avec Jésus-Christ,
Tout absorbé dedans l'Eucharistie,
    De cœur et d'esprit.
  Si tu médites librement,
Suis la pratique Que je t'explique
    Familièrement ;
Dès que tu vois sortir le Prêtre, Le calice en main,
Pense que Dieu sort du ciel, et vient naître
    Pour le genre humain.
  Lorsqu'il s'abaisse en commençant,
Pèse en toi-même Combien Dieu t'aime,
    S'anéantissant ;
Révère la divine Mère, Qui renferme en soi
Son Créateur, son vrai Fils et son Père,
    Fait homme pour toi.
  Il fait le signe de la Croix,
Car il adresse La sainte Messe
    A l'unique en trois :
Consacre avec lui ton service A la Trinité,
Lui présentant le même sacrifice
    En simple unité.
  Au *Confiteor*, sois touché

De voir ta vie Toute asservie
    Aux lois du péché ;
Conçois une douleur amère De tous tes forfaits ;
Avec propos de commencer à faire
    Mieux que tu n'as fait.

  Au *Kyrie*, crie au Seigneur,
Qu'il te pardonne, Et qu'il te donne
    L'esprit de ferveur ;
Demande-lui miséricorde Pour chacun de nous,
Et jusqu'à ce que son cœur te l'accorde,
    Sois à ses genoux.

  Au *Gloria in excelsis*,
Sèche tes larmes, Et fais tes charmes
    De ces doux récits :
Honneur, amour, louange et gloire
    A Dieu dans les Cieux ;
A nous la paix, la grace et la victoire,
    Parmi ces bas lieux.

  Chaque *Dominus vobiscum*
Te fait entendre Que Dieu veut prendre
    Ton cœur pour maison ;
Demeure en sa sainte présence, Par la vive foi,
Et mets en lui toute ta complaisance,
    Comme il fait en toi.

  Aux Oraisons, prie avec soin
Pour les misères De tous tes pères,
    Et pour ton besoin ;
Mais si tu n'offres ta prière, Au nom de Jésus,
Tu recevras du Père de lumière
    Un juste refus.

  L'Epître est pour te préparer
A l'Evangile ; Mais sois docile ;
    Crains de t'égarer ;
Ecoute-là comme une lettre, Où le Roi des Rois
Te fait savoir que tu dois te soumettre
    A toutes ses lois.

  A l'Evangile, dresse-toi,
Pour le défendre, Prêt à répandre
    Ton sang pour la foi ;

                             Apprends-y

Apprends-y les maximes saintes
    Du Fils du Très-haut ;
En les gardant dans ton cœur bien empreintes,
    Suis-les comme il faut.
  Au *Credo*, fais profession,
Par ta créance,   De ce qu'avance
    La Religion :
Crois ce que l'Église propose, Elle est ton soutien,
Celui qui l'a pour guide en toute chose,
    Ne se trompe en rien.
  A l'Offertoire, offre ton cœur ;
C'est-là l'offrande   Que te demande
    Ton divin Auteur ;
Offre-lui de plus sans réserve Tous tes divers biens;
Car c'est Dieu seul qui donne et qui conserve
    Tout ce que tu tiens.
  Quand on met de l'eau dans le vin,
Plonge ton ame   Dedans la flamme
    De l'Esprit divin :
Désire en voyant le mélange Du vin et de l'eau,
Que sans délai l'eau de ton cœur se change
    En un vin nouveau.
  Le Prêtre se lave à l'autel ;
Rends l'ame pure   De toute ordure,
    Du péché mortel,
Et pousse avec le Roi Prophète,
    De profonds sanglots,
Afin que Dieu tienne ton ame nette
    Des moindres défauts.
  L'*Orate, Fratres*, est l'endroit
Par où le Prêtre   Te fait connaître
    Qu'il prie en secret ;
Souhaite que son sacrifice   Soit, avec le tien,
Reçu de Dieu, profitable et propice
    A chaque Chrétien.
  A la Préface, joins tes vœux
Et tes louanges   Aux chœurs des Anges,
    Brûlant de leurs feux ;
Et par le Sauveur débonnaire Rends à tous momens,

A la bonté du Tout-puissant son Père,
   Tes remercîmens.
Il baisse tant soit peu la voix,
Baissant la tête, Lorsqu'il répète
   Sanctus par trois fois ;
Alors dans un respect intime,
   Dis au trois fois Saint :
Mon cœur vous loue, ô Majesté sublime !
   Vous aime et vous craint.
   Prie, au *Memento* des vivans,
T'offrant toi-même Au Roi suprême,
      Avec tes parens ;
Joins-y le Pape plein de zéle, Qui veille pour toi,
Tes bienfaiteurs, tout le peuple fidelle,
   L'Evêque et le Roi.
   Adore, à l'Elévation,
La sainte Hostie, Vrai pain de vie,
   Ta réfection :
Crois-y de Jésus tout en flamme, La divinité,
Et de son corps, de son sang, de son ame,
   La réalité.
   Adore son sang précieux,
Quand le calice, A tous propice,
   Paraît à tes yeux ;
Et crois que par concomitance, O divins trésors !
Avec son ame est sa divine essence,
   Son ame et son corps.
   Après la consécration,
Baisse ta vue, Et continue
   L'adoration :
Jésus lors adorant son Père Pour tous les mortels,
Te fais savoir ce qu'en lui tu dois fair
   Au pied des autels.
   Au *Memento* des trépassés,
Aide les ames Qui sont aux flammes
   Des sombres fossés ;
Elles prendront soin à toute heure De te secourir,
Si tu mets fin à la rude torture
   Qui les fait souffrir.

Le *Pater* renferme en sept points,
Ce qu'il faut d'aide   Et de remède
    A tous tes besoins ;
Demande à ton Père céleste,   En humilité,
Son pur amour, abandonnant le reste
    A sa volonté.

Lorsqu'il est à *Pax Domini*,
Désire d'être,   A ton doux Maître,
    Toujours bien uni ;
Désire aussi que la paix règne avec ton prochain,
Et que ton cœur soit, comme Dieu l'enseigne,
    Paisible et serein.

A l'*Agnus Dei*, dis tout bas :
Je suis coupable   Et punissable
    De mille attentats ;
Agneau de Dieu, Sauveur du Monde,
    Médecin caché,
Guérissez-moi de la plaie profonde
    Qu'a fait mon péché.

Au *Domine*, *non sum dignus*,
Gémis, soupire,   Cherche et désire
    De plaire à Jésus ;
Et te croyant toujours indigne   De t'en approcher,
Témoigne-lui l'amour le plus insigne,
    En mangeant sa chair.

Aux Oraisons qu'il dit après,
Pense à mieux vivre,   Promets de suivre
    Jésus de plus près ;
Rends à Dieu par lui mille graces,
    Prends-le pour appui,
Avec désir de marcher sur ses traces,
    Et d'agir pour lui.

Pense, à la Bénédiction,
A la victoire   Du Roi de gloire
    En l'Ascension ;
Conjure-le qu'il te bénisse   De ses saintes mains,
Et qu'à jamais son Esprit accomplisse
    Sur toi ses desseins.

A l'Evangile de saint Jean,

Reprends courage Contre la rage
   Du cruel Satan :
Depuis le moment que le Verbe
   S'est fait chair pour nous.
 Nous méprisons de cet esprit superbe
   La haine et les coups.
 Sors de la Messe plein de Dieu,
Et fais connaître Que tu veux être
   Modeste en tout lieu,
Et puisque le Sauveur s'immole Pour toi chaque jour,
Tâche, en effet et non pas en parole,
   D'user de retour.

~~~~~~~~~~~~~~~~~~~~~~~~~~~~~~~~

MOTIFS de consolation et de patience dans les afflictions.

Air : *Sombre désert, retraite de la nuit.*

L'AFFLICTION, par un simple bienfait,
Te purifie et t'illumine ;
L'affliction te rend bientôt parfait,
Si tu ne mets obstacle à la grace divine.
Prends de la main de Dieu ce favorable don,
Et pour juste retour, loue à jamais son Nom.
 Les contre-temps, les croix et les soupirs,
Sont des Elus l'heureux partage ;
Les vains ébats, la joie et les plaisirs,
Sont des mauvais Chrétiens le funeste héritage.
Fais choix de la souffrance en dépit du démon,
Et bénis avec Job du Seigneur le saint Nom.
 Ton ame acquiert le bien universel,
Par quelques maux courts en durée,
Et ce grand bien qui doit être éternel,
C'est de posséder Dieu dans le ciel empyrée ;
Que tu seras heureux, si tu sais tenir bon
A chanter dans tes croix du Tout-puissant le Nom !
 On aurait cru que Noé par les flots
Allait périr avec son arche ;
Mais la tempête et les montagnes d'eaux,

Elevaient vers les Cieux ce fameux Patriarche :
Chaque flot qui t'abat, te forme un échelon
Qui t'élève vers Dieu pour exalter son Nom.

 Le peuple hébreu, dans sa prospérité,
S'abandonne à l'idolatrie ;
Mais dès qu'il tombe en quelque adversité,
Il cherche le Seigneur, il l'invoque, il le prie ;
Quand tu quittes ton Dieu, ta force et ton timon
C'est la croix qui t'oblige à réclamer son Nom.

 Si le Très-haut se plaît à l'éprouver
Par quelque longue maladie,
Crois fermement que c'est pour te sauver,
Et qu'au lieu d'abréger, il prolonge ta vie ;
Jette-toi dans son sein par un pur abandon,
Et lui dis de bon cœur : J'adore votre Nom.

 Nos actions ne méritent pas tant
Que les douleurs et les souffances ;
Le corps au lit, l'esprit se soumettant,
Tu gagnes pour le ciel bien plus que tu ne penses ;
Que si tu n'entends plus ni Messe ni Sermon,
Ecoute Jésus-Christ, espérant en son Nom.

 Si l'homme ingrat se bande contre toi,
Si l'envieux te persécute,
Si ton ami vient à manquer de foi,
Si ton propre parent t'irrite et te rebute ;
David persécuté par son fils Absalon,
T'apprend à confesser du Roi des Rois le Nom.

 Fléau de Dieu, soyez le bien-venu !
Disait un saint de notre France.
Si les procès te dépouillent tout nu,
Ou si Dieu vient à toi par quelqu'autre souffrance ;
Fais-lui place en ton cœur, ouvre-lui ta maison,
Baise humblement sa verge, et révère son Nom.

 La surdité, la fièvre et le mal d'yeux,
Le mal caduc, l'hydropisie,
Sont des présens du Monarque des Cieux ;
Aussi bien que la goutte et la paralysie ;
La pierre, la colique et le mal de poumon,
Viennent encor de lui, reçoit-les en son Nom.

Ne te plains point s'il daigne t'affliger
Et s'il veut te traiter en Père ;
Sois-lui soumis, laisse-toi corriger ;
Il vient toujours sur toi du bien de sa colèr
Il veut à coups de fouets t'apprendre ta leçon,
Et te porter sans cesse à craindre son saint Nom.

Dieu voit tes maux, il les souffre avec toi,
Pour ton salut et pour sa gloire ;
Par le secours et l'appui d'un tel Roi,
Souffre-les comme il faut, qu'ils soient ton purgatoire ;
Et puisque dans tes croix il est ton compagnon,
Glorifie en tout temps son adorable Nom.

L'enfer t'est dû pour un péché mortel,
Et souvent Dieu, par sa clémence,
Daigne changer un supplice éternel,
Pour un mal d'un moment souffert avec constance.
Quel bonheur d'éviter l'éternelle prison,
En disant au Seigneur : J'aime votre doux Nom !

Pèse tes croix, soit de corps ou d'esprit,
Avec les douleurs de Marie,
Avec la mort qu'endura Jésus-Christ,
Avec ce que les Saints ont soufferts dans leur vie ;
Et soudain tu verras que c'est avec raison,
Que tu dois du grand Dieu sanctifier le Nom.

Oh ! qu'il fait bon vivre accablé de croix,
Pour rendre hommage à notre Maître !
Oh ! qu'il est doux d'être jusqu'aux abois,
Sur l'autel de l'amour la victime et le Prêtre !
Tâche de vivre ainsi, meurs de cette façon,
Pour célébrer au ciel du trois fois Saint le Nom.

LA JOURNÉE CHRÉTIENNE.

Sur l'Air: *Ah ! pauvre Messine, etc.*

L'Ame dévote.

Sauveur débonnaire,
Mon aimable époux,
Qu'est-ce qu'il faut faire
Pour n'aimer que vous ?
Ma plus grande envie
C'est de m'avancer,
De passer ma vie

Sans vous offenser.
Jésus.
Si ton cœur désire
De m'aimer sans fin,
Je vais t'en prescrire
Le plus court chemin ;
Tâche donc d'apprendre
Ce que chaque jour,
Tu pourras me rendre
Pour marque d'amour.

Dès que je t'éveille,
Donne-moi ton cœur,
Prête-moi l'oreille,
Chasse ta langueur ;
Joins à l'eau bénite
Un signe de Croix,
Et puis ne médite
Que mes saintes lois.

Fais la révérence
Au Saint Sacrement,
Et sans nonchalance
Prends ton vêtement ;
T'étant habillée,
Prie en quelque coin,
Vide et dépouillée
De tout autre soin.

Pense à ton ménage
Après l'oraison,
Et fais quelque ouvrage
Propre à ta maison ;
Aime la retraite,
Où tu pourras voir,
Dans la voie étroite
Quel est ton devoir.

Si tu veux me plaire,
Sers avec vigueur
Ma très-digne Mère,
L'aimant de bon cœur ;
Qui lui rend hommage,

Ne craint pas la mort,
Et malgré l'orage
Il arrive au port.

Prie ton bon Ange,
Et soir et matin,
Afin qu'il te change
Et t'aide à ta fin ;
Invoque la Sainte
De ton propre nom,
Contre toute atteinte
Des traits du démon.

Si rien ne te presse,
Viens t'unir à moi,
En la sainte Messe,
Par la vive foi ;
Présente à mon Père
Ton cœur par mes mains,
Et lui fais prière
Pour tous les humains.

Fais qu'en toutes choses,
Au fond de ton cœur,
Tu ne te proposes
Que mon seul honneur ;
L'intention pure
En chaque action,
Accroît d'heure en heure
La perfection.

Tiens nette ta vie
D'animosité,
De haine, d'envie
Et de vanité ;
Sois indifférente,
Morte à tout désir,
Souple et dépendante
De mon bon plaisir.

Si quelqu'un te loue,
Tiens ton cœur bien bas ;
Si l'on te bafoue,
Ne t'en trouble pas :

L'ame qui se fonde
Sur l'humilité,
Triomphe du monde
Sans difficulté.
 Ne sois point sévère
Aux nécessiteux,
Secours la misère
Des pauvres honteux;
Et puisque j'habite
Dans les hôpitaux,
M'y rendant visite,
Soulage mes maux.
 Sois sobre et frugale
Dans tous tes repas,
La vie animale
Cause des combats;
Dompte par ma vue
Ton avidité,
Toujours résolue
A l'austérité.
 Au sortir de table,
Fais très-humblement,
A mon Père aimable,
Ton remercîment;
La reconnaissance
Des biens qu'il t'a faits,
Produit l'affluence
Des nouveaux bienfaits.
 Chaque créature
Est un beau miroir,
C'est une peinture
Où tu peux me voir;
Contemple mon être
Aux êtres divers,
Qui me font connaître
Par tout l'Univers.
 Souffre sans te plaindre
Le froid et le chaud;
Il faut te contraindre,

Pour plaire au Très-haut:
Si ta main glacée
Cherche à se chauffer,
Porte ta pensée
Vers le feu d'enfer.
 Fais un saint usage
De toutes tes croix;
Ne perds pas courage,
J'en soutiens le poids:
Toute la science
Pour la sainteté,
C'est la patience
Dans l'adversité.
 Fais quelque lecture
Dans un bon Auteur,
Qui grave à toute heure
Ma loi dans ton cœur;
Si tu ne sais lire,
Pense à mes travaux,
Gémis et soupire
Pour tous tes défauts.
 Seconde mes graces
Qui ne manquent pas,
Marche sur mes traces
Jusqu'à ton trépas;
Je suis charitable,
Patient et doux,
Pacifique, affable,
Humble, tout à tous.
 Tiens-toi dans le temple
Sans y sommeiller,
Prie et m'y contemple,
Loin de babiller;
Assiste aux offices,
Entends le sermon,
Et fais tes délices
De bénir mon Nom.
 Quitte toutes celles
Qui n'ont point quitté

Les modes nouvelles
De la vanité ;
C'est l'enfer qui forge,
Par un tailleur fou,
De montrer la gorge,
Les bras et le cou.
  L'heure étant venue
D'aller au repos,
Epluche à ma vue
Quels sont tes défauts ;
Gémis et propose
Ton amendement,
Et puis te repose
En moi doucement.
  Si quelque insomnie
T'accable la nuit,
Prévois l'agonie
Et ce qui la suit :
Souffre en ma présence
Tes veilles en paix,

Pour la récompense
Qui dure à jamais.
L'Ame dévote.
  Relevez, de grace,
Mon abattement,
Afin que j'embrasse
Ce saint réglement ;
Sans votre assistance
Je ne pourrais rien,
Par mon impuissance
A faire le bien.
Jésus.
  Puisque de toi-même
Tu ne le peux point,
Ta faiblesse extrême
M'aura pour adjoint ;
Sois humble et fidelle,
Si tu veux avoir
La gloire éternelle
Où je me fais voir.

POUR LE SAINT TEMPS DE CARÊME.

Sur l'Air : *Depuis le temps qu'en secret je vous aime.*

Voici le temps de faire pénitence,
Pense, pécheur, pense à te convertir ;
Ne lasse plus de Dieu la patience,
Fuis les mondains qui vont se divertir,
Et n'attends pas jusqu'aux derniers abois,
De t'affliger et de charger ta croix :
Peut-être même, Qu'en ce Carême,
Tu vas jeûner pour la dernière fois.
  En ce saint temps l'Eglise est une école,
Où Jésus parle à qui veut l'écouter :
Va t'y nourrir de sa sainte parole,
Ouvre ton cœur, si tu la veux goûter ;
Et souviens-toi qu'il n'est point de sermon,
Qui n'ait pour but quelque chose de bon,

Pourvu que l'ame, Quand Dieu l'enflamme,
Cède à sa grace en dépit du démon.

 Ne cherche plus ta joie en tes supplices,
Ne trouve point ta vie en ton trépas ;
Cherche en Dieu seul tes plus chères délices ;
Ton vrai bonheur et tes plus doux appas ;
Et le priant qu'il te fasse tout sien,
Trouve en lui seul ton guide et ton soutien,
Ton alégresse, Et ta richesse,
Ta paix, ta vie et ton souverain bien.

 Pauvre aveugle, que peut t'offrir la terre,
Que promet-elle à tes attachemens ?
Un faux bonheur plus frêle que le verre,
Et qui périt après quelques momens ;
Elève-toi vers la sainte Cité,
Heureux séjour de la félicité,
Dont la durée Est assurée,
Non pour un temps, mais pour l'éternité.

 Si tu veux vivre en homme raisonnable,
Sois résolu de te mortifier ;
Si tu veux vivre en Chrétien charitable,
Emploie tes soins à te crucifier ;
Et si tu crois que tu n'es qu'un pécheur,
Dompte ton corps, ton esprit et ton cœur ;
Si tu veux être Tout à ton Maître,
Et t'affranchir de l'éternel malheur.

 Tu dois pour Dieu quitter les assemblées,
Le jeu, la danse et les vains passe-temps,
En t'éloignant des ames aveuglées,
Qui n'ont à cœur que les plaisirs des sens ;
Tu dois sur-tout moins boire et moins manger,
Pour de tes maux contre toi te venger ;
Tu dois te taire, Et ne te plaire
Qu'à prier Dieu qu'il daigne te changer.

 Puisque le ciel se prend par violence,
Et que les Saints l'ont par-là conquêté,
Ne sois pas prompt à demander dispense,
Dès que tu sens la moindre infirmité :
Tu sais fort bien que l'amour-propre est fin,

Et qu'il s'accorde avec l'esprit malin ;
Crains leurs amorces, Et te fais forces,
Pour parvenir à ton heureuse fin.

 Que tu sois vieux, homme fait ou fort jeune,
Bourgeois, marchand, pauvre ou de qualité,
Si tu ne peux garder la loi du jeûne,
Sers le Seigneur avec fidélité ;
Combat le vice en tout temps, en tout lieu ;
En te changeant sans garder de milieu,
Fais qu'à toute heure Ton ame meure
Aux vains objets qui t'éloignent de Dieu.

 Prenant le soir plus que la loi n'ordonne,
Après avoir bien dîné le matin,
Ton abstinence en cela n'est point bonne,
Puisqu'en un jour tu fais double festin ;
Nourris ton corps, mais sans le dorloter ;
Et crains toujours de ne le trop flatter ;
Fais pénitence De ton offense,
Tu dois beaucoup, travaille à t'acquitter.

 Prépare-toi dans cette quarantaine,
A recevoir comme il faut le Sauveur ;
Brûle du feu dont brûlait Magdelène,
En te livrant comme elle à la douleur ;
Mais prends bien garde, après le temps pascal,
De ne plus faire un autre carnaval ;
Ta pénitence, Sans la constance,
Te confondrait au jugement final.

 Jeûne sacré de quarante journées,
Tu mets à bas nos vices odieux ;
Nos passions sont par toi refrénées,
Et nos esprits élevés vers les Cieux ;
Lorsque tu tiens nos corps bien abattus,
Tu nous remplis des plus rares vertus,
Et tu nous donnes Droit aux couronnes,
Par les sentiers que Jésus a battus.

 C'est de bon cœur, ô jeûne salutaire,
Que je t'accepte et te veux observer,
Ne m'appliquant qu'à l'importante affaire
De plaire à Dieu, me vaincre et me sauver ;

En t'observant comme il faut désormais,
J'éviterai de jeûner à jamais,
M'étant austère, Mon ame espère
D'avoir un jour dans le ciel Dieu pour mets.

SUR LE PSEAUME *MISERERE MEI*, etc.

Air : *Puisque lou destin m'es countrari.*

MISERERE MEI, DEUS, etc.

Dieu de bonté, je vous aborde
Pour implorer, tremblant d'effroi,
Votre grande miséricorde ;
De grace, ayez pitié de moi ;
Traitez ce plus grand des pécheurs,
Selon vos plus grandes douceurs.

Et secundùm multitudinem, etc.

Faites agir la multitude
De vos infinies bontés,
Pour me tirer de l'habitude
De mes noires iniquités ;
Seigneur, effacez pleinement,
Mon crime et mon débordement.

Ampliùs lava me, etc.

Versez, versez en abondance
L'eau de vos graces sur mon cœur,
Lavez de plus en plus l'offense
Qui fait ma honte et mon horreur,
Et nettoyez-moi du péché
Donc mon cœur se trouve taché.

Quoniam iniquitatem, etc.

Je sens une douleur extrême,
Pour le forfait que j'ai commis ;
Je l'ai toujours devant moi-même,
J'en fonds en pleurs et j'en gémis ;
La connaissance que j'en ai,
Durera tant que je vivrai.

Tibi soli peccavi, etc.

Devant vous seul je suis coupable,
Pardonnez-moi

Pardonnez-moi par vos bontés ;
Soyez reconnu véritable,
Dans tout ce que vous promettez,
Et triomphez heureusement,
En prononçant mon jugement.

Ecce enim in iniquitatibus, etc.

Hélas ! même avant que de naître,
Je fus dans le sein maternel,
Sans le vouloir, sans le connaître,
Un exécrable criminel :
Soyez, Seigneur, soyez touché,
Je suis conçu dans le péché.

Ecce enim veritatem, etc.

Je savais bien, je le confesse,
Que vous chérissez l'équité ;
J'apprenais de votre sagesse,
D'éviter toute iniquité ;
Elle me montrait clairement,
Qu'il fallait vivre purement.

Asperges me hyssopo, etc.

Grand Dieu ! dont le bras me protège,
Prenez l'hyssope, arrosez-moi,
Rendez-moi plus blanc que la neige,
Pour vivre selon votre loi ;
Suprême Arbitre des humains,
Lavez l'ouvrage de vos mains.

Auditui meo dabis, etc.

Jetez vos yeux sur la détresse
Qui me fait gémir sous son poids ;
Je tressaillerai d'alégresse,
Si mon ame entend votre voix ;
Relevez par votre vertu,
Mon pauvre esprit tout abattu.

Averte faciem tuam, etc.

Je ressens des regrets intimes,
De m'être bandé contre vous ;
Détournez vos yeux de mes crimes ;
Et par grace, effacez-les tous ;
Bon Dieu, ne les regardez plus,

Et j'en serai toujours confus.
Cor mundum crea, etc.
Créez en moi, je vous supplie,
Un cœur rempli de pureté ;
Renouvelez l'esprit de vie,
De justice et de sainteté :
Faites, mon Dieu, que nuit et jour,
Mon cœur brûle de votre amour.
Ne projicias me, etc.
Fortifiez mon espérance,
Et ne me rejetez jamais
Du devant de votre présence,
Bien que je sois plein de forfaits ;
Ne tirez pas votre Esprit Saint,
D'un cœur qui vous aime et vous craint.
Redde mihi lætitiam, etc.
Seigneur, rendez-moi l'alégresse
D'un salutaire et prompt secours,
Qui donne force à ma faiblesse,
Durant le reste de mes jours ;
Fortifiez ce languissant,
Par un esprit fort et puissant.
Docebo iniquos, etc.
Les pécheurs les plus détestables,
Apprendront de moi le chemin
Qui conduit aux biens véritables,
Dont on ne voit jamais la fin ;
Et par vos attraits les plus doux,
Ils se convertiront à vous.
Libera me, etc.
O mon Dieu, le Dieu de ma vie,
Affranchissez-moi du tourment
Que me cause la mort d'Urie,
Par un très-juste jugement ;
Et ma langue de tout côté,
Publiera votre équité.
Domine, labia mea, etc.
Puissant Ouvrier de la nature,
Qu'à jamais on exaltera,

Ouvrez mes lèvres tout-à-l'heure,
Et ma bouche vous louera :
Faites que mon cœur et ma voix
Vous bénissent tout-à-la-fois.
Quoniam si voluisses, etc.
Si vous aimiez les sacrifices,
Seigneur, je vous en offrirais,
Et je ne prendrais mes délices
Qu'aux agneaux que j'immolerais ;
Mais à présent mon ame sait
Que l'holocauste vous déplait.
Sacrificium Deo, etc.
Vous désirez pour toute offrande,
L'affliction de mon esprit ;
Votre Majesté ne demande
Qu'un cœur bien humble et bien contrit ;
Car vous ne mépriserez pas
Le cœur qui se tiendra bien bas.
Benignè fac, etc.
Regardez d'un œil favorable
La sainte Cité de Sion,
Soyez-lui toujours secourable,
Par votre bénédiction ;
Faites qu'on relève ses murs,
Pour le bien des siècles futurs.
Tunc acceptabis sacrificium, etc.
Le sacrifice de justice,
Sans doute pour lors vous plaira ;
Vous deviendrez doux et propice,
Par les vœux qu'on vous offrira,
Et vous recevrez des mortels,
Mille offrandes sur vos Autels.

RÉVEIL.
LE PÉCHEUR PÉNITENT.
Air : *Je ne suis point Ermite.*

Il est temps que je meure
A toute vanité,
Et que pour Dieu je pleure
Ma noire iniquité :

Il est temps que je pense,
Que d'un petit moment
Dépend la récompense,
Ou l'éternel tourment.

J'ai vécu dans le crime,
Sous l'espoir du pardon,
Fondé sur la maxime,
Que le Seigneur est bon :
J'employais toutes choses
A mes débordemens,
Je chérissais les causes
De mes déréglemens.

Dieu tout plein du tendresse,
Cherchait à me guérir,
Quand je mettais sans cesse
Tous mes soins à périr :
Sa grace prévenante
S'opposait à mes pas,
Quand mon ame insolente
Courait à son trépas.

Mille fois la journée,
Dieu me sollicitait,
Mais mon ame obstinée
Toujours lui résistait :
Je payais ses semonces
De superbes rebuts,
Dans mon cœur les réponses
N'étaient que des refus.

Mon ame vagabonde
Ne portait ses désirs
Qu'aux faux biens de ce monde,
Aux honneurs, aux plaisirs;
Elle n'était ardente
Qu'à se charger de fers,
Toujours morte et vivante,
A deux doigts des enfers.

O Père de clémence,
Mon aimable vainqueur,
Par votre patience,
Vous avez pris mon cœur :
Digne objet de mes charmes,
Tendez-moi votre bras,
Tout noyé dans mes larmes,
Je mets armes à bas.

Alors que je retrace
Mes horribles forfaits,
L'abus de votre grace
Et de tous vos bienfaits ;
La vigueur m'est ravie,
Je me pâme d'abord,
Et l'on voit en ma vie,
L'image de la mort.

Mes yeux sont deux fontaines
Qui suffoquent ma voix,
Quand je pèse vos peines
Au pied de votre Croix :
Je sens d'âpres tortures
Et de cuisans remords,
En voyant les blessures
Qui couvrent votre corps.

Plus mon cœur considère,
Devant un Crucifix,
La mort d'un si bon Père,
Pour un si méchant fils,
Plus votre dur supplice,
Plus votre grand amour
Et ma noire malice,
M'affligent nuit et jour.

Mon doux Père céleste,
C'est pour vous seulement,
Que contrit, je déteste

Tout mon déréglement :
Ni le ciel, ni l'abyme,
Ne font point ma douleur,
C'est un regret intime
Qui pénètre mon cœur.

Parce que je vous aime,
Mon péché me déplaît,
Votre bonté suprême
Fait seule mon regret ;
Je n'ai point d'autre envie,
Et la nuit et le jour,
Que de donner ma vie
Pour payer votre amour.

Je veux, en pénitence
De mes crimes passés,
Embrasser la souffrance,
Sans dire c'est-assez ;
Pourvu que j'adoucisse
Votre juste courroux,
Le plus amer supplice
N'aura rien que de doux.

J'espère en vos mérites,
O Jésus très-bénin !
Vos bontés sans limites
M'affermiront sans fin ;
Vous êtes le refuge,
En qui je puis trouver
Un père au lieu d'un juge,
Vous me voulez sauver.

Que le ciel et la terre
Se bandent contre moi,
Si je fais plus la guerre
A votre aimable loi :
Qu'à présent je périsse,
Si je dois désormais
Retomber dans le vice,
Et rompre notre paix.

Que tous les chœurs des Anges,
Brûlant de votre amour,
Vous chantent des louanges
Pour mon heureux retour ;
Que leurs chants d'alégresse,
Sur ma conversion,
Puissent durer sans cesse
Dans la sainte Sion.

DE LA PRÉSENCE DE DIEU.

Air : *Vous chantez sous ces feuillages.*

O MERVEILLE sans seconde !
Chacun renferme en son sein
Celui qui bâtit le Monde,
Et qui soutient de sa main
Le ciel, l'air, la terre et l'onde :
Chrétien, rentre dans toi, Chrétien,
Vois des yeux de la foi, la source de tout bien.
 L'éponge que l'eau pénètre,
T'exprime assez clairement,
Comme ce souverain Maître

Te pénètre entièrement,
Depuis qu'il t'a donné l'être :
Prends soin de ne penser qu'à lui, *bis.*
Si tu veux t'avancer, et vivre sans ennui.
 Ton bonheur est indicible,
On ne saurait l'exprimer ;
Bien que Dieu soit invisible,
Tu peux le voir et l'aimer :
La foi te le rend possible,
Tu n'as qu'à te tenir en paix, *bis.*
Dans son doux souvenir, de tout ce que tu fais.
 Oh ! quel bien inestimable !
Oh ! quelle félicité !
Dieu, de soi-même immuable,
Est, par son immensité,
De ton ame inséparable ;
Tu dois tenir ton cœur uni, *bis.*
Nonobstant ta langueur, à cet Etre infini.
 Dès l'instant qu'on te réveille,
Rappelle en toi ta vigueur,
Et prête humblement l'oreille
A tout ce que ton Auteur
Te commande, ou te conseille ;
Il est nuit et jour en toi ; *bis.*
Fais-lui toujours la cour, joins l'amour à la foi.
 Cesse d'aimer la demeure
Qui ne te joint qu'aux fourmis,
Et qui te cause à toute heure,
Par tes divers ennemis,
Quelque nouvelle blessure :
Tu peux par cent moyens divers, *bis.*
T'unir aux citoyens du Roi de l'Univers.
 Mène une vie inconnue,
Comme plusieurs Saints ont fait ;
Agis avec retenue,
Et pour te rendre parfait,
Ne perds jamais Dieu de vue ;
Tu dois le regarder toujours, *bis.*
on cœur doit l'aborder par de fréquens retours.

Chaque Saint voit, dans la gloire,
Sa belle face à loisir :
Ton ingratitude est noire,
Si tu n'as pas le désir
D'en conserver la mémoire ;
Tu peux même ici-bas le voir ; *bis.*
Si tu ne le fais pas, tu trahis ton devoir.

  Les soldats vont à la guerre,
Les matelots sur la mer,
Et ceux qui restent en terre,
Souffre un supplice amer,
Pour le métal qu'on déterre :
Hélas ! ils ont de l'or, hélas ! *bis.*
Ils portent un trésor, et n'en jouissent pas.

  Cette présence amoureuse,
En ôtant tout, donne tout :
Elle rend la vie heureuse,
Et lui laisse un avant-goût
De la Cité glorieuse :
Par-tout elle produit le bien, *bis.*
Par-tout elle détruit tout ce qui ne vaut rien.

  L'homme, aux yeux de son doux Maître,
Se laisse aller au péché,
Qu'il n'a garde de commettre,
Sinon lorsqu'il est caché,
Pour ne le faire paraître :
Pécheur, ne sais-tu pas que Dieu *bis.*
Observe tous tes pas en tout temps, en tout lieu.

  Le plus juste se ménage,
Lorsqu'il est vu de quelqu'un,
Il compose son visage,
Il ne parle mal d'aucun,
Il est doux, modeste et sage ;
Mais lorsque nul ne voit son train, *bis.*
Il manque à ce qu'il doit, il s'échappe, il est vain.

  Ce grand tout est plus immense
Qu'on ne saurait concevoir ;
Quand je commets quelque offense,
Quand je manque à mon devoir,

Je le fais en sa présence ;
Grand Dieu, qu'à l'avenir je sois,   *bis.*
Par votre souvenir, plus fidelle à vos lois.
 Ah ! je veux que mon cœur aime,
Et qu'il adore en tous lieux,
Cette Majesté suprême
Qui règne ici comme aux Cieux ;
Sans sortir hors d'elle-même,
Je veux l'avoir toujours pour but,   *bis.*
Et remplir tous mes jours du soin de mon salut.
 Dans la mer le poisson nage,
Il se fait voir, il s'enfuit,
Tandis que j'ai l'avantage
De me plonger, jour et nuit,
Dans l'Océan sans rivage ;
L'oiseau vole en l'air, et moi,   *bis.*
Dans cette vaste mer, je me perds par la foi.
 Pendant le temps qui nous reste,
Rendons amour et respect
A notre Père céleste,
Et vivons à son aspect,
Sans rien faire d'immodeste :
Fixons tous nos regards en lui,   *bis.*
Afin qu'en toutes parts nous l'ayions pour appui.

~~~~~~~~~~~~~~~~~~~~~~~~~~~~~~

COMPARAISONS ET RÉFLEXIONS MORALES.

Sur les qualités et propriétés des Créatures, pour en tirer des instructions, et s'élever au Créateur.

Sur l'Air : *La feuille morte a des appas.*

SUR UNE FOURMI.

La fourmi t'apprend ton devoir ;
Sa diligence Et sa prudence
 Sont un beau miroir :
Durant l'été de ta jeunesse, Fais de saints amas ;
En prévoyant l'hiver de ta vieillesse,
 Et de ton trépas.

Cantiques de l'Ame dévote.

Sur une girouette.

Je considère assez souvent
La girouette, Qui pirouette
    Au gré de tout vent :
Elle est l'image véritable D'un homme léger ;
Toujours flottant, toujours plus variable,
    Et prêt à changer.

Sur une rose.

La rose qu'on voit le matin
Epanouie, Le soir flétrie,
    Te prêche ta fin :
Cette fleur, après qu'elle est morte, Sent encore bon,
Laisse après toi, lorsque la mort t'emporte,
    L'odeur du renom.

Sur un fils de famille.

L'enfant travaille avec amour,
Au bien du père, Sans qu'il espère
    Son prix chaque jour :
Souffre pour Dieu, cherche sa gloire,
    Fais ce qui lui plaît,
En dépouillant ton cœur et ta mémoire,
    Du propre interêt.

Sur un caméléon.

Le vent enfle comme un ballon,
Le ventre avide Et toujours vide
    Du caméléon :
Les biens pour qui l'on fait la guerre,
    Nous vident souvent,
Et les honneurs qu'on poursuit sur la terre,
    Ne sont que du vent.

Sur une violette.

Demeure petit dans ton cœur ;
La violette, De sa retraite,
    Répand son odeur :
Les Rois, quoiqu'elle soit petite, La portent au nez ;
Tu gagneras devant Dieu du mérite,
    Si tu te connais.

Sur une licorne.

Rends graces à ton médecin ;

Une licorne, Avec sa corne,
　　Chasse le venin ;
Et Jésus chasse de ton ame Le mortel poison,
En expirant sur une croix infame,
　　Pour ta guérison.

Sur l'Arche.

L'Arche s'élève sur les eaux,
Elle fait tête A la tempête,
　　Sans craindre les flots :
L'Eglise en tout temps combattue Par ses ennemis,
Les abat tous sans en être abattue,
　　Dieu nous l'a promis.

Sur une salamandre.

Dieu te rend chaste, si tu veux;
La salamandre N'est point en cendre
　　Au milieu des feux :
Fais une prompte résistance Aux charnels appas,
Et les ardeurs de la concupiscence
　　Ne te nuiront pas.

Sur le grain qu'on sème.

Le grain qu'on perd en le semant,
Se multiplie Et fructifie
　　Merveilleusement :
Pour jouir d'un bonheur extrême,
　　Et croître en tout lieu,
Il faut savoir se renoncer soi-même,
　　Et se perdre en Dieu.

Sur une alouette.

L'alouette prend son essor,
Fort matinière Vers la lumière,
　　Qui fait son transport :
Elève-toi vers Dieu ton Père, Dès le grand matin;
Cherche en lui seul l'unique nécessaire,
　　Ton centre et ta fin.

Sur une belette.

La belette met sous ses dents
Un peu de rue, Et puis se rue
　　Sur les gros serpens :
Arme-toi de la pénitence Contre le démon :

Il craint beaucoup une amère souffrance ;
  Jointe à l'oraison.
         Sur un navire.
On voit par je ne sais quel sort,
Qu'un beau navire Qui se retire,
   Périt dans le port :
Gardons-nous de perdre courage,
   Quoique très-méchans,
Sans oublier qu'on peut faire naufrage,
   A la fin des temps.
         Sur un agneau.
Un agneau se laisse égorger,
Sans résistance, Et sans défense,
   Souple à son berger :
Suis Jésus-Christ l'agneau sans tache,
   Mort pour ton amour,
Et meurs à tout pour mourir sans attache,
   A ton dernier jour.

~~~~~~~~~~~~~~~~~~~~

CONTINUATION.

Sur l'Air : *Ne sommes-nous pas heureux.*

SUR L'EAU CROUPISSANTE.

L'EAU qui croupit aux étangs,
N'engendre que des grenouilles,
En t'y lavant tu t'y souilles,
Et n'y trouves que serpens ;
La paresse est de tout vice
L'origine et l'entretien ;
Mais un pieux exercice
Est la source de tout bien.
         Sur un paon.
  Le paon devient orgueilleux,
Voyant ses plumes luisantes ;
Mais ces deux pattes puantes
Le rendent soudain honteux :
Si quelque don de nature
Enfle ton esprit d'orgueil,

Chasse cette vaine enflure,
Par les vers de ton cercueil.

Sur une abeille.

L'abeille a de la douceur,
Mais elle cache en sa queue
Une pointe très-aiguë
Pour piquer son agresseur :
Dieu nous traite avec clémence,
Jusques au dernier moment,
Et réserve sa vengeance,
Au grand jour du Jugement.

Sur un tableau et une sculpture.

Le Peintre applique au tableau
Les couleurs et la dorure ;
Le Sculpteur fait la figure,
En se servant du ciseau :
Dieu fait des Saints et des Saintes,
Les uns parmi les douceurs,
Les autres parmi les craintes,
Les gênes et les rigueurs.

Sur les cerfs.

Comme les cerfs altérés
Courent à perte d'haleine
Vers les eaux d'une fontaine,
Afin de boire à longs traits ;
Ainsi mon ame altérée
Est avide nuit et jour,
D'aller boire à l'Empyrée,
Au torrent du Dieu d'amour.

Sur les faux diamans.

Parfois un faux diamant
Eblouira davantage
Un pauvre homme de village,
Que le vrai le plus charmant :
Un misérable hypocrite
Passe pour homme de bien,
Mais comme il est sans mérite,
Dieu le prise moins que rien.

Sur l'air.

L'air se corrompt aisément,
Si quelque vent ne l'agite;
Et si Dieu ne te visite,
Tu croupiras lâchement :
Une vertu sans épreuve
Te tient au rang des derniers;
C'est parmi les flots d'un fleuve
Qu'on connaît les nautonniers.

CONTINUATION.

Sur l'Air : *Vous êtes charmante et blonde.*

SUR UNE ÉTINCELLE.

Il ne faut qu'une étincelle
Pour faire un embrasement;
D'un léger amusement,
Vient l'offense vénielle,
Et puis malheuremment
On tombe dans la mortelle.

Sur un flambeau.

Dieu fait aux ames fidelles
Des faveurs jusqu'au tombeau;
Mais il reste riche et beau,
Il ne perd rien avec elles,
De même que le flambeau,
En allumant cent chandelles.

Sur le Soleil.

Le Soleil résout la glace,
Dardant ses rayons dessus;
Un seul rayon de Jésus,
De mon cœur perçant la place,
Vient à bout de ses refus,
Et l'amollit par sa grace.

Sur un naufrage.

Un vaisseau qui fait naufrage,
Perd souvent de grands trésors;
Mais je perds l'ame et le corps,

Quand le démon plein de rage,
Triomphant de mes efforts,
Me fait céder à l'orage.

Sur le feu.

Le feu m'échauffe et m'éclaire,
Et condamne ma tiédeur ;
Fasse le Dieu de mon cœur,
Qu'en tout ce que je dois faire,
Je m'applique avec ardeur,
Et ne cherche qu'à lui plaire.

SUR LE RÉTABLISSEMENT DES CROIX,
Abattues pendant la révolution.

Air : Femme sensible, entends-tu le ramage.

La voilà donc cette Croix adorable
Que tout l'enfer a voulu nous ravir.
Dieu nous la rend, sa bonté secourable
Par nos malheurs s'est laissée attendrir. *bis.*

L'impie a dit : Effaçons-en la trace.
Il dit, la Croix parmi nous disparut.
Mais l'échafaud prit aussitôt sa place,
Et le Chrétien, comme le Christ, mourut.

En la perdant, la France fut barbare,
Avec la Croix tout son bonheur s'enfuit.
Tels les climats, dont la Foi se sépare,
Croupissent tous dans une affreuse nuit.

Mais contre Dieu que peuvent tous les hommes ?
Par lui la Croix triomphe des complots.
Entre ses mains et dans son cœur nous sommes ;
Le bien pour nous renaît du sein des maux.

De nos Martyrs telle est la récompense,
Ils ont des croix épuisé les rigueurs ;
Et des Chrétiens leur sang est la semence,
Il obtient grace à leurs persécuteurs.

Ainsi l'on crut la Croix et l'Evangile
Anéantis sous Dioclétien.
Le tyran fuit, et l'univers docile

Fut étonné de se trouver Chrétien.
Des souterrains la Croix s'élève au Trône,
Et Constantin par elle fut vainqueur :
Il rend la gloire à celui qui la donne,
Et pour régner, fait régner le Sauveur.

Attendions nous des prodiges semblables?
La Croix encor paraît, brille à nos yeux
Qui l'avaient vue, en ces jours déplorables,
Céder la place à de nouveaux faux Dieux.

Ceux dont la rage épouvantait le monde,
Avaient juré qu'on ne la verrait plus.
La Croix, objet de leur haine profonde,
Vient leur offrir le pardon, les vertus.

La Croix revient pour expier nos crimes,
Elle revient pour terminer nos maux,
Pour consoler et sauver les victimes,
Pour convertir et sauver les bourreaux.

Aux sentimens, aux vertus qu'elle inspire,
Ouvrons nos cœurs, suivons ses douces lois.
Que l'amour règne, et que la haine expire ;
C'est le devoir des enfans de la Croix.

Auguste Croix ! de mon ame attendrie,
Fais le bonheur, règle à jamais le sort.
Entre tes bras je trouverai la vie ;
Un Dieu mourant me fait vaincre la mort.

Lève, Chrétien, ton front de la poussière.
La Croix, le ciel reviennent à-la-fois.
Du vrai bonheur la route est le Calvaire.
Rien n'est perdu quand il reste la Croix.

AU SACRÉ COEUR DE JÉSUS.

Air : *Que je vous aime.*

Cœur adorable
De Jésus, mon divin Sauveur,
Si le ciel nous est favorable,
Nous vous devons cette faveur ;
 Cœur adorable.

      Vos excellences
Sont des Cieux l'objet ravissant ;
Dieu même y prend ses complaisances,
Il forma, comme en s'épuisant,
      Vos excellences.
      Cœur ineffable,
Des trésors le plus précieux,
Des objets le plus admirable
Qui soit sur terre et dans les Cieux!
      Cœur ineffable.
      O Cœur sublime !
Centre de toutes les vertus,
Mon cœur trop faiblement s'exprime
Sur tous vos divins attributs,
      O Cœur sublime !
      Plaie amoureuse
Du Cœur de mon divin Epoux !
Que mon ame serait heureuse
De se pouvoir loger en vous,
      Plaie amoureuse !
      O Cœur propice !
A chaque instant sacrifié,
Pour calmer Dieu dans sa justice,
Regardez mon cœur en pitié,
      O cœur propice !
      Combien de graces
Me présentez-vous chaque jour !
Combien de moyens efficaces
Pour m'attirer à votre amour !
      Combien de graces !
      Je me dévoue
Et me consacre à votre amour ;
Que mon cœur sans cesse vous loue,
Et s'unisse à vous nuit et jour ;
      Je me dévoue.
      Cœur charitable,
Si tendre pour tous les pécheurs !
Je vous fais amende honorable
De la dureté de nos cœurs,

Cœur charitable !
Cœur de Marie !
C'est de votre sang précieux
Que ce beau Cœur reçut la vie :
Ranimez le mien par ses feux,
Cœur de Marie !
Par cette flèche
Qui perça vos Cœurs tour-à-tour,
Faites dans le mien une brèche,
Pour expirer dans votre amour,
Par cette flèche.

SAINT AGRICOL,
ÉVÊQUE ET PATRON D'AVIGNON.

Sur l'Air : *Le Seigneur tout-puissant vous cherche avec tendresse.*

Trop heureuse Avignon ! connais quelle est ta gloire
D'avoir donné le jour à ton puissant Patron :
Il est ton fils, célèbre sa mémoire ;
Jusques aux Cieux fais retentir son nom.
Agricol dans le ciel fait encore l'office
De pontife, de chef, d'intercesseur zélé :
Sa charité le met en exercice
Pour son troupeau dans ce monde exilé.
De sa chère Cité la plus sûre défense,
Il écarte des siens tout funeste accident :
Plus nos malheurs semble hors d'espérance,
Plus son amour se montre alors ardent.
Nos personnes, nos biens, tout en nous l'intéresse ;
Nos ames et nos corps ressentent son pouvoir :
Dans tous nos maux, nous l'éprouvons sans cesse,
Pour les guérir, il n'a qu'à le vouloir.
Le Seigneur tout-puissant qui le béatifie,
Daigne lui départir son empire divin :
Les élémens, la mort même et la vie,
Dans Agricol trouvent un Souverain.
Quand les cieux enflammés, ou fondans en déluge,

Nous sommes menacés de la stérilité :
Dans ces craintes il est notre refuge,
Nos champs reçoivent la fertilité.

L'hérésie en fureur forçant toute barrière,
Vint jadis contre nous dresser ses étendards :
Ce bon pasteur fit naître une lumière,
A son éclat l'hydre fuit nos remparts.

Gloire soit à jamais à l'Auteur de la vie,
Qui couronne Agricol d'un laurier immortel :
Puisse le nœud d'une même patrie
Nous joindre à lui dans le règne éternel.

INVOCATION DU SAINT ESPRIT.

Air : *Je vais te voir, charmante Lize.*

Esprit d'amour, céleste flamme,
Par qui brûlent les cœurs des Saints,
Daigne répandre dans mon ame
Les rayons de tes feux divins :
Etends sur moi ton doux empire ;
Viens m'embraser, et dans mon cœur
Fais que tout autre amour expire,
Et n'y laisse que ton ardeur.
Esprit d'amour, etc.

SUR LA SAINTE COMMUNION.

Sur l'Air : *L'amour aujourd'hui tout en larmes.*

Partons, allons, troupe choisie,
Courons au céleste festin ;
Puisque Notre-Seigneur lui-même nous convie,
Nous devons assister à ce repas divin :
Partons, allons, troupe choisie,
Courons au céleste festin.
Allons à la Table sacrée.
Manger la vraie chair de l'Agneau ;
Celle qui sur la Croix pour nous fut immolée,
Souffrant mille tourmens pour sauver son troupeau,

Allons à la Table, etc.
>> Ayons pour cette nourriture,
>> Ayons une très-grande ardeur;
N'en approchons jamais sans avoir l'ame pure,
L'esprit humilié, le regret dans le cœur :
>> Ayons pour cette, etc.
>> Celui qu'ici-bas la refuse,
>> Se meurt par défaut d'aliment :
Qui s'en approche mal, et qu'ainsi en abuse,
Il mange et boit alors son propre jugement :
>> Celui qu'ici-bas, etc.

ACTES AVANT LA COMMUNION.

Air : *Sur cet Autel.*

ACTE DE FOI.

Divin Jésus, Pour me donner la vie,
Vous êtes dans la sainte Hostie,
>> Divin Jésus :
La foi m'éclaire, Je crois ce grand mystère;
>> Divin Jésus.

Acte d'Espérance.

Dieu tout-puissant, Votre douce présence
>> Va ranimer ma confiance,
>> Dieu tout-puissant :
En vous j'espère, Finissez ma misère,
>> Dieu tout-puissant.

Acte d'Amour.

Amour sacré, De vous seul je veux vivre,
>> Pour toujours à vous je me livre,
>> Amour sacré :
Brûlez mon ame, De votre douce flamme,
>> Amour sacré.

Acte d'Humilité.

Je suis pécheur, Devant vous je m'abaisse,
>> Plein de regret je le confesse,
>> Je suis pécheur :
Dieu de clémence, Pardonnez mon offense,

Je suis pécheur.
Acte de Désir.
Venez en moi, Mon ame vous désire ;
Après vous seul elle soupire,
Venez en moi ;
Maître adorable, Rédempteur tout aimable ;
Venez en moi.

ACTES APRÈS LA COMMUNION.
Acte d'Admiration.
Quelle faveur ! Le Dieu de la nature
Est devenu ma nourriture,
Quelle faveur !
O Roi suprême, Vous logez dans moi-même ;
Quelle faveur !

Acte de Remercîment.
Pour un tel don, Que les Saints et les Anges
Fassent retentir vos louanges,
Pour un tel don :
Que tout s'empresse, A vous bénir sans cesse,
Pour un tel don.

Acte d'Amour.
Mon doux Jésus, Jésus si plein de charmes ;
Votre amour fait couler mes larmes,
Mon doux Jésus ;
Ah ! je vous aime, Mon amour est extrême,
Mon doux Jésus.

Acte d'Offrande.
Tout est à vous, Je vous le sacrifie,
Mon cœur, et mes biens, et ma vie,
Tout est à vous ;
Pour mon seul Maître, Je veux vous reconnaître,
Tout est à vous.

Acte de Demande.
Jusqu'à la mort, Régnez seul dans mon ame,
Que votre amour toujours m'enflamme,
Jusqu'à la mort :
Dieu débonnaire, A vous seul je veux plaire ;
Jusqu'à la mort.

SUR LE RENOUVELLEMENT
DES PROMESSES DU BAPTÊME.

Air : *Loin de vouloir disputer la victoire.*

JE viens, mon Dieu, ratifier moi-même
Ce que pour moi l'on promit autrefois :
Les sacrés vœux pour moi faits au Baptême,
Je veux les rendre aujourd'hui de mon choix.
Je viens, mon Dieu, etc.

   Je te renonce, ô prince tyrannique !
Cruel Satan, injuste usurpateur :
Je te déteste, et mon désir unique
Est d'obeir aux lois du Créateur.
Je te renonce, etc.

   Je te renonce, ô péché détestable !
Poison mortel, malgré tous tes attraits :
Ah ! pour te rendre à mon cœur haïssable,
Il me suffit qu'à mon Dieu tu déplais.
Je te renonce, etc.

   Je vous renonce, ô maximes mondaines !
Loin de mon cœur, ô monde et ton esprit !
Avec horreur je vois tes pompes vaines,
Et je m'attache à suivre Jésus-Christ.
Je vous renonce, etc.

   De tout mon cœur, mon Dieu, je renouvelle
Ces sacrés vœux, je les fais pour toujours :
Et je promets d'être toujours fidelle
A les garder, avec votre secours. De tout mon, etc.

   Vous m'avez mis au rang inestimable
De vos enfans, ô Père tout-puissant !
Je veux pour vous, ô Père tout aimable !
Avoir la crainte et l'amour d'un enfant.
Vous m'avez mis, etc.

   Divin Jésus, je promets de vous suivre,
D'être à vous seul je me fais une loi :
Non, ce n'est plus pour moi que je veux vivre,
Comme mon Chef, vous seul vivez en moi.
Divin Jésus, etc.

AVANT LA BÉNÉDICTION.
DU TRÈS-SAINT SACREMENT.
Sur l'Air : C'est votre Dieu.

Sur cet Autel, Ah ! que vois-je paraître ?
Jésus, mon Roi, mon divin Maître,
Sur cet Autel.
Sainte Victime, Vous expiez mon crime,
Sur cet Autel.
De tout mon cœur, Dans ce sacré Mystère,
Je vous adore et vous révère
De tout mon cœur.
Bonté suprême, Que toujours je vous aime
De tout mon cœur.

SUR LE MÊME SUJET.
Sur l'Air : Graces, graces suspend, etc.

Sur le mont Sinaï, quand grondait le tonnerre,
Le peuple d'Israël était transi d'effroi ;
Pécheur, tombe à ses pieds, la face contre terre,
Voilà ce même Dieu qui paraît devant toi.
  Juste, ne tremble pas devant un tendre Père ;
Rempli d'amour, il vient t'instruire de sa loi,
Te nourrir de sa chair, adoucir ta misère ;
Ah ! reconnais ton Dieu, ton Sauveur et ton Roi.

INVOCATION A LA SAINTE VIERGE.
A L'AVE MARIA.

Je mets ma confiance, Vierge, en votre secours,
Servez-moi de défense, prenez soin de mes jours ;
Et quand ma dernière heure viendra fixer mon sort,
Obtenez que je meure de la plus sainte mort.

FIN.

PRIÈRE
DURANT LA MESSE.

In nomine Patris, et Filii, et Spiritûs Sancti. Amen.

Je vais, mon doux Jésus, avec vous au Calvaire, faites-moi participant de la charité qui vous y conduisait. Donnez-moi le ressentiment qu'eurent les filles de Sion, vous rencontrant chargé de votre Croix, la corde au cou, et la couronne d'épines sur la tête. Accordez-moi une résignation de ma volonté à la vôtre, telle qu'était celle de votre bienheureuse Mère au pied de la Croix, par les mérites de vos douleurs, et votre sainte constance en votre amour pour nous. Ainsi soit-il.

En entrant à l'Eglise, dites :

SEIGNEUR, j'approcherai de votre saint Autel, j'y verrai le Saint des Saints, et louerai votre saint Nom.

Vous direz devant le Crucifix.

O amour crucifié, qui vous a porté à souffrir tant de peines et une mort si cruelle pour moi, misérable pécheur ! O Dieu de mon ame ! attachez-moi à vous et me détachez de moi-même.

Faites-moi cette grace, mon doux Jésus, que ma croix soit jointe à la vôtre, et que je la porte volontiers. Je présente à vos pieds, mes intentions, à vos mains mes actions, à votre côté mes affections, désirant de tout mon cœur que vous soyez à jamais l'unique objet de mon ame : mon Dieu, faites-moi miséricorde. Amen.

Prière durant la Messe.

Au commencement de la Messe.

Très-doux Jésus, je me prosterne en toute humilité à vos pieds, désirant les arroser et laver de mes larmes pour le déplaisir des péchés que j'ai commis contre votre divine Majesté, vous suppliant d'avoir pitié de cette pauvre et chétive créature, rachetée par votre précieux Sang : ne la punissez pas selon ses mérites.

Seigneur, je connais mes fautes et m'en repens de bon cœur. Je vous en demande très-humblement pardon, proposant, moyennant votre sainte grace de me tenir mieux sur mes gardes, et de vous aimer de toutes les forces de mon ame. Ainsi soit-il.

Puis vous direz le Misereatur *et le* Confiteor.

A l'Introït de la Messe.

O Dieu éternel ! je me réjouis de ce que vous êtes seul celui qui est, et que pas un n'ait l'être que vous. O grandeur infinie ! vous savez bien ce que vous êtes et ce que je suis, vous êtes tout et je ne suis rien et cependant vous me cherchez.

Au Kyrie eleison.

O très-miséricordieux Sauveur ! je vous demande humblement pardon pour tous ceux qui sont en péché mortel, et vous supplie par votre précieux Sang, Mort et Passion, de leur inspirer une parfaite douleur et repentance de leurs péchés, afin que votre saint Nom soit loué en eux et par eux.

Au Gloria in excelsis.

Je me réjouis, ô mon Dieu ! de vous voir adorer des Anges ; et il me déplaît grandement que vous soyez si méconnu et oublié des hommes. Seigneur, je vous adore avec ces Esprits bienheureux, et souhaite extrêmement que tout le monde vous connaisse et adore. O Roi de gloire ! élevé mon cœur en haut, afin qu'il glorifie votre saint Nom en la terre, comme les Anges le glorifie au Ciel. Tout ce que je dirai et ferai sera pour votre gloire sans rechercher la mienne, j'aurai toujours en ma bouche : Gloire soit à Dieu.

Au Dominus vobiscum, *dites:*

Mon Dieu, demeurez toujours avec moi, et ne vous en éloignez jamais.

A l'Epître.

O doux Sauveur ! donnez-moi la lumière pour connaître et accomplir toujours votre sainte volonté, et me faites la grace de supporter patiemment pour votre amour les adversités qu'ils m'arriveront. Ainsi soit-il.

A l'Evangile.

O Dieu de mon cœur ! illuminez les yeux de mon entendement, et enflammez mon cœur et mes affections, afin que je puisse exécuter et garder vos commandemens, vos conseils et vos saintes inspirations. Ainsi soit-il.

Au Credo.

O souveraine Majesté ! je crois fermement que vous êtes un Dieu en trois personnes, Père, Fils et Saint-Esprit, qui de rien a créé toutes choses.

Je crois que votre seconde Personne qui est votre Fils, s'est fait homme et est né de la bienheureuse Vierge Marie par l'opération du Saint-Esprit, qu'il est mort pour moi, qu'il est ressuscité et monté aux Cieux, et qu'il doit juger le monde. Je crois les sept Sacremens de la sainte Eglise Catholique et Romaine. Finalement je crois tout ce que la même Eglise enseigne, et je veux vivre et mourir en cette foi, encore qu'il fût besoin d'endurer plusieurs tourmens à l'imitation des saints Martyrs.

A l'Oblation de l'Hostie.

Père éternel, en union de votre saint amour, et en mémoire de ce divin sacrifice qui vous fut offert sur l'arbre de la Croix par mon Sauveur Jésus-Christ représenté en celui-ci, je vous offre tout moi-même, toutes mes pensées, paroles et œuvres, suppliant votre bonté infinie, de les dresser toutes à votre honneur et gloire. Ainsi soit-il.

Au Sursum corda.

Seigneur, que vos tabernacles sont désirables! mon ame souhaite de s'unir à vous plus ardemment, que le cerf lassé ne cherche que les eaux de rafraîchissement. Tirez-moi après vous, ô mon tout! et je courrai après les odeurs de vos parfums, car sans vous je ne prétends plus rien au Ciel ni en la terre. Oh! si la mémoire de vos biens éternels demeurait toujours empreinte dans mon ame, je ne tiendrais plus compte des biens périssables de ce monde. O mon Dieu! quand vous irai-je voir clairement en votre gloire, quand aurai-je ce bonheur de me prosterner devant vous visiblement!

Au Sanctus.

O Saint des Saints! donnez-moi à connaître ce que vous êtes et votre Etre éternel, afin que mon ame illustrée de votre lumière, vous loue, vous glorifie et vous bénisse en l'éternité. Ainsi soit-il.

A l'Elévation de l'Hostie.

O Dieu tout-puissant! ô bonté suprême! ô grande miséricorde! ô justice! ô charité infinie! ô Père éternel! voilà mon Sauveur Jésus-Christ votre Fils bien-aimé que je vous offre en satisfaction de toutes mes offenses, négligences et ingratitudes.

A l'Elévation du Calice.

Très-précieux Sang de mon Sauveur, lavez-moi;

purifiez-moi par l'excès de l'amour par lequel vous fûtes répandu, et pénétrez-moi de la douleur par laquelle vous fûtes tiré des veines de mon doux Rédempteur. Ainsi soit-il.

Après l'Elévation.

O Père très-saint, qui habitez les hauts Cieux ! je me réjouis de votre sainteté ; donnez, je vous supplie, la lumière de la foi aux infidèles, la grace et la charité à tous les chrétiens, et un fervent amour à tous les justes, afin que tous sanctifient votre Nom en la terre, comme les bienheureux.

O très-sainte Trinité ! entrez dedans nous, demeurez et régnez en ceux qui vivent en la terre comme vous régnez dans les Saints qui vivent au Ciel, afin que nous vous servions comme eux.

O grand Dieu ! enseignez-moi à faire votre volonté, entièrement, sans faillir, avec une pure intention de plaire à vous seul, avec promptitude, sans aucune répugnance, avec force et persévérance jusqu'à la fin par amour, et avec un amour fervent.

O Pain de vie, qui descendîtes du ciel pour donner la vie au monde : donnez-vous a moi, afin que je vive pour vous, et continuellement uni avec vous.

O Père très-libéral ! je pardonne volontiers les offenses qu'on m'a faites, afin que vous me remettiez celles dont je vous suis débiteur.

O Père céleste ! voyez comme je suis combattu de plusieurs ennemis ; je ne refuse pas le combat, puisqu'il nous plaît, mais aidez-moi à remporter la victoire qu'il tournera à votre gloire.

Seigneur, délivrez-moi de tous péchés, de votre colère, de l'esprit de fornication et de tout mal. Ainsi soit-il.

Au premier Agnus Dei.

Très-doux Agneau, pardonnez-moi, s'il vous plaît, tous mes péchés, et particulièrement celui auquel je suis le plus enclin.

Au second.

Très-innocent Agneau, je vous demande, par le mérite de votre sainte Passion, le pardon général de tous mes péchés.

Au troisième.

O très-agréable Agneau de Dieu, donnez-moi votre paix, le repos de mes passions intérieures, et votre gloire en l'autre vie. Ainsi soit-il.

Quand le Prêtre communie, répétez trois fois :

Seigneur, je ne suis pas digne que vous entriez dans ma maison, mais dites seulement une parole et mon ame sera guérie.

Aux dernières Oraisons.

Vous venez, ô mon Dieu ! de vous immoler pour mon salut, je veux me sacrifier pour votre gloire. Je suis votre victime, ne m'épargnez point. J'accepte de bon cœur toutes les croix qu'il vous plaira de m'envoyer ; je les bénis, je les reçois de votre main, et je les unis à la vôtre.

Je sors purifié de vos saints mystères, je fuirai avec horreur les moindres tâches du péché, sur-tout celui où mon penchant m'entraîne avec plus de violence. Je serai fidelle à votre loi, et je suis résolu de tout perdre et de tout souffrir, plutôt que de la violer.

Bénédiction.

Le Seigneur Dieu le Père, le Fils et le Saint-Esprit nous bénisse, nous défende de tout mal, et nous conduise à la vie éternelle. Ainsi soit-il.

Pendant le dernier Evangile.

Dites un *Ave Maria* à la Mère de Dieu pour la prier, et avec elle tous les Anges qui ont assisté au saint sacrifice de la Messe, et spécialement votre Ange Gardien, ceux des assistans et du Prêtre, qu'ils louent et remercient Dieu pour vous, étant trop insuffisant pour le faire.

TABLE DES CANTIQUES

Contenus dans ce Volume.

Des attributs divins.	Page 5
Le mistère de la très-sainte Trinité.	7
Le mystère ineffable de l'Incarnation.	10
La naissance de Jésus-Christ.	12
La circoncision de Jésus-Christ.	14
L'adoration des trois Rois.	16
Du sacrement de Baptême.	19
Du sacrement de Confirmation.	21
Du sacrement de l'Eucharistie.	22
Du sacrement de Pénitence.	24
Du sacrement de l'Extrême-Oction.	26
Du sacrement de l'Ordre.	28
Du sacrement de Mariage.	30
Sur les huit Béatitudes.	31
Désirs pour le jour de la Communion.	33
Les Vertus pour bien communier.	36
Après la Communion.	37
La passion de Jésus-Christ.	38
Les sept dernières paroles de Jésus mourant.	44
A l'honneur de la sainte Croix.	46
Sur les principales fêtes de la sainte Vierge.	50
A l'honneur de la Mère de Dieu.	52
Les sept alégresses de la sainte Vierge.	53
Sur le saint Rosaire.	55
Les sept douleurs de Notre-Dame,	58
Sur l'Hymne Ave Maris Stella.	59
Sur la complainte Stabat Mater dolorosa.	60
A l'honneur de Notre-Dame de la Garde.	63

A l'honneur du saint Ange Gardien.	66
Les grandeurs, la pénitence et le martyre de saint Jean-Baptiste.	68
Saint Pierre pleurant.	73
Saint Paul converti.	77
Saint Laurent, martyr.	80
Saint Eustache, martyr.	82
Saint Joseph, époux de la sainte Vierge.	86
Saint Joachim et sainte Anne.	90
La conversion de saint Augustin.	93
Saint Bernard, abbé.	97
Saint François de Sales.	101
Saint Alexis.	105
Les vertus des saints Pères du désert, et de quelques autres Saints choisis, divisées en quatre visites.	
Première visite.	112
Seconde visite.	116
Troisième visite.	120
Dernière visite.	124
Le sacrifice d'Abraham.	127
Du patriarche Joseph, vendu, chaste, élevé aux honneurs de l'Egypte, et reconnu de ses frères.	
Joseph vendu.	131
La chasteté de Joseph.	135
Joseph élevé aux honneurs de l'Egypte.	138
Joseph reconnu de ses frères.	141
Sainte Ursule et ses Compagnes, vierges et Martyres.	145
Sainte Barbe, vierge et martyre.	148
Sainte Marguerite, vierge et martyre.	151
La conversion de sainte Marie-Magdelène.	155
Les larmes de sainte Marie-Magdelène, au désert de la Sainte-Baume.	160
Les joies de sainte Marie-Magdelène, que l'on chante à la Sainte-Baume.	163
Sainte Marthe, hôtesse de Jésus-Christ.	165
Sainte Thérèse.	169
Sainte Catherine de Sienne.	173
Sainte Magdelène de Pazzi.	175

Sainte Rose, vierge, du Tiers-Ordre de saint Dominique. 178
Sainte Euphrosine, vierge, sous un habit de Religieux. 182
Sainte Pélagie, pénitente. 189
Sainte Rosalie, vierge solitaire. 194
Sainte Paule, veuve romaine. 198
Sainte Françoise, veuve romaine. 200
La belle Judith. 203
La chaste Suzanne. 212
L'histoire admirable de sainte Geneviève de Brabant. 216

La Samaritaine. 239
La Cananée. 242
De l'heure terrible de la mort. 247
Le Moribond. 250
Des peines de l'Enfer. 252
Le mauvais Riche. 154
Sur la Prose des Morts Dies iræ, dies illa. 258
Sur les sept Péchés capitaux. 263
L'Enfant Prodigue. 265
Dialogue entre un Libertin et son Ami. 268
Le Combat de l'Esprit avec le Corps. 270
Pour la Vie illuminative. 272
Pour la Vie unitive. 274
Paraphrase du Symbole des Apôtres. 275
Des Commandemens de Dieu et de l'Eglise. 279
Saint Victor, martyr, un des patrons de Marseille. 283
Paraphrase de l'Oraison Dominicale. 287
Paraphrase de la Salutation Angélique. 278
Règlemens des sens extérieurs. 289
Exercice spirituel durant la sainte Messe. 291
Motifs de consolation et de patience dans toutes sortes d'afflictions. 296
La Journée chrétienne. 298
Pour le saint temps de Carême. 301
Paraphrase du Psaume Miserere mei, etc. 304
Réveil, le Pécheur pénitent. 307

De la présence de Dieu.	309
Comparaisons et Réflexions morales sur les qualités et propriétés des Créatures.	312
Continuation des Comparaisons.	315
Continuation des Réflexions morales.	317
Sur le rétablissement des Croix abattues pendant la révolution.	318
Au sacré Cœur de JESUS.	319
Saint Agricol, évêque et patron d'Avignon.	321
Invocation du Saint-Esprit.	322
Sur la sainte Communion.	Ibid.
Actes avant et après la Communion.	323
Sur le renouvellement des promesses du Baptême.	325
Avant la Bénédiction du très-saint Sacrement.	226
Sur le même sujet.	Ibid.
Invocation à la sainte Vierge.	Ibid.
Prière durant la sainte Messe.	327

Fin de la Table.

www.ingramcontent.com/pod-product-compliance
Lightning Source LLC
Chambersburg PA
CBHW070610160426
43194CB00009B/1238